Liberté

프랑스
혁명사
10부작

06

헌법의 완성
입헌군주제
혁명을
완수하다

Liberté — 프랑스 혁명사 10부작 제6권

헌법의 완성 — 입헌군주제 혁명을 완수하다

2017년 11월 20일 초판 1쇄 발행
2020년 9월 11일 초판 3쇄 발행

지은이 I 주명철
펴낸곳 I 여문책
펴낸이 I 소은주
등록 I 제406-251002014000042호
주소 I (10911) 경기도 파주시 운정역길 116-3, 101동 401호
전화 I (070) 8808-0750
팩스 I (031) 946-0750
전자우편 I yeomoonchaek@gmail.com
페이스북 I www.facebook.com/yeomoonchaek

© 주명철, 2017

ISBN 979-11-956511-0-8 (세트)
       979-11-87700-18-0 (04920)

이 도서의 국립중앙도서관 출판시도서목록(cip)은 e-CIP 홈페이지(http://www.nl.go.kr/ecip)에서
이용하실 수 있습니다(CIP 제어번호: 2017029035).

• '리베르테Liberté'는 '자유'라는 뜻으로 혁명이 일어난 1789년을 프랑스인들이
  '자유의 원년'이라고 부른 데서 따온 시리즈명입니다.
• 여문책은 잘 익은 가을벼처럼 속이 알찬 책을 만듭니다.

Liberté

프랑스
혁명사
10부작 / 06

주명철 지음

헌법의 완성

입헌군주제
혁명을
완수하다

여문책

차

례

제 2 부 제헌의회의 입헌군주제 혁명 완성

　　　　　　　10부작의 여섯 번째 권을 시작하면서 지
난 일을 돌이켜본다. 루이 16세는 재정난을 극복하려고 1789년 5월에 전국
신분회를 소집했다. 그는 전국신분회가 175년 전처럼 군주를 위해 세금을
걷는 일에 동의해주기 바랐지만, 거기에 모인 제3신분 대표들은 전혀 다른
방향으로 사태를 이끌어나갔다. 그들은 자신들이야말로 국민의 진정한 대표
들이라고 주장했다. 그리고 그들은 전국신분회의 전통적인 방식인 신분별
회의를 거부하고 세 신분이 한데 모여 의논하자고 주장했다. 절대다수의 귀
족들은 반대했지만, 종교인 가운데 일부가 제3신분의 명분에 동조하고 함께
행동하면서 1789년 6월 17일 국회를 선포했다. 그리고 3일 뒤인 6월 20일,
그들은 죄드폼에 모여 프랑스에 새로운 헌법을 제정할 때까지 헤어지지 않
겠다고 맹세했다. 이렇게 해서 탄생한 제헌의회를 못마땅하게 생각한 루이
16세는 절대군주로서 자신의 의지를 강요하려 했지만 뜻을 이루지 못했다.
그때부터 국회와 그들을 지지하는 대중이 주도권을 쥐었고, 왕은 그들의 의
도에 끌려다니게 되었다. 루이 16세는 왕당파의 지지를 받으면서 버티려고
노력했지만 절대군주로서의 권위를 잃었다. 국회의 권력이 더욱 강해지는
데 비해, 그는 더욱 위축되었다. 그는 점점 자유를 구속받는 현실을 견디지
못한 나머지 어떻게든 혁명의 주도권을 잡으려고 파리에서 도주했다. 그러
나 그는 24시간 만에 국경과 가까운 바렌에서 붙잡혔다. 여기까지가 첫 다섯

권에서 다룬 내용이다.

이 여섯 번째 책을 쓰는 동안, 우리나라에서는 '촛불혁명'이 일어났다. 그 결과가 과연 어떻게 나타날지 장담할 수 없을 만큼 격변의 연속이긴 해도, '촛불혁명'이 일제강점기 이래의 적폐를 '앙시앵레짐'으로 규정하여 역사의 뒤편으로 몰아내기만 바랄 뿐이다. '촛불혁명'은 전혀 뜻밖에 시작되었다. 수구세력이 정권을 잡고 민주적인 절차를 중시하기보다는 밀어붙이기 식으로 정책을 추진하는 것을 보면서 상식적인 국민은 무척 식상했다. 이명박 정권은 4대강 운하사업을 구상했다가 반대에 부딪히자 이름만 그럴듯하게 바꿔 대대적인 토목공사로 이 강산을 망쳐놓았고, 자원외교라는 이름으로 여러 곳에서 국가 재정에 손실을 입혔다. 그리고 박근혜 정권이 탄생했다. 처음부터 국정원과 군 정보부대의 조직적인 개입이 문제였지만, 속 시원히 진상을 밝히지 못하고 해를 넘기다가 2014년 4월 16일 세월호 침몰사고로 꽃다운 학생들과 일반인이 304명이나 숨진 사건이 일어났다. 대통령은 사고가 일어난 날 일곱 시간 반 동안 종적이 묘연했고, 청와대는 비서실장을 주축으로 사고를 막지 못한 책임을 회피하는 일에만 매달렸다. 재난사고를 효율적으로 수습하지 못한 무능한 정부는 정의롭지도 못했다. 누구 한 사람 내 책임이라고 나서기는커녕 대통령은 마지못해 눈물 한 방울 흘리더니 '청와대는 통제탑이 아니다'라는 궤변만 늘어놓는 비서실장의 뒤에 숨었다. 게다가 진실을 규명하려는 활동까지 조직적으로 막으려 했다. 상식적인 국민은 세월호와 함께 침몰한 진실을 인양해야 한다고 계속 외쳤으나 쇠귀에 경 읽기였다. 그런 식으로 정부는 일방적으로 진실을 은폐하면서 시간을 보냈다. 시위대에게 물대포를 쏴서 농민을 쓰러뜨려 죽음에 이르게 하고서도 책임을 지겠다는 사람은 아무도 없었다. 이처럼 무능하면서도 정의롭지 못한 정부에 대한 불만이 쌓이고 쌓였다. 그리고 국민의 자존심을 짓밟는 푼돈을 받으면서 일본과 '불가역적 최종합의'를 이끌어낸 외교적 성과를 자랑해 위안부 할머니들과 수많은 국민에게 씻을 수 없는 상처도 남겼다. 그렇게 해도 '촛불혁명'이 일어나지 않았을지 모른다. 그러나 정부와 여당은 2016년이 되어서도 무리하게 법을 제정했다. 그들이 이런 식으로 가면 영구집권을 실현시킬 수 있겠구나 하는 합리적인 우려를 가중시키기에 충분했다.

모든 일은 권력을 쥔 사람들이 바라는 대로만 일어나지 않는다. 신중한 사람이라면 역풍을 우려해서 삼갈 줄 아는데, 그들은 자만에 빠졌고 비상식적인 정책을 밀어붙여 파국을 자초했다. 2016년 초, 역사교과서 국정화 정책을 밀어붙인 그들이 국민의 통신의 자유를 침해할 가능성이 큰 테러방지법을 무리하게 국회에 상정시켰을 때가 중요한 계기였다. 그때만 해도 야당 의원들은 겨우 시간만 늦출 뿐 법의 통과를 막을 수 없다는 사실을 알면서도 무제한 토론(필리버스터)으로 테러방지법을 막아야 한다는 의지를 보여주었다. 야당과 국민이 아무리 발버둥 쳐도 자신들이 승리하고 만다는 사실을 즐기는 수구세력은 며칠 동안 의사당을 야당의원들에게 내어준 채 의기양양했다. 한 걸음 더 나아가 그들은 개헌까지 낙관하면서 총선의 승리를 예측했다. 야당과 그 지지세력은 어떻게든 여당 의석수가 개헌선을 넘지 못하기만을 바랐다. 민주세력이 조마조마하게 기다리던 결과는 뜻밖으로 나타났다. 장기집권을 할 수 있는 방향으로 개헌할 수 있다고 낙관하던 수구세력은 몹시 당황했다. 민심은 여소야대를 이루어주었던 것이다. 유권자들은 오만한 수구세력이 장기집권을 꿈꾸지 못하게 제동을 걸었다. 그 원인을 어디서 찾을 수 있을까? 나는 수구세력의 낙관론과 밀어붙이기에 야당이 무제한 토론으로 맞선 것을 중대한 계기로 꼽고 싶다. 국민은 그때까지 주목받지 못하던 야당에 보석 같은 인재들이 있다는 사실을 인식했고, 선거에서 야당을 믿고 표를 주었다. 이처럼 절묘하게 힘의 균형을 맞춰준 선거혁명이 '촛불혁명'의 예비혁명이었다. 민주주의 시대에 가능하고 바람직한 최선의 혁명이라 하겠다. 그리고 1년 동안 무수히 많은 일이 공개되었다. 예전 같으면 어둠 속에 묻혔을 일이 빛에 휩싸이기 시작한 것도 선거혁명의 결과라 하겠다.

그동안 목숨을 걸고 진실을 추적한 사람들이 이런 세상을 준비했다. 그들이 알아낸 사실을 당장 밝히기는 어려웠지만, 그리고 비밀을 캐내는 일을 계속하는 한 늘 자신과 가족이 위험하다고 느꼈지만, 그들은 온갖 위협에 굴하지 않고 꾸준히 사실을 취재하고 그 결과를 조심스럽게 알렸다. 그들이 오늘처럼 정치적 힘의 관계가 바뀔 때까지 무사히 잘 견뎌내준 것에 무한히 감사한다. 이렇듯 인터넷을 의사소통의 매체로 적극 활용하여 소중한 정보와 함께 큰 틀을 제시해준 기자와 방송인들, 그 청취자들이 세상을 바꿀 기초공사를 했다. 그리고 일상생활에서 타인을 존중할 줄 아는 따스한 세상을 갈망하는 상식적인 시민들이 한몫을 할 준비를 갖추고 있었다. 그들이 지자체장 투표를 잘한 것도 놀라운 결과와 직결된다. 한 예로 서울특별시장이 광장을 시민들에게 개방하지 않았다면, 시민들은 더욱 분노하고 고통스러운 시간을 보냈을 것이다. 민주주의 제도에서 투표를 잘해야 하는 이유다. 그런데 수구세력은 입으로는 창조와 문화를 얘기하면서도 실제로는 일방통행 식으로 권력을 행사하고, 공영방송을 나팔수로 삼아 정치권력에 대한 혐오감을 더욱 증폭시켰다. 정치 검찰과 경찰이 시민의 정당한 요구를 분출하는 길을 차단한 것도 민심을 이반시킨 원인이다. 더욱이 그들은 시민의 정당한 권리인 집회의 자유를 탄압하는 과정에서 백남기 농민에게 물대포를 직접 쏴서 쓰러뜨려 1년 동안 사경을 헤매게 만들었다. 그 농민이 숨진 뒤에도 책임자를 처벌하기는커녕 손바닥으로 하늘을 가리려는 듯이 사인을 '병사'라고 강변하면서 틈만 나면 시신을 탈취해 강제부검을 하여 자신들의 살인 책임을 벗으려 노력했다. 그러나 그들이 바라던 것과 달리 민주화의 열망은 더욱 달아올랐다.

수구세력이 역설적으로 민주주의에 대한 열망을 키운 일은 수없이 많았다. 그들은 2016년이 되기 직전 '일본군 위안부' 문제에 대해 일본과 '불가역적 합의'를 통해 일본의 가식적인 체면을 살려주었다. 피해자의 편에 서서 협상을 해도 모자랄 판에, 피해자를 무시하고 정부가 나서서 일본이 주는 돈을 받고서는 한일 간의 껄끄러운 과거를 청산했다고 자랑했다. 한국인인 유엔사무총장은 약자 편에 서지는 못할망정 정부가 현명하게 처신했다고 칭송했다. 어린 시절 일본군에 성노예로 끌려다니다 돌아와 일본의 진정한 사죄를 요구하던 할머니들과 상식적인 시민들은 그 합의를 인정하지 않았고, 일본대사관 앞에 소녀상을 설치했다. 일본의 철거 요구를 받은 정부가 호시탐탐 철거하려고 계속 시도하는 행태에 맞선 젊은이들이 있었다. 그들은 맹추위도 아랑곳하지 않고 꿋꿋하게 소녀상을 지켰고, 정부가 명확히 철거하지 않겠다고 선언할 때까지 그 일을 계속하겠다고 천명한 뒤 묵묵히 실천하고 있다. 2014년 4월 16일 정부가 제대로 구하지 못한 세월호 희생자 가족들이 줄기차게 진상규명을 외치는 가운데, 온갖 반대여론을 부추겨 모멸감을 안겨주고 진실을 숨기기에 급급했던 정부에 유가족과 함께 항의해온 시민들의 눈물겨운 투쟁도 빼놓을 수 없다.

박근혜 정부가 몰락하는 징후는 잇달아 나타났다. 『조선일보』는 7월 18일에 청와대 민정수석인 우병우의 처가 부동산과 넥슨의 관계에 대해 보도했는데, 이것은 박근혜 정부를 버리고 새로운 정권을 창출할 수 있다는 신호 같았다. 또 그날, 진경준 검사장이 구속되면서 우병우는 말할 것도 없고 그와 얽힌 사람들의 비리에 대한 관심이 더욱 높아졌다. 총선에 참패한 새누리당(현 자유한국당)에서도 우병우를 내치라고 했지만, 박근혜는 강경한 태도로 그를 보호했다. 7월 26일, 종편〈TV조선〉은 청와대 안종범 수석이 문화재단 미르에 500억 원을 모금해주는 일을 지원했다고 보도했다. 2년 전 잠깐 나왔다가 쑥 들어간 최순실(최서원으로 개명)이 이때부터 전면에 드러났다.『한겨레』는 미르와 K스포츠 재단을 조종하는 실세에 대한 집중 취재로 최순실의 실체를 밝혀나갔다. 그리고 이화여대 학생들의 평생교육 단과대학 설립 반대 농성의 여파로 정유라 부정입학 사건이 9월 말 신문에 보도되면서 최순실의 국정농단 사건에 대한 여론이 더욱 악화되었다. 더욱이 경찰이 정조준하여 쏜 물대포에 맞아 209일 동안 사경을 헤매던 백남기 농민이 9월 25일에 사망한 뒤, 시민사회의 반발이 더욱 거세졌다. 서울특별시장이 방화수를 시위 진압용으로 제공하지 않겠다고 천명한 덕에 시민들은 전보다 더 안전하고 자유롭게 광장에 접근할 수 있게 되었다. 이른바 '명박산성'의 밀실이 소통의 광장으로 탄생했던 것이다.

그동안 최순실과 전혀 관계가 없다고 주장하면서 국면전환을 꾀할 기회를 찾던 박근혜는 10월 24일 국회 연설에서 개헌을 입에 올려 난국에서 벗어나려 했다. 노무현 대통령 때 개헌문제가 나오자, "참 나쁜 대통령"이라고 비난하면서 개헌을 반대하던 박근혜가 10년이 지나 분위기가 무르익었다고 하면서 '개헌'이라는 화두를 던졌다. 양식 있는 사람들은 그가 '개헌카드'를 던져 정국을 주도하면서 '최순실 게이트'라는 불리한 여론을 묻어버리려는 꼼수를 부린다고 생각했다. 그날 저녁 JTBC 방송의〈뉴스룸〉에서 역사적 전기를 마련했다. 손석희 앵커는 일주일 전에 손에 넣어 분석한 '최순실 태블릿피

시'의 존재를 보도하여, 박근혜와 최순실의 관계를 확증하고, 말만 무성하던 '비선실세'의 국정농단을 만천하에 고발했던 것이다. 이튿날 박근혜는 최순실을 알지만 큰 도움을 받지 않았다고 마지못해 자백했고, 그때부터 시민들은 "이게 나라냐?"고 외치면서 광장으로 나가 진실을 감추던 어둠을 걷어내는 촛불을 들기 시작했다. 그동안 연인원 1,700여만 명이 참여하여 단 한 건의 불상사도 없이 평화적으로 혁명을 진행했다. 박근혜 대통령을 주인처럼 떠받치는 새누리당(현 자유한국당)의 일부 의원들(현 바른정당 소속)까지 광장에서 어둠을 밝히는 촛불의 물결에 굴복해서 대통령을 탄핵하는 데 동참했고, 헌법재판소는 헌정사상 최초로 대통령을 파면했다. 밀실의 정치를 광장의 민주주의로 바꾼 시민들은 세계를 놀라게 했다. 평화적으로 박근혜를 탄핵시키고 새로운 민주정권을 탄생시켰던 것이다.

예전에는 겨울이 되면 시위가 제풀에 맥이 빠진 경험이 많았다. 그러나 이번의 '촛불혁명'은 달랐다. 찬바람이 불어도 시민들이 광장으로 몰려나가 함성을 질렀다. 세월호 희생자 가족들이 2년 이상 정부에 진상을 밝혀달라고 요구하고, 일본대사관 앞 소녀상을 지키는 젊은이들이 1년 이상 악천후를 이겨낸 사례가 이 '촛불혁명'의 가능성을 점칠 수 있게 해주었다. 정치꾼들은 항상 자기 이익을 추구하는 길을 정권창출과 장기집권에서 찾으면서 온갖 방법을 강구한다. 그것이 그들의 직업이다. 그들에게 저항하는 사람들은 생업이 따로 있기 때문에 정치꾼들을 꺾기 힘들다. 그래서 정치꾼들은 속으로 낙관했다. 그리고 민의보다는 권력 편에 선 국회의원은 바람이 불면 촛불은 꺼진다고 비아냥거렸다. 그러나 촛불을 드는 민심은 달라졌다. 시민들은 아무리 추워도 광장에 나갔고, 연말에도 나갔다. 그들은 '촛불혁명'을 재미있게 즐겼다. 남녀노소 가리지 않고 한마음이 되어 진실을 밝히자는 '촛불혁명'은 실제로 잔치였다. 그 잔치에 정치권이 대답하지 않을 수 없었고, 그렇게 해서 국회에서 대통령 탄핵안을 가결시켰던 것이다. 헌재가 탄핵심판을 진행하고, 특검이 대통령을 중심으로 일어난 헌법 농단, 뇌물수수, 직무유기, 직권남용의 온갖 비리를 다각도로 수사했다. 이렇게 나라를 엉망진창으로 만든 장본인과 그 하수인들은 아무 잘못도 없이 탄핵을 당했으니 억울하다고 울먹인다. 그 말을 믿고 지지하는 사람들이 아직도 있다. 태극기를 흔들면서 탄핵 무효를 외쳤던 그들이 부디 자신들이 허상을 존경하고 사랑했음을 깨닫는 날이 어서 오기만을 바랄 뿐이다. 그날이 되면 누구를 무조건 믿거나 무조건 욕하는 대신, 합리적 의심도 해볼 줄 아는 유권자들이 오늘보다 더 나은 나라를 만들 수 있으리라고 꿈꿔본다.

이같이 숨 가쁘게 돌아가는 한국의 현실을 보면서, 모든 정권은 강할 때보다 오히려 가장 약해졌을 때 더 견디기 힘든 것이 된다고 생각했다. 그러한 정권을 물리치기란 쉽다. 그러나 그 뒤가 새로운 시작이기 때문에 더욱 중요한 순간이며, 그때부터 총력을 기울여 혁명을 연착륙시켜야 한다. 그럼에도 지금까지 박근혜의 '일방적 통치'를 도와주면서 호가호위하던 사람들이 아무런 반성도 하지 않고 개헌을 입에 담고 있다. 그들은 여당이 마음대로 할 수 있는 2016년 초부터 개헌 이야기를 흘렸다. 그런데 '촛불혁명'이 일어나고 그들이 부역한 정권을 탄핵했음에도, 그들은 반성하기는커녕 개헌의 의지를 더욱 불사른다. 누구든 개헌하자고 말하는 것을 문제 삼고 싶지 않고, 내겐 그럴 권리도 없다. 하지만 자유한국당 소속이나 거기서 나온 사람들에게는 그런 말을 할 자격이 없다고 생각한다. 물론 우리 헌법은 완벽하지 않다. 개정이 필요하면 필요한 부분만 개정할 수도, 아니면 전면 개정할 수도 있다. 결국 국민의 합의가 필요하고, 국민이 개정하는 헌법이다. 그럼에도 지금까지 나라를 이 지경으로 혼란스럽게 만든 정치가와 국회의원들이 제대로 반성과 사죄를 하지 않고 개헌을 입에 올린다. 참으로 가증스럽다. '촛불혁명'에 동참한 시민들이 한마음으로 박근혜 퇴진을 외쳤지만, 그들이 한마음으로 개헌을 바라는가? 그럴 리가 없다. 그리고 개헌의 구체적 내용은 무엇인지 합의한 일도 없는데, 개헌만이 살길이라고 주장하는 사람들이 '촛불혁명'을 망치려 한다.

박근혜의 호칭이 대통령에서 503호로 바뀐 뒤, 짧은 기간 동안의 유세와 투표를 거쳐 탄생한 문재인 대통령도 개헌을 공약했고, 그 정부는 개헌을 준비하고 있다. 국민의 절대다수가 지지하는 정부가 마련하는 안이 나올 때까지 우리는 '촛불혁명'의 최대과제이자 급선무인 '적폐청산'에 힘을 보태는 것이 바람직하다. 우리나라의 역사를 보라. 군국주의 일본에서 해방되자마자 미군정을 거쳐 겨우 정부를 수립했지만, 경찰력을 앞세운 부정선거로 정권을 연장한 무늬만 민주국가였다. 4·19 혁명으로 고귀한 피를 흘려가면서 겨우 독재정부를 무너뜨렸지만, 박정희가 쿠데타로 군사독재정권을 세워 민주주의를 말살했다. 그리고 전두환의 군사독재정권과 그의 친구 노태우의 정권, 참담한 역사다. 겨우 민주주의를 되찾는가 싶었지만, 일제강점기부터 쌓인 적폐에 박정희 정권이 쌓은 적폐, 그중에서 최태민 일가와 정경유착의 적폐가 '최순실 게이트'와 박근혜 탄핵으로 이제야 겨우 그 실체를 조금 드러냈을 뿐이다. 100년 동안 쌓인 적폐를 청산하는 일이 어찌 '개헌' 논의에 밀려야 할 과제라 하겠는가!

그러므로 이 시점에 무엇보다 중요한 것은 '촛불혁명'을 어떻게 안전하게 지키고 최선의 방식으로 마무리하느냐다. 이것이 우리가 헤쳐나가야 할 난관이다. 혁명에 동참해 새 질서를 만드는 기회를 마련해준 사람들이 골고루 혜택을 보는 최선의 제도를 만들어야 할 텐데, 일부 정치꾼들이 '국민'을 들 먹이면서 자신들의 당리당략대로 이끌어가려고 하니까 문제다. 더욱이 적폐를 청산하는 일에 수구세력의 반발이 만만치 않아서 걱정이다. 자유한국당을 주축으로 야당은 일단 '무조건 반대'를 외치고 모든 정책에 딴죽을 건다. 헌재소장 임명동의안을 끝내 부결시키고, 대법원장 임명동의안까지 부결시키려고 노력했다. 막강한 대통령 권한 때문에 '삼권분립의 위기'가 왔다고 하면서, 국회에서 사법부의 존립을 방해했다. 수구정당은 자신들이 창출한 정권의 사례를 촛불혁명으로 태어난, 이제 5개월 정도 지난 새 정부와 대통령의 발목을 잡는 구실로 삼는다. 그들은 과거에 한 말과 오늘 하는 말이 모순이어도 전혀 부끄러워하지 않는다. 그들과 한편인 언론을 통해 존재감을 과시하는 일만이 그들의 애국인 것처럼 보인다. 더욱이 지난 정권들이 국정원과 국방부를 동원해서 정치에 개입했던 사실들이 하나둘씩 드러나면서, 그들이 대한민국의 민주주의를 유신시대로 후퇴시키고 국격을 떨어뜨리는 모습을 속절없이 봐야 했던 민주시민들은 자신들의 의지와는 달리 투표로써 정치적 후진국을 만들어낸 결과에 분노했다. 그럼에도 그러한 정권을 두 번이나 창출하고 적극 도와주던 자유한국당 국회의원들은 사과 한 마디 없이 오히려 정치적 탄압을 중지하라고 외치면서 피해자 놀이를 한다. 그리고 어김없이 노무현 전 대통령을 불러와 모욕하면서 맞불을 놓는다. 국정원과 군이 음지에서 정치공작을 했다면, 그들은 양지에서 정치공작을 하는 셈이다. 민주주의를 열망하는 시민은 이처럼 '정상화'의 길을 수구세력이 가로막고 있는 참담한 현실을 보고만 있을 수 없다. 수구세력이 날뛸수록 민주시민은 '정상화'의 길을 탄탄히 닦으려 고민하고 행동해야 한다. 다음 생애를 기약할 수 없는 일이다.

시민들은 어렵게 만든 기회를 헛되이 놓아버리지 않도록 정신 차리고 두 눈 부릅뜬 채 지켜봐야 한다. 아니, 그것만으로는 부족하다. 장 자크 루소는 선행의 첫걸음이 악행을 하지 않는 것이라 말했는데, 자기 이익을 가장 먼저 생각하면서 행동하는 자들이 악한 생각을 하지 않기를 바라는 것은 쥐가 달걀을 낳기를 바라는 일과도 같다. 어렵사리 민주주의를 쟁취했던 우리는 이명박과 박근혜가 잇달아 대통령 노릇을 하는 9년 동안 눈뜨고 보기 어려울 만큼 국격이 땅에 떨어지는 과정을 목격하면서 루소의 말이 옳다는 사실을 또다시 절감했다. 우리는 투표할 때만 주인이었고, 9년 동안 정치적 '노예'가 되었던 것이다. '노예'라는 말이 비유임을 굳이 밝힌다. 악용하는 사람이 있을지 모르기 때문이다. 이 정도를 걱정할 만큼 유치한 세력을 상대해야 하는 것이 비극이다. 그러니 온갖 어려움을 겪고 겨우 첫걸음을 뗀 민주정부의 지지자임을 자랑하면서 만족할 때가 아니다. 진정한 '운동'의 차원으로 지원해야 한다. 건강한 사람도 건강을 지키려고 운동을 하듯이, 이제 모든 것을 정상화시키는 첫걸음을 겨우 뗀 마당에 민주시민이 현실에 다각도로 참여하는 운동을 벌여야 한다. 현실생활에 바빠서 직접 행동하기 어렵다 할지라도 '문자행동'으로라도 찬반 의사를 분명히 밝힌다면, 여론의 방향을 보여주므로 정책을 수립하고 수행하는 사람들에게 좋은 지표를 제공할 것이다. 진보적인 양심세력은 '입안보', '입애국' 세력과 싸워야 한다. 그들은 매사에 안보와 애국을 들먹이면서 그 말을 독점했지만, 북한의 핵실험에는 겨우 확성기만으로 대응한, 그래서 진정한 '입안보' 세력일 뿐이었고, 막대한 국방예산을 쓰고서도 자주국방의 길을 제대로 열지 못한, 그래서 진정한 '입애국' 세력에 지나지 않는다. 그들이 민주주의의 가치를 깨닫는 시점까지 진보세력은 사회의 건강한 부분에 대한 비판보다는 아픈 부분을 고치는 데 전념하기를 바란다. 진보세력끼리 '입진보'라고 비판하면서 선명성을 경쟁하기보다 더욱 절박하게 해결할 일이 있음을 명심하자. 한마디로 대의제 민주주의와 참여 민주주의를 절묘하게 결합하여 촛불혁명을 완수해야 한다. 그리하여 새로운 정치적 모형을 제시하고 정착시켜야 한다. 마침 이명박 정권의 민낯과 함께 연일 박근혜를 둘러싼 국정농단의 실체가 더 자세히 드러나고 있다. 박근혜가 '문고리 3인방'으로 불리던 이재만과 안봉근에게 지시해서 국정원의 돈을 매달 1억 원씩 상납받았고, 정무수석과 비서관들도 국정원으로부터 거액의 용돈을 받았다고 한다. 청와대에서 대통령과 측근들이 국민이 맡긴 일을 제대로 하는 대신 나랏돈을 빼먹을 궁리만 한 것 같다. 파고 또 파도 끝이 없을 것 같고, 무엇을 상상해도 그 이상인 적폐세력이다. 그나마 세상이 바뀌어 실체가 조금이나마 드러나고 있음이 천만다행이다. 사법부의 개혁과 맞물려 적폐를 청산할 기회다. 아직도 우리가 일제강점기의 수혜자들과 냉전체제의 수혜자들을 상대로 싸워야 하는 현실이 무척 개탄스럽지만, 그래도 시대에 한참 뒤떨어진 세력을 진정한 안보와 애국 세력으로 바꿀 기회가 이번 생에라도 생겨서 무척 다행이다.

우리나라의 현실을 보면서 프랑스 혁명을 생각할 거리도 많아졌다. 나는 프랑스 혁명이 무엇보다도 프랑스의 근대화 역사에서 중요한 단계라고 생각한다. 합리화, 산업화, 정교분리와 함께 민주화의 가치를 구현하는 것을 근대화라 하겠지만, 이 중에서 가장 중요한 가치가 민주화라고 생각한다. 평화적으로 촛불혁명을 시작한 우리나라가 아직도 민주화를 방해하는 수구세력과 싸우면서 적폐를 청산하느라 애쓰고 있기 때문에, 민주화의 가치 실현이 가장 중요한 동시에 어렵다는 사실을 절감한다. 우리나라가 정교분리, 산업화, 합리화의 과정을 겪었다고 하지만, 민주주의는 조금 진보하다가 제자리 걸음이 아니면 크게 후퇴하는 경우가 많았으니 어찌 민주화를 열망하지 않을 수 있겠는가. 228년 전의 프랑스에서도 대혁명이 일어나 신분사회의 구습을 타파하고 평등한 시민사회를 만드는 과정이 한창 진행되고 있었다. 특히 1791년에는 프랑스 역사상 최초로 민주적 방식의 투표를 통해 입법의원들을 뽑았다. 물론 당시의 민주적 방식에는 '평등'의 문제에서 남녀를 구별하고, 능동시민과 수동시민을 구별하는 한계가 있었지만, 1789년의 전국신분회 대표를 뽑을 때와 비교하면 가히 혁명적 방식이라 하지 않을 수 없다. 그러나 원칙과 방식을 결정한 뒤에도 해야 할 일이 많다. 모든 구성원이 합의하여 그것을 실천하고 정착시켜야 한다. 이러한 관점을 배경 삼아 제6권에서는 제헌의회가 프랑스 역사상 최초의 성문헌법을 제정하고 임기를 마치면서 입헌군주제 혁명을 완수하는 과정을 찬찬히 살피려 한다.

여론의
변화

제 1 부

1
파리의 정치 클럽

1791년 6월 21일 아침, 왕이 파리에서 도주했다는 말을 들은 사람들은 대부분 막연한 불안감을 느꼈지만, 어떤 사람들은 그동안 무성하던 소문이 헛된 것이 아니었음을 깨달았다. 파리 주민들은 너도나도 집을 나서서 평소 일이 생기면 모이던 곳으로 향했다. 그들은 튈르리 궁, 강둑길, 시청 앞 그레브 광장, 팔레 루아얄로 모여들어 좀더 정확한 소식을 들으려고 노력했다. 파리의 모든 구와 정치 클럽이 모여 회의를 시작했다. 파리 도 지도부와 시정부는 10시가 되어서야 대포를 세 발 쏴서 사건에 대해 알렸다. 그러나 아침 7시가 지나자마자 왕이 사라진 소식이 입에서 입으로 퍼졌고, 시정부가 대포를 쏘지 않았더라도 파리 전체가 알았다. 이 세 시간 동안 사람들이 무슨 일을 저지를지 몰랐다. 왕이 파리에서 사라졌다는 말을 들은 사람들은 처음에는 걱정을 했다. 그들은 튈르리 궁으로 몰려가 소문을 확인한 뒤, 곧 국회 쪽으로 눈길을 돌렸다. 그들은 국회가 무슨 조치를 내리는지 궁금했던 것이다. 그리고 나서 그들은 왕과 가족이 머물던 공간에 직접 가보기로 했다. 보초들이 막았지만 사람들은 궁 안에 들어가 왕의 초상화를 떼어내기도 했다. 거리와 공공장소에서는 무장한 국민방위군이 질서를 유지하고 있었다. 생탕투안 문밖에서 맥주 양조장을 운영하는 상테르도 2,000명을 동원해서 질서를 지켰다. 이때 동원된 사람들은 능동시민이 아니라 소박한 모직물 모자bonnet de laine를 쓴 수동시민들이었다. 이들의 모자가 나중에 혁명을 상징하는 붉은 모자bonnet rouge의 기원이 된다. 『파리의 혁명』에서 프뤼돔Louis Marie Prudhomme은 이날의 한 장면을 재미있게 소개했다.

아낙들도 도시의 출입문을 지키겠다고 남자들과 다투면서 이렇게 말했다. "우리 아줌마들이 왕을 파리로 데려왔어요. 그러나 왕을 도망치게 내버려둔 것은 남자들이죠." 이 말을 들은 어떤 남자가 우스갯소리로 이렇게 말했다. "아주머니들, 너무 자랑하지 마세요. 아주머니들이 파리에 주신 선물은 대단한 것이 아니었다오."

사람들은 왕들을 미워하고, 그중에서 루이 16세를 노골적으로 멸시했다. 그들은 그레브 광장에 있던 루이 16세 흉상을 산산조각 냈다. 이것을 본 반혁명세력은 두려워했다. 생토노레 거리에서도 왕에 대한 반감이 그대로 드러났다. 사람들은 가게에서 루이 16세의 석고상을 빼앗거나 석고상의 눈을 종이로 가려버렸다. 그리고 왕, 왕비, 부르봉, 루이, 궁정, 대군, 왕의 동생 같은 낱말을 군소가게의 간판에서 지우도록 강요했다. 팔레 루아얄(왕궁)을 팔레 도를레앙(오를레앙의 궁)으로 바꾸도록 하고, 왕관을 그리지 못하게 했다. 리슐리외 추기경이 짓고 4년 동안 살던 추기경 궁Palais Cardinal은 그가 죽은 뒤 왕의 소유가 되어 곧 '왕궁'이 되었는데, 루이 14세의 동생 오를레앙 공작 필리프에게 넘어갔다. 그러므로 '왕궁'은 주인이 바뀐 지 한 세기도 넘어서 겨우 주인의 이름을 달게 되었던 것이다. 코르들리에 클럽은 국회가 헌법에서 왕위의 세습을 인정했기 때문에 프랑스를 노예로 만들었다는 내용의 인쇄물을 제작해서 방을 붙였다. 그들은 앞으로 왕이라는 말을 폐지하고, 왕국을 공화국으로 만들어야 한다고 주장했다. 국회에서는 왕이 납치enlèvement되었다고 말하고 있을 때, 그 소식을 들은 인민은 납치가 아니라 도주fuite라는 말을 썼다.

6월 21일, '헌법의 친구들 협회(자코뱅 클럽)'와 '인간과 시민의 권리의 친구들 협회(코르들리에 클럽)'는 각각 회의를 시작해서 계속 토론했다. 둘 중에서 좀더 급진적인 코르들리에 클럽은 이렇게 선언했다.

> 샹드마르스의 신성한 제단 앞에서 / 루이는 우리에게 충실하고 정당하겠노라고 맹세했다. / 인민과 그는 이런 관계를 맺었다. / 그러나 그는 자기 맹세를 저버렸다. / 프랑스인들을 배반한 역적이 되어 / 수많은 왕을 애석하게 했다. / 그는 프랑스인들의 주인이 되려고 했다. / 이 배신자가 고통을 받으면서 죽어가기를, / 그의 죄 많은 육신을 태운 재를 바람에 맡겨 / 이 세상에는 가장 치욕스러운 이름만 남기기를. / 폭군들의 이름만을 남겨 자유민이 몹시 미워하도록. /
> 코르들리에 클럽의 모든 자유민은 동료 시민들에게 선언한다. 우리 협회는 폭군 살해자들로 구성되었다. 우리의 회원들은 국경을 공격하거나 우리의 자유나 헌법을 어떤 방식으로든 침해하는 폭군들을 죽일 것임을 맹세했노라.
>
> 의장 르장드르, 비서 콜랭, 비서 샹피옹.

마라는 루이 16세의 도피에 대해 그 나름대로 성명을 발표했다. 그는 루이 16세가 4월 18일 생클루 궁으로 가려던 일을 상기시키면서, 생클루가 아니라 브뤼셀로 떠나려 했다고 말문을 열었다. 이처럼 그는 정확하지 않은 정보를 만들어내면서 대중을 선동하려 했다. 그는 왕이 시민정신을 앞세우고 공공의 자유와 헌법을 지키겠다고 했지만, 그리고 자유롭지 못한 상태에서도 결코 파리를 떠날 의사가 없다고 말했지만, 그것은 모두 거짓말이었다고 비난했다. 그는 라파예트, 바이이, 카잘레스, 당드레Antoine-Balthazar-Joseph d'André 같은 음모가들의 검은 무리가 이른바 '오스트리아 위원회'로서 왕이 도주할 수 있게 도왔다고 공공연히 비난했다. '오스트리아 위원회'란 왕비를 돕는 세력을 뜻했다. 한마디로 왕의 일가는 오랫동안 국회의 역적들과 공모해서 도주할 준비를 했다. 국회의 조사위원회와 보고위원회도 공모자다. 알자스와 로렌에 주둔한 군대의 반혁명적 지휘관들이 외국에 망명한 왕의 동생들이 조직한 군대와 오스트리아 군대와 내통하기 위해 애국자들을 짓밟아야 했다.

"조국의 친구인 시민들이여, 여러분은 자칫하면 멸망할 순간에 다다랐다. 나는 여러분이 맹목적인 신뢰로 끌어들인 불행에 대해 질책하느라 귀한 시간을 허비하지 않겠다. 우리 모두 여러분의 구원에 대해서만 생각하기로 하자."

마라의 글은 또 피로 물들었다. 그는 대신들과 그 하수인들, 라파예트, 국민방위군 참모부의 악당들, 정규군의 반국가적 지휘관들, 바이이, 모든 반혁명 자치정부, 국회의 역적들의 목을 쳐야 한다고 주장했다. 아직 시간이 있으니 그들을 잡아들이자고 선동했다. 국민방위군은 이미 자유를 잃었기 때문에 해산시켜야 한다. 이 위기의 순간, 장교들이 그들을 방치했기 때문이다. 각 도에 파발마를 보내 지원을 요청하고, 브르타뉴 사람들에게 구원을 요청하며, 무기고를 탈취하라. 기마순찰대, 나루터지기들, 세관 울타리의 추격병들의 무기를 빼앗고, 직접 자신의 권리를 지키라. 자유를 회복하고 무자비한 적들의 숨통을 끊어라! 마라는 사람들이 자신의 경고를 무시하면 옛날처럼 노예상태로 되돌아갈 것이라고 협박했다.

"만일 이 유익한 충고를 무시한다면, 나로서는 더는 해줄 말이 없다. 그래서 나는 여러분과 영원히 작별하겠다. 그러면 며칠 안으로 루이 16세가 오만불손한 성명서에서 폭군의 목소리로 여러분을 역적으로 취급할 것이다."

21일, 자코뱅 클럽에서는 긴급회의를 열고 파리의 모든 구민과 연락망을 구축하기로 결정했다. 그들은 국가의 위기가 닥치자 평소에 보여주던 미묘한 의견 차이를 극복하고 라파예트, 시에예스 같은 회원들을 필두로 모든 구성원이 한결같이 국가에 충성하겠다고 맹세했다. 바르나브Antoine-Pierre-Joseph-Marie Barnave는 전국의 모든 자매협회에 편지를 보내자고 제안했다.

모든 형제여, 친구여,
왕은 범죄자들의 사주를 받고 방황하다가 국회로부터 멀어졌다.
이 사건을 보면서 우리는 용기를 잃기는커녕 모든 상황에 한층 더 적극적으로 대처하기로 했다.
우리에겐 그 어떤 혼란이나 무질서한 행동도 일어나지 않았다.
우리는 평정심을 확고히 유지한 채 모든 힘을 모으겠다고 결심했다. 그 힘을 가지고 정당한 명분을 지킬 것이며, 기필코 승리하겠다.
모든 분열은 사라졌다. 이제 모든 애국자가 한데 뭉쳤다. 국회가 우리를 이끌고, 헌법은 우리를 뭉치게 만든다.

로베스피에르는 제1공무원(왕)의 도주가 그다지 불행한 사건처럼 보이지 않는다고 말했다. 이날은 혁명에서 가장 아름다운 날이 될 것이기 때문이다. 로베스피에르는 그럼에도 경계해야 할 것이 있다고 강조했다. 그는 유럽이 프랑스를 적대시한다 해도 무찌르면 그만이기 때문에 두렵지 않지만, 적들이 애국자들처럼 행동하고 말하면서 왕과 내통하고 있으니 두 눈 똑바로 뜨고 지켜봐야 한다고 강조했다. 그는 자기 말이 추측이 아니라 확실한 사실에 근거를 두었음을 증명하겠다고 장담했다.

"여러분은 루이 16세가 파리를 떠나면서 성명서를 남겼음을 알고 있습니다. 여러분은 그가 헌법에서 자신에게 상처를 주는 것들과 행복을 주는 것들을 어떻게 구별하는지 보셨을 것입니다. 왕의 주장을 잘 읽어보세요. 거기서 모든 음모가 드러나고 있습니다."

루이 16세는 국회에 남긴 글에서 자기 입으로 도주했다고 밝혔지만, 국회는 비겁한 거짓말로 그가 납치되었다고 얼버무렸다. 그리고 국회는 잇달아 명령을 내려 전쟁대신은 군사위원회의 감독 아래, 외무대신은 외교위원회의 감독 아래 업무를 수행하게 했다. 다른 부처의 대신들도 마찬가지다. 그런데 전쟁대신은 누구인가? 그는 전임자들의 사례를 그대로 좇아 애국 병사들을 박해한다. 그를 감독할 책임이 있는 군사위원회는 어떤가? 그 위원회는 우리에게 가장 위험한 적이라 할 귀족주의자들의 소굴이다. 그들은 최근 자유에 가장 치명적인 명령을 내렸다. 외무대신은 누구인가? 몽모랭Armand Marc de Montmorin Saint-Hérem 같은 자가 한 달 전, 아니 보름 전까지 왕이 헌법을 열렬히 사랑한다고 보증을 섰다. 이런 자에게 우리는 외교를 맡겼다. 그를 누가 감독하는가? 외교위원회다. 당드레 같은 자가 지배하는 위원회 말이다. 로베스피에르는 르사르Antoine Claude Nicolas Valdec de Lessart*도 네케르만큼 믿을 수 없는 인간이라고 비판한다. 그리고 나서 그는 대신들 가운데 적어도 한 명이라도 과연 왕의 도피에 대해 몰랐겠느냐고 묻는다. 그는 자유가 위

---

* 르사르는 1790년 말 재무총감이 되었고, 1791년 초부터 내무대신을 겸직했다가 루이 16세가 도피하기 직전 재무총감직에서 해임되었다. 내무대신직만 유지하던 그는 카미유 데물랭, 마라 같은 사람들의 비판을 받았다.

태로워졌다고 강조했다. 국회마저 국민을 배반했기 때문이다. 더욱이 왕은 황제 레오폴트, 스웨덴 왕, 아르투아 백작, 콩데 공, 그 밖의 망명객 그리고 유럽 왕들과 똑같은 명분을 가진 패거리들의 도움을 받아 국경지방에 나타날 것이다. 거기서 왕은 마치 브라방 지방을 다시 정복했을 때 황제가 그랬던 것처럼 어버이 같은 심정으로 성명서를 발표할 것이다. 이미 수백 번 말했듯이, 이번에도 "내 백성은 언제나 내 사랑을 믿어달라"고 말할 것이다. 그리고 평화가 또 자유가 얼마나 달콤한 것인지 늘어놓는다. 그러고 나서 망명객들과 영원한 평화, 사면, 형제애를 걸고 화해하자고 제안한다. 왕의 성명이 나오면, 그것을 신호 삼아 파리와 모든 도에서 왕에게 동조하는 지도자들도 내란이 일어나면 얼마나 끔찍할지 앞다투어 말한다. 그들은 진정한 애국자인 양 행세하면서 형제끼리 칼을 겨누는 전쟁을 피해야 한다고 말한다. 로베스피에르는 이 같은 사기에 속지 말아달라고 호소했다. 그는 자신의 목숨이 위험하지만 조국을 위해 진실을 밝힌다고 강조했다.

자코뱅 클럽은 로베스피에르가 목숨을 걸고 진실을 밝혀준 용기를 높이 평가하면서 그를 보호해주기로 맹세했다. 그 자리에는 '89년 클럽' 회원들이 따로 회의를 마친 뒤에 우르르 입장했다. 그들이 몰려들어오는 것을 본 당통은 노골적인 반감을 드러내면서 말했다.

"의장, 만일 역적들이 이 모임에 참석한다면, 나는 그들이 국민을 배반했음을 증명하겠소. 내가 틀리면 내 목을 바칠 것이고, 그들이 정말 반역자라면 그들의 머리를 국민의 발아래 놓아야 합니다."

당통은 '89년 클럽' 회원들 속에 라파예트가 들어오는 것을 보며 말했다.

"여러분, 오늘 우리는 아주 흥미로운 주제를 다뤄야 합니다. 아마 이 회의를 끝낼 때면 그 결과가 우리 제국의 안위와 직결된다는 사실을 알게 될 것입니다.”

당통은 제1공무원이 사라진 이 순간 자코뱅 클럽에는 프랑스를 다시 태어나게 만들 책임을 진 사람들이 모였는데, 한 부류는 재능을 가진 사람들이며, 다른 부류는 권력을 쥔 사람들이라고 운을 뗐다. 프랑스를 구하려면 개인의 이해관계를 포기하고, 모든 분열이 사라져야 한다고 전제한 뒤, 그는 라파예트에게 질문을 던졌다. 라파예트는 시에예스 신부의 양원제 안에 서명한 사람이 아닌가? 그 안은 헌법과 자유를 파괴하는 제도를 담고 있음을 모르는가? 왕이 도주한 이 시점에 제국의 모습을 바꿀 수 있는 제도에 동조하는 사람이 헌우회에 나타난 이유가 무엇인가? 당통은 언젠가 라파예트와 함께 회의에 참석했을 때를 상기시켰다. 그때 라파예트는 몹시 미움을 샀던 무니에 Jean-Joseph Mounier의 양원제 안과 비슷한 시에예스의 안에 찬성하고 국회에서 통과시키고 싶어했다. 당통은 그 자리에서 라파예트에게 분명히 반대의사를 밝혔음을 상기시키면서, 자기 말이 틀리면 반박해보라고 도발했다. 또한 그는 라파예트가 국민방위군에게 인민의 권리를 지키는 사람들이 쓴 글을 막는 한편, 헌법을 비방하는 자들의 비겁한 글을 보호하도록 명령을 내린 이유를 설명하라고 추궁했다. 당통은 왕이 도주한 마당에 평소 그를 위해서 국민방위군 사령관과 국회의원의 지위를 이용한 라파예트를 대표로 지목해서 '89년 클럽' 회원들을 싸잡아 공격했다. 그는 또 라파예트가 생탕투안 문밖 사람들이 뱅센 감옥을 부수는 것을 진압하고, 그날 저녁 튈르리 궁에서 왕을 도주하게 도와주려고 모인 살인자들을 보호한 이유를 밝히라고 다그쳤다. 4월 18일 국민방위군을 동원해서 생클루 궁으로 가려는 왕을 보호하려고 노력했던 점을 거론하면서, 결국 왕이 도주한 사건은 그동안의 음모가 성공했기 때문임을 명심하자고 말했다. 당통의 추궁을 받고서도 라파예트는 제대로 답변을 하지 못하고 회의장을 떠났다. 자코뱅 클럽은 그를 불러다 답변을 듣기로 했지만, 그는 다시는 나타나지 않았다. 22일에도 자코뱅 클럽에서는 현안에 대해 온건파와 급진파가 대립했고, 누군가 당통이 라파예트에게 했던 질문을 서면으로 작성하도록 하자고 제안했을 때, 당통은 라파예트가 클럽에 오면 전날의 질문을 한마디도 틀림없이 그대로 다시 해줄 수 있으니 걱정하지 말라고 말했다.

왕이 바렌에서 잡혔다는 소식이 파리에 퍼진 23일에 자코뱅 클럽에서는 어떤 이가 국회는 무슨 조치를 내릴 것인지 물었다. 그는 국회가 왕을 납치할 음모를 꾸민 자들과 후원한 자들에 대해 합당한 조치를 취해야 하며, 왕은 신성한 존재이기 때문에 그를 제외한 음모자들과 후원자들만을 중벌로 다스려야 한다고 말했다. 왕이 다행인지 불행인지 몰라도 목적을 달성하지 못했기 때문에 왕좌에서 물러나지 않았고, 그래서 여전히 프랑스의 왕이라고 주장했다. 그는 사방에서 왕이 왕위에서 물러났다는 말을 듣지만, 자신은 절대 그렇게 생각하지 않는다고 말했다. 그가 비록 중대한 죄를 지었다고 생각하더라도, 왕위를 잃을 정도의 죄를 짓지는 않았다는 것이다. 당통이 그의 말을 맞받아쳤다.

프랑스인의 왕임을 선언한 개인은 헌법을 보전하겠다고 맹세했음에도, 그 맹세를 저버리고 몰래 도주했다. 그런데도 그가 왕위를 잃을 일을 하지 않았다고 말하는 사람이 있다. 생각해보라. 프랑스인의 왕임을 선언한 개인은 자신이 헌법을 파괴할 방법을 찾을 것이라고 선언하는 글을 직접 작성하고 서명했다. 국회는 모든 공권력을 집중해서 그의 신병을 안전하게 확보해야 한다. 그리고 나서 그에게 그 글을 들이밀어야 한다.

그가 그 글을 작성했음을 시인한다면, 우리는 그를 바보천치가 아니라 범죄자라고 불러야 한다. 왕이 범죄자인지 바보천치인지 식별할 능력을 갖춘 우리가 이 같은 과정도 선택하지 못한다면 이 세상이 우리를 어떻게 보겠는가!

당통은 왕이 바보인 것도 모자라 범죄자임이 밝혀진 이상 더는 왕이 될 수 없다고 주장했다. 그리고 그의 곁에 옛날 식으로 섭정을 두어서도 안 된다고 주장했다. 그의 자격을 박탈하는 대신 위원회를 두어 정사를 돌보게 해야 한다고 구체적으로 제안했다. 그는 이 위원회를 국회가 임명해서는 안 된다고 주장했다. 행정부를 맡을 위원회이기 때문에 모든 도가 선거인 한 명씩 임명한 뒤, 83명의 선거인단이 10~12명의 위원을 임명하게 해야 하며, 임기는 국회의원처럼 2년으로 정하자고 제안했다. 그러나 자코뱅 클럽 회원들은 당통의 안에 대해 더 깊게 논의하지 않았다. 왕 대신 집단지도체제를 도입하자는 당통은 너무 앞서나갔던 것이다. 당통이 연설하는 사이에 의장은 라파예트가 쓴 편지를 받았다. 라파예트는 국회의원으로서 또 국민방위군 사령관으로서 몹시 바쁘기 때문에 자코뱅 클럽에 나오라는 기별을 받았음에도 나오지 못하는 점을 양해해달라고 했다. 자코뱅 클럽에서 돌아가는 일이 하나도 마음에 들지 않던 마라는 6월 28일자 『인민의 친구』에서 울분을 터뜨렸다. 그는 언제부터인지 라파예트는 자코뱅 클럽의 잠자는 회원들과 손을 잡고 선량한 애국자들의 환심을 사려 한다고 주장했다. 그는 자코뱅 클럽을 세운 국회의원들은 오직 로베스피에르를 빼고 모두 왕당파라고 비난했다. 그들은 귀족주의자들의 음흉한 원칙을 감춘 위선자들이라는 것이다.

"그들은 인민의 신뢰를 얻기 위해 애국심을 가장할 뿐이다. 그들은 인민

〈루이 16세의 파리 귀환〉(장 루이 프리외르J.-L. Prieur의 그림, 피에르 가브리엘 베르토P. G. Berthault의 판화, 파리국립고문서보관소 소장).
1791년 6월 22일 아침 바렌에서 출발한 루이 16세의 마차가 25일 파리 문밖에 도착한다.
높은 건물은 롤Roule 입시세관이다.

루이 16세의 마차가 파리 시내로 들어섰다. 무더운 날에 구름 같은 인파가 마차를 보고서도 이상하리만큼 침묵을 지켰다.
"왕을 환영하는 자 몽둥이로 맞을 것이며, 왕을 모욕하는 자 목매달릴 것이다"라는 벽보가 나붙었기 때문이다.
어떤 젊은이가 루이 15세의 동상에 올라가 눈을 닦는다.
손자가 도망치다 잡혀오는 모습을 본 할아버지가 격분했으리라는 뜻이다.

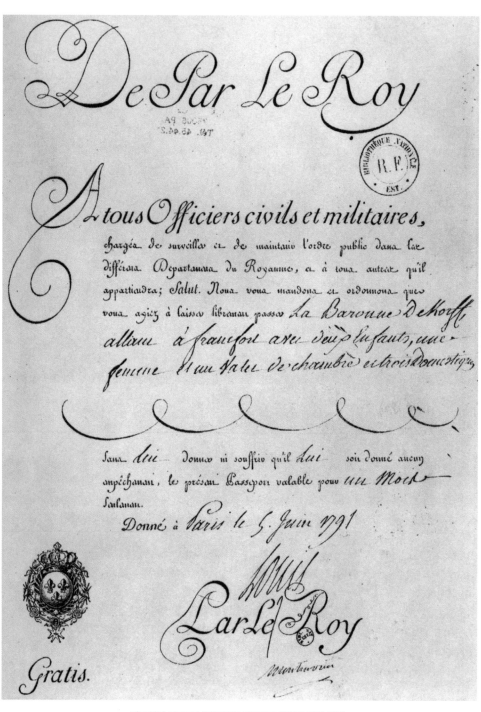

페르센이 코르프 남작부인의 이름으로 받아낸 가짜 여권.
"어린이 두 명, 시녀와 시종, 하인 세 명을 데리고 프랑크푸르트로 가는 코르프 남작부인"을
자유롭게 통과시킬 것을 명령하고, 1791년 6월 5일 왕이 서명함.

튈르리 궁에서 몽메디까지 성가족의 큰 걸음(작자 미상의 수채화, 프랑스국립도서관^{BNF} 소장).

요강에서 발각된 위대한 군주 또는 실패한 도망자들(영국의 희화, BNF 소장).
말풍선(왼쪽부터): "제길, 목매달릴 기분에 오싹하는군." / "우린 모두 망했군!" /
"아, 이 녀석아, 이렇게 도망칠 수 있다고 생각해?"

"나는 금은을 소화시켜도, 헌법은 삼키지도 못해."
'타조autruche'는 오스트리아Autriche의 상징이다. 그러므로 왕비 마리 앙투아네트를 풍자한다.

볼테르의 팡테옹 안장(작자 미상, BNF 소장).
왼쪽 루이 16세 흉상의 좌대에는 "헛발", 위의 깃발에는 "6월 21일 사건",
오른쪽 볼테르 흉상의 좌대에는 "불멸의 인간",
위의 깃발에는 "왕이란 고귀한 칭호를 가진 인간일 뿐이다. 법의 제1신민은 공명정대해야 한다",
팡테옹 건물 위쪽에는 "위대한 인물들에게 조국은 감사한다"라고 쓰여 있다.

이 반혁명주의 의원들을 정당한 방법으로 비판할 때 인민을 자제하게 만든다. 그러므로 나는 자코뱅파 의원들을 비겁한 위선자라고 생각한다. 이 클럽의 다른 회원 가운데에는 당통, 르장드르, 푸르니에 같은 훌륭한 애국자도 있다. 이들은 다른 애국자들의 마음을 사로잡으려고 무진 애쓴다. 그런데 얼마전 라메트와 바르나브 같은 사람들이 이들을 초청해서 함께 초콜릿을 마시자고 유혹했다. 그 자리에는 모티에(라파예트)도 참석시켰다."

급진적인 마라는 중도좌파의 애국자들이 왕당파에게 속고 있는 현실을 안타까워했다. 마라나 카미유 데물랭 같은 신문 발행인은 라파예트를 몹시 경계하고 있었다. 왕이 도주했다는 소식을 들은 자코뱅 클럽의 회의 모습을 보았으니 이제는 국회로 가보자.

2
국회 그리고
파리 도 지도부와 시정부

1807년 8월 7일, 나폴레옹 1세는 장 바티스트 드루에J.-B. Drouet(1763~1824)에게 레종도뇌르 훈장을 주면서 "당신은 세계의 얼굴을 바꾸었습니다"라고 말했다. 옛날 콩데 공의 용기병 연대에 복무했고 생트메누 역참장이었던 그는 1791년 6월 21일 밤 지름길로 바렌까지 달려가 왕의 마차를 세우는 데 큰 공을 세웠던 것이다. 사실 왕의 도주를 막는 데 이바지한 사람은 많았다. 그럼에도 드루에가 왕의 얼굴을 알아보고 부랴부랴 뒤쫓기 시작했다고 생각하는 사람이 많았다. 사실 그보다 먼저 왕의 신분을 알아본 역참장이 있었다. 생트릭스 역참장 라니는 1790년 전국연맹제에 참가했을 때 왕의 얼굴을 본 사람이었기 때문에 왕이 자기 역참에 들렀을 때 쉽게 알아보았다. 그럼에도 그는 왕을 저지하려 하지 않았다. 드루에의 경우, 그가 왕을 알아보긴 했다. 그러나 파리에서 국민방위군 대대장 배용이 라파예트의 명령을 받고 출발해서 하루 종일 달려가고, 그보다 한 시간 뒤 라파예트의 참모인 로뫼프가 국회의 명령을 들고 열심히 뒤쫓지 않았다면, 과연 드루에가 바렌까지 쫓아갈 생각을 했을까? 아무튼 바렌까지 가서 왕이 더는 출발하지 못하게 막은 사람은 드루에였다. 그리하여 그는 왕의 마차를 저지하는 데 가장 뚜렷한 공을 세운 사람으로 인정받아 삽시간에 유명인사가 되었고, 파리에 가서 국회, 헌우회, 파리 코뮌에 잇달아 나가 자신의 활약에 대해 증언했다. 제헌의회는 그에게 3만 리브르의 상금을 주었다.* 그는 1792년 9월 국민공회 의원이 되며, 몽타뉴파에 가담했다.

드루에는 6월 24일 국회에 나가 6월 21일에 일어난 일을 다음과 같이 증언했다. 저녁 7시 반에 마차 두 대가 자기의 역참에 도착해서 말 열한 필을 바꿔 맬 때, 예전에 베르사유에서 보았던 왕비의 얼굴을 알아보았고, 50리브르짜리 아시냐 지폐에 찍힌 초상화를 닮은 얼굴을 그 옆에서 보고 놀랐다. 그렇지 않아도 그동안 용기병들이 나타났다가 20일에는 경기병 분견대가 교대하면서 샬롱에서 오는 금고를 호송한다는 말을 들었던 차에, 모든 정황을 종합해보니 왕의 일가가 나라 밖으로 나가려는 것이 아닌지 의심이 들었다. 그러나 역참이 클레르몽 쪽으로 마지막 집이었기 때문에 왕의 마차를 보낼 수밖에 없었다. 곧 기병들이 마차 뒤를 따르려고 준비하는 것을 보고 그는 마을

---

* 배용은 1만 리브르, 무쟁은 6,000리브르를 받았다.

로 들어가 국민방위군을 동원하는 북을 치고, 사람들에게 기병대가 생트메누를 떠나지 못하게 막자고 제안한 뒤, 자신은 기병 출신 기욤과 함께 말을 타고 베르됭으로 향했다. 그러나 클레르몽 근처에서 생트메누 역참 소속 마부를 만나 바렌이 목적지임을 알아내고 지름길로 바렌까지 갔다. 그와 기욤은 왕 일행이 어느 집 문을 두드리다가 마부에게 어서 바렌을 떠나자고 재촉할 때 그 곁을 지나 아직 영업 중인 '황금팔' 여인숙으로 들어가 사람들에게 알렸다. 그러고 나서 경종이 울리기 전에 다리를 막아야 한다고 생각하고, 마침 낮은 바렌 쪽 다리 근처에 있던 마차를 끌어다 다리를 막았다. 말을 매지 않은 마차에는 가구가 잔뜩 실려 있었는데, 그와 드루에가 그 무거운 마차를 밀어다 다리를 막았다는 것이다. 드루에는 왕이 소스의 집에 들어가는 과정까지 길게 얘기하고 나서 이렇게 말했다.

"여러분에게 왕을 체포하는 데 협력한 국민방위군들의 이름을 말씀드리고 싶습니다. 왕은 아르곤 지방의 바렌에서 6월 21일 밤 11시 30분경 생트메누 역참장 드루에와 생트메누 지도부의 위원 기욤의 기별을 받은 국민방위군에게 붙잡혔습니다. 왕을 체포한 사람들은 척탄병 부대 장교인 퐁토, 벨레, 이슬레트에서 온 테브냉, 국민방위군 중령 슈발로, 척탄병 부대 대위 조르주, 척탄병 슈발로 르죈, 척탄병 퐁생 피스, 국민방위군 장교 르블랑, 바렌 마을의 검찰관 소스입니다. 이들 말고도 우리가 이름을 모르는 여러 사람이 체포에 협력했습니다. 만일 여러분이 원하시면 명단을 제출하겠습니다."

6월 21일, 왕이 파리에서 사라졌다는 사실을 알고 사태를 수습할 때까지 국회는 산회하지 않기로 했다. 회의를 진행한 지 닷새째 되는 25일 토요일 아침 7시, 국회의장 알렉상드르 드 보아르네는 간밤 11시 30분에 모Meaux에서 왕의 귀환을 영접하려고 기다리던 위원들이 보낸 편지를 받았다. 국회는

22일 왕이 바렌에서 잡혔다는 소식을 듣고 그가 파리로 귀환할 때 영접할 위원으로 바르나브, 페티옹, 라투르 모부르 의원들을 임명했는데, 이들은 곧 파리를 출발해서 23일 9시 라페르테 수 주아르에서 왕의 소식을 들었다. 그들은 왕이 클레르몽에서 하룻밤을 보낼 거라고 국회에 알렸다. 그들은 24일에 페르네에 도착해서 마침 그곳을 떠나는 왕 일행을 만나 모까지 동행했다. 그들은 왕이 거기서 하룻밤을 묵은 뒤 25일 낮 2~3시에는 파리에 도착할 것임을 알렸다. 그동안 왕은 22일 아침 7시 넘어 마차에 타고 바렌 사무소 요원들과 국민방위군의 호위를 받으면서 클레르몽으로 떠나 파리로 돌아가는 긴 여정을 시작했다. 왕 일행이 바렌을 향해 갈 때는 마치 진격나팔 소리에 맞추듯이 거의 쉬지 않고 바삐 움직였지만, 이제 파리를 향해 가는 길에는 마치 장례식 행렬처럼 무겁게 한 발씩 옮기면서 천천히 움직였다. 그리하여 하루에 간 길을 나흘 동안 되짚어 파리로 돌아갔다. 왕을 호송하는 사람들은 왕당파 반혁명주의자들이 중간에서 왕을 탈취할까봐 몹시 신경을 써야 했다.

왕이 바렌에서 출발하는 과정에 대해 로뫼프는 국회에서 증언했다. 그는 21일 왕의 출국을 막으라는 국회의 명령을 들고 샬롱까지 갔을 때 그보다 한 시간쯤 전에 라파예트의 명령을 받고 떠난 베용을 만났다. 그들은 왕이 붙잡힌 지 몇 시간 뒤에야 바렌에 도착해서 마을 사무소에 들렀다. 로뫼프는 왕에게 국회의 명령서를 전달했다. 그는 아침에 왕이 마차를 타고 떠난 뒤에도 마을 사람들에게 억류되었다. 바렌 마을에서는 사무소 요원들이 왕을 클레르몽까지 호송하고 무사히 돌아올 때까지 그와 베용을 인질로 삼았던 것이다. 그리하여 그는 바렌에서 목요일(23일)에야 풀려나 파리로 향했다. 그러나 왕이 지나간 길의 민심은 흉흉했다. 국경과 멀지 않은 지방이라서 낯선 사람들에게 경계심과 적개심을 드러냈다. 로뫼프는 생트메누에서 다시 한번 곤란한 일을 겪었다. 외국인 연대 병력이 바렌에 들어왔다는 소문이 돌았기 때문이다. 부이예 장군이 지휘하는 독일인 부대, 스위스인 부대에 대한 경계로 국민방위군이 동원되었다. 로뫼프는 바렌에서 온다는 이유로 붙잡혔다가 마침 클레르몽 디스트릭트 사무소 요원들이 그의 신분을 보증해준 덕에 풀려났다.

왕이 파리를 향해 천천히 움직이는 사이, 파리 코뮌은 왕 일행이 25일에는 파리에 도착하리라 예상하고 준비를 갖추었다. 파리 도 지도부는 국민방위군 총사령관에게 왕의 도착에 대비하라고 명령했다. 이미 파리의 여러 구, 생드니 디스트릭트, 파리 시정부가 이 문제로 도 지도부에 각각 적절한 조치를 취해달라고 요청했다. 그들은 대체로 왕이 오전이나 늦어도 낮에 파리에 도착할 텐데, 될수록 파리 시내를 많이 거치지 않도록 행로를 결정해달라고 했다. 거리가 혼잡해지면 뜻하지 않은 문제가 생길 수 있기 때문이다. 왕이 모에서 생마르탱 울타리까지 오면 거기서 외곽도로로 샹젤리제 울타리까지 간 뒤, 샹젤리제를 통과해서 튈르리 정원을 거쳐 궁으로 가는 길을 택하라고 요청했다. 도 지도부는 시정부에 행진순서를 시내 곳곳에 붙이고 알리도록 지시했다. 코뮌 총회는 도 지도부의 지시를 그대로 따랐다. 도 지도부는 국민방위군 총사령관에게 법이 허용하는 최대한의 권한을 발휘하고 필요한 경우 무력으로라도 왕을 안전하게 호위하라고 명령했다. 그리고 시민들에게 다음과 같이 포고령을 내렸다.

시민들에게 알림.
여러분은 자유를 누릴 자격을 갖춘 모범적인 행동으로 유럽을 놀라게 했습니다. 여러분은 오늘 조국을 위해 해야 할 일이 무엇인지 잊지 않았을

것입니다. 법의 친구인 여러분만큼 위대한 인민은 없다는 사실을 잊지
마시기 바랍니다.

나쁜 의도를 가진 사람들이 여러분의 단호하고 슬기로운 명성을 깎아내
리려는 시도를 여러분의 훌륭한 정신으로 격퇴하기 바랍니다. 인간 존엄
성을 지키는 마음으로 모든 사람의 권리를 존중한다는 사실을 증명해주
시기 바랍니다.

24일에 파리 코뮌 의회는 바렌에서 왕 일가를 무사히 귀환시키는 데 자
발적으로 참여한 국민방위군과 정규군을 재울 방안을 마련했다. 그들을 시
민들이 나눠서 재워주거나 수도원과 수녀원에 재워주도록 배려하면서 필요
한 이불과 요의 수를 파악했던 것이다. 코뮌 의회는 영접위원의 보고를 듣고
왕을 수행하는 국민방위군을 재우고 먹이는 계획을 어느 정도 확정했다. 결
국 그들을 비어 있는 수도원, 샹젤리제와 연맹의 장(샹드마르스 광장)에 설치
한 천막 500개에 나눠 재우기로 결정했다. 그러나 25일 아침, 파리 시장은
국회의장에게 영접위원이 보낸 편지에서 왕의 도착이 오후 2~3시경이라는
사실을 알고, 코뮌 의회와 도 지도부에 알렸다.

"왕의 수행원은 생각만큼 그리 많지 않을 것입니다. 모에서 출발할 때 기
병 150명과 보병 100명이 왕을 호위했습니다."

도 지도부는 그다음 조치로 6월 21일의 결정에 대한 후속조치를 내렸다.
그들은 왕과 동생이 한꺼번에 사라진 것을 알고 튈르리 궁과 뤽상부르 궁의
아파트들을 봉인했는데, 이제 왕이 돌아오고 있으니 튈르리 궁의 봉인을 해
제하기로 했던 것이다. 그러고 나서 오후 2시, 그들은 내무대신을 통해 국회
가 통과시킨 시행령을 통보받아 특히 제7조를 즉시 실행하는 한편, 제3조를

실행할 준비를 갖추었다. 그 시행령이란 투레 의원이 헌법위원회 이름으로 발의한 것이었다. 투레는 왕이 파리에 도착할 때에 대비해서 세 가지 방향으로 문제에 접근해야 한다면서, 첫째는 왕이 파리까지 오는 동안 임시조치를 내려야 하고, 둘째는 왕이 파리에 온 뒤에 새로운 상황에 맞는 조치를 준비해야 하며, 셋째는 국회가 국가 안위를 위해 중대 결정을 내려야 한다고 말했다. 그는 법안을 상정했고, 의원들은 토론을 거쳐 원안 그대로 통과시켰다.

제1조. 왕이 튈르리 궁에 도착하자마자 파리 국민방위군 총사령관의 명령을 들어 왕의 안전을 책임질 수비대를 배치한다.

제2조. 왕위 계승권자에게도 위와 같은 성격의 특별수비대를 배치하는 한편, 국회가 훈육관을 임명해준다.

제3조. 왕 일가를 수행한 모든 사람은 체포해서 심문한다. 왕과 왕비의 경우에는 국회가 필요한 결정을 내릴 수 있도록 즉시 그들의 진술을 청취한다.

제4조. 왕비에게도 임시로 특별수비대를 배치한다.

제5조. 따로 결정하지 않는 한, 국회가 제정한 시행령 가운데 왕의 승인이나 재가가 필요하지 않은 것에 대해서는 6월 21일 국회의 결정대로 법무대신이 국새를 찍도록 한다.

제6조. 특별회계, 국고, 국채청산을 담당한 대신들과 책임자들은 모두 각자의 부서에서 업무를 계속 수행한다.

제7조. 이 명령을 내무대신이 파리 도 지도부에 넘겨 즉시 인쇄해서 파리 곳곳에 붙이고 나팔을 불어 널리 알리도록 한다.

3
루이 16세의 파리 귀환

6월 21일 아침 7시 튈르리 궁에서 왕이 사라졌음을 공식적으로 확인하고, 국민의회에서 곧바로 이 사실을 논의하기 시작한 뒤, 반혁명의 두려움과 분노 때문에 외국으로 망명하는 사람이 늘었고, 공화정에 대한 논의가 활발히 일어났다. 자코뱅 클럽에서 당통은 왕을 '제1공복premier fonctionnaire'이라고 점잖게 표현했지만, 당시까지 온건한 논조를 지키던 신문도 갑자기 왕에게 적대감을 표현했다. 왕을 '변절자traître', '괴물monstre', '얼간이bûche royal'라고 불렀다. 이렇게 온갖 욕을 먹는 루이 16세는 소스의 집에서 거의 한숨도 편하게 자지 못한 채 6월 22일 화요일 아침을 맞이했다. 바렌에서 악몽 같은 밤이 지나도 그가 애타게 기다리던 소식은 듣지 못했다. 부이예 장군이 정예 병력을 끌고 바렌으로 와서 자신과 가족을 저 험악한 국민방위군과 농민들의 손에서 구해주는 일은 일어나지 않았다. 지난겨울부터 치밀하게 계획을 세운 뒤 재검토하고 수정해서 실행한 도주는 이렇게 허무하게 끝났음을 인정하지 않을 수 없었다. 그것은 아침 7시 지나 그와 가족이 탄 마차가 바렌과 인근의 국민방위군, 주민들의 사이를 빠져나와 거기까지 오던 길을 되짚어 갈 때 명백해졌다. 부이예 장군이 늦었지만 최선을 다해 바렌으로 병력을 옮기고 있을 때, 그 사실을 알 리 없는, 그러나 알았다고 해도 별다른 희망을 품을 수 없는 루이 16세는 24시간 전에 즐기던 자유를 더는 맛볼 수 없음을 깨닫고 절망했다. 그를 호송하는 수많은 사람은 행여 그를 빼앗길세라 경계를 늦추지 않았다.

루이 16세는 뒤에 두고 떠나는 슈아죌, 다마, 고글라의 운명에 대해서도

걱정해야 했다. 로뫼프는 루이 16세를 호송한 바렌 농민들이 무사히 되돌아
갈 때까지 인질로 잡혀 있었지만, 부이예 장군의 명령을 받는 세 장교는 베르
됭 감옥으로 호송될 터였다. 그의 부하들은 생트메누, 클레르몽, 바렌에서 국
민방위군에게 항복하고 그들과 형제애를 나누었다. 왕이 믿었던 군대는 이
렇게 약점을 드러냈다. 군대에 분 혁명의 바람을 충성스러운 부이예 장군 휘
하의 부대도 피할 수 없었다. 귀족 장교들은 왕에게 충성했지만, 병사들은 장
교들의 명령에 복종하기보다 국민방위군이나 농민들의 편으로 쉽게 돌아섰
던 것이다. 이런 상황에서 왕 일가가 목적지를 얼마 남기지 않고 억지로 파리
를 향해 말머리를 돌려야 했음은 어찌 보면 당연한 일이었다. 그러나 조금 달
리 생각할 때, 왕이 거의 24시간 동안 자유를 누렸음은 페르센과 부이예 장
군이 그나마 치밀하게 계획을 세운 덕택이었다. 그게 아니라면 수많은 사람
이 오가는 역참에 들러 말을 바꾸고 마부까지 새로 배정받아 목적지를 향해
하루 종일 갔던 것을 달리 설명할 길이 없다. 그러나 모든 계획은 뜻하지 않
은 일 때문에 차질을 빚는다. 슈아죌과 레오나르의 실수, 바렌에서 장교들의
실수가 최악의 결과를 낳은 변수였다.

　　마차를 탄 왕이 국민방위군과 농민들의 감시를 받으면서 클레르몽을 향
해 가고 있을 때, 클레르몽 시정부 관리들이 왕을 마중했다. 시정부 관리들
을 호위한 용기병들은 다마 백작 휘하에서 그의 명령을 듣지 않고 그 지역 국
민방위군에게 항복한 사람들이었다. 그들은 왕을 불순세력의 손에 빼앗기
지 않고 파리 쪽으로 떠나보내려고 세심히 주의를 기울였다. 앞으로 왕이 파
리로 가는 길에 들를 모든 마을에서도 왕의 무사귀환이 가장 중요했다. 그들
의 행렬은 나흘 동안 프랑스 동부에 한여름의 무더위 속에서 뽀얀 먼지와 함
께 천천히 이동할 터였다. 그 지역 곳곳에서 국민방위군과 농민들이 왕이 온

다는 기별을 받고 몰려들어 마차 안을 기웃거렸고, 심지어 왕에게 불손하게 질문을 퍼붓기도 했다. 그리고 국민방위군들은 가끔 "조국이 위험하다. 국민 만세!"라고 외치면서 포로들의 기를 눌러버렸다. 바렌 쪽에서는 부이예 장군이 병력을 끌고 와서 왕을 빼앗긴 분풀이를 한다는 헛소문이 돌았다. 소스의 집도 안전하지 않다는 말에 소스는 일단 왕 일행을 따라가지 않기로 했다. 소스는 정직했다. 왕이 그 집에 놔두고 떠난 물건을 궁부대신에게 고스란히 돌려주었기 때문이다. 궁부대신이 소스에게 물건을 잘 받았다는 편지를 쓸 때, 루이 16세도 편지에 친필로 "소스 선생과 그 가족의 배려를 평생 잊지 않겠습니다"라고 썼다.

왕 일행은 오후 1시 30분이 넘어 생트메누에 도착했다. 그들은 입구에 마중 나온 촌장으로부터 행운의 열쇠를 받고 나서 마을로 들어섰다. 이처럼 촌장이나 몇몇 귀족은 왕을 환영했다. 그러나 성난 군중은 귀족 몇 명이 왕의 마차에 다가서려 하자 공격해서 상처를 입혔다. 어떤 노인은 낫에 다리를 다쳤지만, 왕을 알현해서 행복하다고 외치기도 했다. 왕은 촌장의 환영식이 자기 의도를 오도하는 행위라고 툴툴댔다. 사람들은 자기가 왜 파리를 떠나지 않으면 안 되었는지 진실을 알아야 할 텐데, 이런 식으로 왕이 그 마을을 자발적으로 방문하는 것처럼 연극을 했다는 뜻이다. 왕 일행은 마을 사무소로 들어갔다. 그곳에는 '황금 태양Soleil d'Or' 식당을 운영하는 파이예트가 차린 음식상이 있었다. 왕 일가가 밥을 먹는 동안 그를 호위하던 행렬도 그곳 주민들과 명사들의 배려로 굶주린 배를 채웠다. 밖에서는 사람들이 포로들의 얼굴을 보자고 아우성을 쳤다. 왕은 할 수 없이 왕세자를 안은 왕비와 함께 사무소 2층의 발코니로 나가 손을 흔들었다. 사람들은 그들을 보고 함성을 질렀다. "국민 만세!" 언제나 국민이 승리하고 있었다. 왕은 할 수 없이 끌려나가 얼굴을 보여주었지만, 사람들은 그에게 묻고 싶은 것이 많았다. 특히 "왜 우리를 두고 떠나려 했는가?" 왕은 나라 밖으로는 절대로 나가려 하지 않았다고 변명해야 했다. 그는 가족을 둘러보았다. 허약한 왕자는 벌써 몸살 기를 보였다. 왕비와 여동생은 이틀이나 꼬박 뜬눈으로 새우다시피 했기 때문에 지칠 대로 지쳐 있었다. 물론 왕, 투르젤 부인 그리고 간밤에 곯아떨어졌던 공주도 피곤하긴 마찬가지였다. 그래서 왕은 거기서 하룻밤 쉬고 떠나기로 결심했다. 억지로 가야 하는 길인데, 서둘 필요가 무엇이랴! 아니, 그의 속셈은 따로 있지 않았을까? 말하자면 샬롱까지 충분히 갈 수 있는 시간이지만, 될수록 걸음을 늦추어 부이예 장군의 지휘권 안에 있으면 혹시 장군이 구해줄지도 모른다는 희망?

그러나 포로에게는 결정권이 없었다. 왕은 자기 말이 먹히지 않으리라는 사실을 예견했는지, 행동으로 자기 의지를 보여주듯이 마차를 세우고 곧바로 내렸지만, 라파예트가 보낸 배용이 그 누구보다 먼저 왕에게 파리로 빨리 가야 한다고 재촉했다. 마을 사무소의 관리들도 배용의 말을 지지했다. 그들은 왕을 빨리 떠나보내고 마을에 평화를 가져오고 싶어했다. 그들은 "전하, 선량한 인민은 자애로운 왕을 수도에서 한시라도 빨리 뵙고 싶어하오니, 우리가 재촉한다고 노여워 마시옵소서"라고 말했다. 왕은 빈정거리듯이 대답했다. "선량한 인민이라고요? 아니죠. 이 불행한 인민을 헷갈리게 하는 도당들이 그렇게 바라고 있지요." 왕이 파리로 돌아가기 싫어하는 마음을 노골적으로 드러낸 대답이다. 그럼에도 왕은 할 수 없이 마차에 탔다. 샬롱으로 가는 길은 다시금 소란스러워지고 먼지가 뽀얗게 피어났다. 생트메누에서 샬롱을 향할 때 사달이 났다. 그 지역에 사는 당피에르 백작은 왕의 마차 뒤를 따르던 브뤼니에 부인과 뇌빌 부인이 탄 마차의 문으로 다가갔다. 그를 본 사람들이 달려들어 왕과 내통한 자라고 욕하면서 공격했다. 베용은 그 광경을 보면서도 사람들을 저지하지 못했다. 당피에르는 총을 몇 발 맞은 채 겨우 말에 올라 길가의 도랑을 건너려 했다. 그러나 국민방위군들이 그를 붙잡아 숨을 끊었다. 그들은 그의 머리를 꿰어 들고 한 400걸음쯤 앞에 가는 왕의 마차를 따라가면서 무시무시하게 "국민 만세!"를 외쳤다. 이렇게 왕은 간접적으로 목숨을 위협받으면서 거의 자정이 될 무렵 샬롱에 도착했다. 샬롱은 25년 전 일을 기억했을까? 그때 마리 앙투아네트는 장차 루이 16세가 될 왕세자와 결혼하려고 스트라스부르로 입국해서 베르사유 궁으로 가는 도중 샬롱에 들어갔다(제1권 150쪽 참조). 이제 왕비는 포로가 되어 온갖 모욕을 견디며 같은 길을 가고 있었으니 참으로 기구한 운명이었다.

왕 일가는 지사청知事廳 마당에서 내렸다. 그곳에도 역시 국민방위군이 열을 지어 그들이 내리는 모습을 싸늘한 시선으로 지켜보고 있었다. 심지어 누군가 허공에 총을 발사해서 왕을 놀라게 했다. 왕 일가는 간단히 밤참을 먹고 잠자리에 들었다. 그들을 수행하던 무스티에, 발로리, 말당은 왕 침실 문밖에서 잤다. 23일 아침, 왕과 왕비는 낯선 환경에서 충직한 세 명의 수행원을 보면서 감동과 행복의 눈물을 흘렸다. 사방에서 자신들을 잡아먹지 못해 안달인 사람들 속에서 외로운 그들이 파리에 도착할 때까지 의지해야 할 세 사람이 그렇게 고마울 수 없었던 것이다. 무스티에는 왕 일가를 수행하는 동안 모든 적대감이 수행원들에게 쏟아져 생명의 위협을 느꼈다고 회고했으나, 왕도 그 나름대로 위협을 느끼는데 수행원들의 처지까지 생각할 여유는 없었을 것이다. 그럼에도 그들은 23일, 성체성혈대축일(성체첨례일)의 아침을 무사히 맞이했다. 독실한 기독교도인 루이 16세는 가족과 함께 기도하려고 가까운 예배당을 찾았다. 그러나 왕이 겨우 무릎을 꿇자마자 국민방위군이 험악한 태도로 몰려들어 왕에게 갈 길을 재촉했다. 왕은 할 수 없이 침소에 들렀다가 곧 마차에 올랐다. 한마디로 왕 일가는 아침을 굶고 길을 떠나야 했다. 그리고 얼마 뒤 에페르네에 도착했다. 몹시 슬프고 고달픈 여정이었다.

국회가 왕 일가를 영접하라고 파견한 위원들(바르나브, 페티옹, 라투르 모부르)은 왕이 지날 장소를 예측하면서 움직였다. 그들은 먼저 도르망Dormant에 도착해서 왕이 샬롱을 떠나 에페르네로 향했다는 사실을 알았다. 이 경로는 왕이 바렌까지 갈 때와 약간 다른 길이었다. 그러니까 파리-봉디-보주르-클레-모-트릴포르-생장-라페르테 수 주아르를 거쳐 뷔시에르-비엘 메종-몽미라이-프로망티에르-에토주-베르제르-생트릭스-샬롱으로 갔지만, 돌아올 때는 샬롱-마투그-슈이이-에페르네-보시엔-페름 뒤 셴 팡뒤-샤토 티에리-라페르테 수 주아르를 거쳐 파리까지 갔던 것이다(제5권 171쪽 지도 참조). 영접위원들은 에페르네까지 1킬로미터 정도를 앞둔 곳에서 왕 일행의 마차를 만났다. 왕이 탄 마차에는 마부처럼 노란 옷을 입은 말당, 무스티에, 발로리가 앉아서 말을 몰고 있었다. 그 마차에는 왕비, 자녀, 여동생, 투르젤 부인이, 그 뒤를 따르는 마차에는 왕자와 공주의 시녀인 브뤼니에 부인과 뇌빌 부인이 타고 있었다. 영접위원들은 국회의 명령을 왕에게 읽어주었다. 왕은 국회가 자기 안전에 신경 쓰고 최대한 자신의 존엄성을 존중해준다는 사실을 잘 알겠다고 말하면서, 자신은 국경을 넘을 의도가 전혀 없었다고 강조했다. 영접위원들은 왕 일가를 호위한 국민방위군에게도 왕을 안전하게 호위하라는 국회의 명령을 읽어주었다. 그러고 나서 그들은 왕의 마차 문을 열어젖히더니 올라탔다. 나중에 무스티에는 그들의 태도가 아주 불손했다고 회고했지만, 당시 근처에 있던 민중은 "바르나브 만세! 페티옹 만세!"라고 외쳤다. 왕의 가족만 가지고도 비좁은데 두 사람을 더 태운 마차는 무더위 속에서 먼지를 헤치며 앞으로 나아갔다.

그들이 도르망을 향해 가는 길에 어떤 사제가 성무일과서를 겨드랑이에 끼고 왕이 탄 마차에 접근했다. 그는 성체성혈대축일에 왕을 위해 그 나름대로 기도를 해주려는 것 같았다. 그러나 마차 주위에 따라가던 민중이 그를 해치려 했다. 사제는 어떤 기병의 배려로 간신히 위험에서 벗어났다. 기병은 사제를 자기 뒤에 태웠다. 그는 몇 마디 농담을 한 뒤, 근처에 있던 척탄병에게 눈짓을 했다. 척탄병들이 사제의 다리를 잡아 왕의 마차 밑으로 던졌다. 사제는 급히 몸을 굴려 위험에서 벗어나 청량음료 장수의 마차 곁에서 일어설 수 있었다. 누군가 사제에게 총을 쐈다. 사제는 목과 배에 한 발씩 맞고 쓰러졌다. 모든 사람은 아무 일도 없었다는 듯이 갈 길을 갔다. 영접위원들은 도르망에 도착해서 왕의 가족을 허름한 여인숙에 들어가게 했다. 하룻밤을 묵은 일행은 다시 길을 나섰고, 샤토 티에리에 도착해서 부유한 목재상이 소유한 강변의 아름다운 집에서 낮참을 먹었다. 그들은 라페르테 수 주아르를 거쳐 모까지 갔다. 왕의 행렬이 이렇게 느렸던 이유는 그 마차를 따라가는 사람들이 아주 많았기 때문이다. 어떤 사람들은 말을 탔지만, 거의 대부분이 걸어서 따라갔기 때문에 마차의 속도보다 훨씬 느렸다. 그래서 영접위원들은 곳곳에서 보병들을 남겨두고, 왕 일행 근처에는 말을 탄 사람들만 따르게 했다. 그렇게 한 뒤 모에 도착할 때까지 전보다 빨리 움직일 수 있었다.

모에서는 헌법의 절차에 따라 선출된 이른바 '선서파' 주교가 마중을 나와 거기까지 따라간 라페르테 수 주아르의 관리로부터 왕 일행을 넘겨받았다. 왕 일행은 모의 주교청에서 파리로 향한 여정의 마지막 밤을 보내기로 했다. 주교청에 들어가자마자 왕 일가는 고된 하루를 마치고 더욱이 성가신 수행자들에게서 벗어난 것이 기쁜 듯 보였다. 왕은 식욕이 돋는지 빨리 음식을 달라고 부탁했다. 아마 빨리 먹고 쉬고 싶은 마음이 굴뚝같았을 것이다. 주교와 관리들은 왕의 부탁을 들어주었지만, 왕 일가만 오붓하게 둘러앉도록 배려해주지는 않았다. 여느 때 같으면 여러 사람이 보는 앞에서 밥을 먹는 행사에 익숙했겠지만, 포로가 된 상태에서 그런 행사는 몹시 불편했다. 왕의 가족을 앉힐 밥상 주위에는 베르사유 궁이나 튈르리 궁에서 참관하던 인사들과 전혀 다른 사람들이 서 있었다. 주교청의 주인인 주교가 보좌주교들과 함께 참관하는 것은 당연하다 하더라도, 왕 일가를 호송하던 척탄병들이 밥상 주위에 있는 것은 왕을 아주 힘들게 했다. 더욱이 병약한 왕세자는 음식을 거의 먹지 못할 지경이었으니 걱정이 컸다.

거기까지 가는 동안 영접위원들은 도르망, 모에서 국회의장, 파리 시장과 국민방위군 사령관에게 각각 편지를 써서 자신들의 동향을 알렸다. 영접위원들의 편지를 받은 사람들은 각각 파리의 질서를 유지하고 평온한 상태에서 왕이 도착할 수 있도록 조치를 취해야 했다. 영접위원들은 파리를 떠나왕을 만나고 돌아가는 곳곳에서 사람들의 열렬한 환영을 받았다. 그들은 대부분의 사람이 비교적 차분하게 질서를 지켜주었다고 말했지만, 왕을 수행하던 근위대 세 명은 비천한 사람들이 험악하게 굴어서 생명의 위협을 느꼈다. 모에서 25일 아침을 맞은 영접위원들은 6시 반부터 파리로 갈 준비를 서둘렀다. 척탄병을 이끌고 온 뒤마 장군과 영접위원인 라투르 모부르 의원이왕을 수행하던 근위대 세 명에게 다가가 하인의 복장을 하면 위험하다고 하면서 국민방위군복을 입으라고 선의의 충고를 해주었다. 그러나 무스티에가죽으면 죽었지 명예를 버리지는 않겠다고 대답하자, 뒤마는 최소한 프록코트라도 걸치라고 권했다. 영접위원들은 세 사람에게 자기네 마차를 타고 가면 비교적 안전할 거라고 말했다. 그들이 파리에 가까워질수록 길에는 사람이 늘어났다. 그들이 봉디에 도착했을 때 파리의 국민방위군이 기다리고 있었다. 파리로 다가가면서 국민방위군의 수는 더 늘어나 다시금 행진속도가 늦어졌다. 그날 국민방위군은 파리 도 지도부가 내린 명령대로 "인민의 침묵은 왕들에게 주는 교훈이다Le silence du peuple est la leçon des rois"라는 표어를 창과 총 끝에 달고 있었다. 영접위원들은 파리로 다가설 때 기마대만 따르게 하고 싶었지만, 국민방위군이 걸어서 뒤를 따르는 것을 막을 길은 없었다. 게다가 길가에는 파리 주민들도 인산인해를 이루었다. 국회에 보고한 대로 3시까지 도착하려 했지만, 이런 사정 때문에 행렬은 적어도 15분마다 한 번씩 가다 서다를 반복했다. 그렇게 해서 결국 7시가 되어서야 목적지에 도착해 왕 일행을 고스란히 파리 국민방위군 사령관에게 인계했다.

왕과 왕비는 튈르리 궁에서 늘 감시받는 신세가 되었다. 궁 안팎에는 보초가 드나드는 사람들을 감시하고 몸을 뒤지기도 했다. 심지어 경비를 서러 궁에 들어가거나 경비를 끝내고 궁을 나서는 병사의 주머니도 뒤져서 안팎으로 쪽지 한 장이라도 몰래 드나들지 못하게 막았다. 궁의 마당에 국민방위군이 쳐놓은 천막은 궁을 마치 병영처럼 바꿔놓았다. 라파예트의 부관참모인 구비옹은 왕비 침전으로 올라가는 층계 입구에 자기 연인이며 왕비의 의상담당 시녀인 여성의 초상화를 놓아두고 보초들에게 다른 여성을 얼씬도 하지 못하게 하라고 명령했다. 심지어 왕비는 침실에 파견된 보초 두 명이 경계근무를 서는 앞에서 자고 깨야 했다. 며칠 뒤부터 왕은 라파예트에게 호소해서 이러한 감시를 조금 완화시킬 수 있었다.

4
사후 처리에 대한 논의

국회는 25일 저녁에 왕의 영접위원인 바르나브와 페티옹의 보고를 받았다. 보고를 마친 페티옹은 왕의 근위대 세 명에 대한 조치를 시급히 내려야 한다고 주장했고, 의원들이 이미 그날 오전회의에서 그에 관한 결정을 내렸음을 짚었다.* 그러나 페티옹이 그들을 빨리 체포하도록 조치를 취해야 한다고 강조하자 의원들은 그들을 파면하고 군사위원회와 헌법위원회가 합동으로 그 후속조치를 마련하게 하자는 명령을 통과시켰다. 그러고 나서 의원들은 밤 10시에 정회했다가 이튿날 일요일 오전 9시에 회의를 속개했다. 군사위원회 이름으로 노아유가 제안한 대로 무스티에, 말당, 발로리가 가지고 있던 말들을 처리하는 문제를 논의한 뒤, 헌법위원회 이름으로 뒤포르Adrien-Jean-François Duport가 발의했다. 그는 왕 일가를 수행한 모든 사람을 빨리 체포하는 동시에 왕과 왕비의 진술을 들어야 한다고 제안하면서 헌법위원회의 목적이 무엇보다도 왕을 수행한 사람들의 진술, 왕과 왕비의 진술이 일치하는지 아닌지 알아내자는 것이라고 설명했다. 그러고 나면 진상을 어느 정도 올바로 파악할 수 있으며, 국회와 행정부가 상호 존중하는 원칙도 지킬 수 있을 것이라고 말했다. 뒤포르는 헌법위원회가 마련한 법안을 상정했다.

---

* 제2장 마지막 부분 참조.

제1조. 튈르리 궁을 관할하는 법원은 위원 두 명을 임명해 지난 6월 20일과 21일 사이의 밤에 일어난 사건과 그 전후에 일어난 일을 필요하다고 생각하는 모든 곳에서 조사한다.

제2조. 위원들은 25일에 제정한 명령에 따라 체포한 사람들을 신문하고 증언을 청취한다.

제3조. 국회는 위원 세 명을 임명해 왕과 왕비의 진술을 듣는다.

제4조. 국회는 법원과 국회의 위원들이 제출한 보고서를 받는 즉시 필요한 결정을 내린다.

뒤포르는 제1조에서 "필요하다고 생각하는 모든 곳에서"라고 한 것은 튈르리 궁을 관할하는 법원이 이처럼 중대한 문제에 대해서는 관할권 밖에서도 조사권을 가져야 하기 때문이라고 덧붙였다. 의원들은 제1조를 별 문제 없이 통과시켰지만, 제2조에 대해서는 증인들을 어떻게 선정하느냐의 문제로 약간의 토론을 거쳐 결국 원안대로 통과시켰다. 제3조에 대해 로베스피에르가 이의를 제기했다. 그는 제3조대로 하는 것은 현명치 않고 또 원칙에도 부합하지 않는다면서 원칙이 무엇인지, 그가 늘 말하던 방식으로 복잡하게 설명했다. 요컨대 국회가 지금까지 수많은 조치를 내린 것은 단 한 가지 사실에 관한 진실을 알기 위해서였다. 그러므로 의원들은 그 사실에 대해 다각도의 설명을 들을 임무를 가진 사람들이다. 그럼에도 위원 세 명을 임명해서 그 사실에 관한 설명을 법적으로 얻어낼 임무를 수행하도록 하는 것은 불가능하다는 것이다. 한마디로 사법부에서 할 일을 입법부에서 맡을 이유가 없다는 말이다. 그는 튈르리 궁을 재판관할권에 포함한 법원이 모든 증인의 증언을 듣는 동시에 왕과 왕비의 진술을 듣도록 하면 된다고 설명했다. 원칙주의

자로서 로베스피에르는 삼권분립을 항상 생각하고 있었다. 왕의 권한이 약화되고 국회 권한이 상대적으로 강화되는 가운데, 국회가 구체제의 법원을 폐지하고 새 법원을 창설하는 법을 제정했다면, 이제 사법부가 할 일을 사법부에 맡겨야 한다는 합리적 주장이었다.

여러분이 왕과 왕비를 예외적으로 대우해서 모든 원칙을 저버린다면, 국회가 분열을 조장한다는 인상을 줄 수 있습니다. 왕과 왕비는 이번 사건에 관한 정확한 사실을 파악할 임무를 지닌 법원에서 진술해야 합니다. 내가 제안한 원칙을 고수한다고 해서 왕의 권위가 땅에 떨어지는 것은 아닙니다. 법을 공평하게 적용한다고 해서 신분 고하를 막론하고 모든 남녀 시민은 그 지위를 잃을 일이 없습니다. 왕과 왕비는 모두 국민 앞에 책임이 있는 시민일 뿐입니다. 그리고 왕은 왕국의 제1시민으로서 법에 복종하며, 법의 원칙을 따라야 합니다.

부르고뉴 지방 바르쉬르센의 제3신분 출신 부쇼트Pierre-Paul-Alexandre Bouchotte가 구체제 시절에는 왕이 잘못했을 때 법원에 진술서를 제출했다고 로베스피에르를 거들었고, 루앙의 제3신분 출신 뷔조François-Nicolas-Léonard Buzot도 튈르리 궁이 속한 구의 법원에서 조사해야 한다고 주장했다. 헌법위원회를 대변하는 뒤포르는 왕을 시민으로 생각할 수 없다고 말하면서, 그 이유를 왕은 순전히 민간인이 아니라 정치적 존재이며 권력의 수장이기 때문이라고 설명했다. 국회에서 수많은 법령을 제정하면서 분명히 했듯이, 왕은 법 위에 있기 때문이 아니라 법을 적용할 때 여느 시민처럼 대할 수 없는 존재이기 때문에 시민으로 대우할 수 없다는 것이다. 뒤포르는 구체제에서 왕이 특정 사건에 대해 판사의 요청을 받아 진술서를 제출한 사례가 있지만, 그 경우 그가 서명한 진술서에는 법무대신이 부서했는데, 오늘날에도 그러한 관습을 따라야 할지 의문이라고 덧붙였다. 그리고 나서 그는 "그렇다면 왕과 왕비가 서명한 진술서를 누가 받을 것인가?"라고 질문했다. 그는 곧바로 자기가 생각하는 답을 내놓았고, 그것은 이미 그가 제안한 제3조의 내용과 같았다.

"다시 한번 말씀드리자면, 헌법위원회의 안은 인민에게 국회와 왕의 관계가 아직까지 완전히 정립되지 않았음을 보여줍니다. 따라서 그것만이 앞으로 발생할 수 있을지 모르는 문제에 대해 아무도 예측할 수 없도록 만들어줍니다. 만일 우리가 이 상황에서 국회는 기소배심원의 임무를 수행한다고 생각한다면, 국회는 자기가 임명한 조사위원들을 통해 이 중대한 사건의 내막을 알아야만 의견을 천명할 수 있다고 확신할 수 있을 것입니다."

1789년 해군감독관을 지내다가 자기 출신지역인 리옹Riom에서 제3신분 대표로 뽑힌 보수 성향의 말루에Pierre-Victor Malouet는 왕의 신성성을 들먹이면서 조사위원들이 왕을 조사하는 방식에 대해 말을 꺼냈다. 그의 말이 장황해질 것을 예감한 의원들이 "무릎을 꿇고" 조사할 것이라고 야유했다. 그는 이처럼 중대한 문제를 논의하는데 의원들이 야유를 보내는 것을 보고 충격을 받았다고 말하면서 자신의 논지를 다시 폈다. 그가 만일 어떤 법원이든 왕에게 진술서를 받아낸다면 그것은 곧 왕보다 우위의 권위가 있음을 뜻하는 것이라고 주장하자, 이번에도 여러 의원이 "아무렴, 법이 있지요"라고 합창했다. 말루에는 어떻게든 말을 이으려고 동료들에게 맞장구쳤다. "물론 법이 왕 위에 있습니다." 얼떨결에 이렇게 말한 그는 처음 박수를 받았다. 그러나 그는 국회가 왕의 신성성을 선언한 것은 그가 모든 범죄나 음모와 무관하다는 뜻이었다고 말을 바꿨다. 이번에는 사방에서 웅성거렸다. 헌법위원회 보고자(뒤포르)의 설명을 듣고, 자신은 납득하기 어려운 점이 있기 때문에 다음과 같이 명확히 요구한다고 말했다.

"국회가 임명한 위원들은 자신들의 임무가 단지 국회의 명령을 받고 왕의 진술을 받는 것임을 말해야 합니다."

이 말에 또다시 야유가 나왔다. "무릎을 꿇고!" 마침내 말루에는 무너졌다. "더 무슨 형식이 필요하겠습니까?" 그러나 말루에가 시작한 일에 동조하는 사람이 나섰다. 푸아티에의 귀족 출신 루안 드 라쿠드레chevalier de F.-C. Loynes de La Coudraye는 왕을 심판해서는 안 된다고 못 박았다. 비엔에서 태어나 변호사로 일하다가 도피네 지방의 제3신분 대표가 된 샤브루Jean-Baptiste-Charles Chabroud는 자기는 어떤 위원도 왕의 진술 시 참관하는 것에 반대라고 말했다. 여러 사람이 박수를 쳤다. 과연 그가 무슨 말을 할 줄 알고 박수를 쳤던 것일까? 어떤 의원이 "조용히 합시다!"라고 외쳤다. 샤브루는 말을 이었다. 헌법위원회 보고자는 이러한 종류의 범죄에서 국회가 기소배심원 노릇을 한다고 말했는데, 만일 배심원단을 구성한다면 바로 그 순간 국회는 기소거리가 있음을 확정하는 조치를 취해버리는 일이 벌어진다. 그래서 국회가 진상을 조사하는 것은 단지 기소거리가 있는지 없는지 결정하는 결과를 낳을 것이다. 바로 그때부터 국회가 얻은 정보는 어떤 피고에 대한 증거로 쓸수 없다. 그러나 지금의 절차에서는 그와는 반대의 일이 일어난다. 국회가 이절차의 원칙부터 모든 과정에 대해 지금부터 써나갈 것은 결국 피고의 유무죄를 판단하는 기준이 된다. 그러므로 왕의 진술은 결정적인 재판이 열릴 때판사들이 검토해야 할 기본적인 자료가 될 것임이 분명하다. 그 결과 국회는사건과 관련된 죄인들을 기소하는 역할을 할 것이다. 왜냐하면 국회가 재판을 시작하기 위한 증거의 일부를 증명하는 당사자가 될 것이기 때문이다. 샤브루는 이처럼 헌법위원회의 안은 개념상의 혼란을 주기 때문에 국회가 국회의원들을 위원으로 뽑아 임무를 맡기자는 안에 반대한다고 주장했다.

샤브루의 말은 아직 끝나지 않았다. 어떤 이는 서로 마주치는 권력들 사이에 조화를 이루어야 하며, 그런 이유에서 국회가 임명한 위원들이 왕의 진술서를 받아야 할 필요가 있다고 말한다. 그런데 왕과 서신을 주고받을 필요가 있을 때 왕은 그 나름대로 격식을 갖추어야 하므로 행정부의 모든 단체가 관여해야 하며, 그렇게 해서 모든 조치가 나온다는 사실을 잊지 말아야 한다. 그러나 만일 국회가 왕이 관련된 사건의 진상을 파악하려 할 때 왕을 왕이 아닌 개인으로 대해야 한다. 우파 의원들이 이 말에 술렁댔다. 샤브루는 말을 이었다. 이 경우 왕의 진술은 왕권을 행사하는 법적 행위가 아니다. 그럼에도 이 진술은 중요한 것임이 분명하다. 그것이 왕권의 법적 행위가 아니라면 순전히 개인의 행위이며, 따라서 왕도 왕이 아니라 개인으로 생각해야 한다. 이 말을 듣고 너무 놀라지 말기 바란다. 사회생활에서는 개인과 그의 자격을 분리해서 생각해야 할 경우가 무진장 많기 때문이다. 샤브루는 말루에가 특히 귀 기울여달라고 부탁했다. 말루에는 왕이 신성한 존재이기 때문에 어떤 혐의도 씌워서는 안 된다고 말했는데, 이는 문제의 핵심에서 벗어난 발언이다. 국회가 왕의 진술을 받는 것은 피고나 용의자이기 때문이 아니라 밝혀야 할 중요한 사실에 대해 정보를 얻고자 함이다. 왕은 개인으로서 이 사실에 대해 남이 모르는 지식을 갖고 있다. 그래서 국회는 알고자 하는 부분을 밝혀달라고 왕에게 요청하는 것이다. 말루에는 이 점을 올바로 인식해야 한다.

샤브루는 마지막으로 한 가지 지적하겠다고 말했다. 국회가 국민의 이름으로 지명한 모든 공직은 아주 중요한 책임을 져야 하는 자리다. 현 상황에서 그 책임이라는 것이 얼마나 중요한 성격을 갖는가! 프랑스 인민은 모두 이 사건을 밝히는 과정에 주목한다. 그래서 국회가 여느 공직이 맡을 책임까지 떠맡아서는 안 된다. 결국 그 책임은 오직 사법부의 공직자에게 속했다. 국회가 만일 의원들에게 이 임무를 맡긴다면 국회는 자기 본분을 벗어난다. 더욱이 여론은 왕의 납치를 막기 위해 여러 가지 조치를 내린 국회의원들이 은밀한 이해관계를 가진 것처럼 볼 것이다. 그러나 판사들이 관심을 가진다고 해서 의심을 받지는 않는다. 판사들은 법을 적용할 때 절대로 중립을 지킬 것이며, 여론은 그들을 믿을 것이고, 국회에 대해서도 올바르게 판단할 것이다. 샤브루는 실로 먼 길을 돌아 결국 이렇게 말했다.

"따라서 나는 로베스피에르 의원의 주장에 전적으로 동의합니다. 그래서 튈르리 궁의 관할 법원 판사들이 왕의 진술을 받아야 한다고 주장합니다."

그 뒤에도 제3조에 관해 로베스피에르가 발의한 내용에 대한 찬반토론이 지루하게 진행되었다. 마침내 의원들이 토론을 마치자 합의한 뒤, 의장은 "튈르리 궁 관할 법원의 판사들이 왕의 진술을 받아야 한다"는 로베스피에르의 안에 대해 의원들의 의견을 물었다. 다시 논쟁이 불붙을 기미가 보였다. 그러나 결국 "국회는 로베스피에르의 수정안에 대해 심의 의결할 이유가 없다고 결정"했다. 다시 헌법위원회의 안을 놓고 심의하기 시작했다. 어떤 의원은 헌법위원회 안에서 위원들의 역할을 분명히 규정하지 않았기 때문에 그들이 재량권을 발휘할 수 있는 여지가 있으며, 따라서 그들에게 신문권을 허용하느냐 마느냐를 결정해야 한다고 제안했다. 수많은 의원이 당장 반대했다. 프랑스 중부 오베르뉴 지방의 퓌드돔에서 태어나 종교인이 되려고 수련하다가 변호사가 된 고티에 드 비오자J.-F. Gaultier de Biauzat 의원은 위원의 수를 일곱 명으로 늘리자고 제안했다. 로베스피에르는 왕과 왕비의 진술을 반드시 서면으로 작성하고 작성자와 위원들의 서명을 받도록 하자고 제안했다. 뒤포르는 제3조를 다시 제안했다.

"제3조. 국회는 의원 세 명을 임명해서 왕의 진술을 서면으로 받고 왕과 위원들의 서명을 받도록 한다. 왕비의 진술도 마찬가지다."

원안에 로베스피에르가 제안한 내용을 추가한 이 안은 문제없이 통과되었다. 뒤포르는 제4조를 다음과 같이 제안해서 그대로 통과시켰다.

"모든 사항을 국회에 보고하면 국회는 필요한 사항을 결정한다."

이제 위원 세 명을 임명할 차례였다. 국회의장은 의원들에게 위원 세 명을 뽑을 준비를 하기 위해 잠시 정회하겠다고 말했다. 그때가 오후 2시였다. 45분 뒤에 다시 모인 의원들은 몇 가지 절차를 끝내고 투표 결과를 기다렸다. 의장은 투표 결과를 발표하기 전에 의원들의 의견을 물었다. 이렇게 해서 왕이 도주한 사실을 안 시점부터 일주일 동안 속개한 회의를 산회한다는 결정을 한 뒤 위원 세 명의 명단을 발표했다. 433표를 얻은 트롱셰는 1745년부터 변호사로 이름을 떨친 65세의 의원이었다. 파리 제3신분 대표로 의원이 된 뒤 여러 가지 개혁에 찬성했지만, 왕의 절대거부권과 양원제를 찬성했기 때문에 중도우파 성향을 보여주었다. 1791년 여름 중도좌파 성향의 논리가 국회에서 주도권을 잡고 있었다 할지라도 발언권을 얻지 못한 다수가 중도우파 의원을 1위로 뽑아주면서 자기네 성향을 보여주었음을 알 수 있다. 다음 354표를 얻은 당드레는 엑스앙프로방스에서 태어나 엑스 고등법원 판사로 일하다가 고향의 귀족 대표로 뽑힌 32세의 젊은이로서, 오를레앙 공작을 따르고 제3신분 편을 들었다. 헌법위원회 위원으로 활동했으며 군주정에 호의적인 성향이었으나, 왕의 도주 이후에는 왕의 행정권을 정지시키는 데 찬성했다. 그는 중도좌파로 분류할 수 있는 인물이었다. 마지막으로 351표를 얻은 뒤포르는 파리 고등법원 판사의 아들로 태어난 변호사이며 프리메이슨으로 활동했다. 파리 귀족 대표로 뽑힌 그는 당드레와 동갑이었고, 바르나브와 알렉상드르 드 라메트Alexandre-Théodore-Victor, chevalier de Lamethe와 함께이른바 '3인방(또는 3두정triumvirat)'으로 정국을 주도하는 중도좌파 성향의 의원이었다. 그가 3위로 뽑힌 것은 헌법위원회 위원으로 법을 발의하면서 지명도가 높은 덕이기도 했다. 국회의장이 위원 명단을 발표하고 산회를 선포했을 때가 오후 3시였다. 일주일 만에 의원들은 홀가분하게 의사당을 빠져나갈수 있었다.

5
왕과 왕비,
부이예 장군의 진술

국회가 임명한 위원 세 명은 26일 일요일 오후 6시 30분에 튈르리 궁으로 왕을 찾아가 진술을 듣고 이튿날 월요일에 국회에서 보고했다.

"여러분이 나를 심문하는 임무를 띠고 여기 온 것은 아니라는 사실을 알겠소. 그러나 나는 국회가 원하는 대로 속 시원히 대답하고자 하오. 내가 무슨 동기로 그런 행동을 했는지 공개해도 두렵지 않기 때문이오."

왕은 왜 파리를 떠날 결심을 했고 그 일을 실행했는지 담담하게 설명했다. 4월 18일, 그는 생클루 궁에 가서 가족끼리 오붓하게 시간을 보내고 비선서 사제와 함께 부활절을 맞이할 계획이었지만, 마차에 올라탄 뒤 국민방위군 척탄병들과 파리 주민들이 마차를 꼼짝하지 못하게 막아서고 자신과 가족을 온갖 방식으로 모욕하고 위협했기 때문에 파리에 오만정이 떨어졌다는 것이다. 국회는 한 달 전인 3월 28일 제1공무원인 왕은 "국민의회에서 20리 외 안에 거주해야 한다"고 결정했다. 다시 말해 파리에서 80킬로미터 이내에는 자유롭게 다닐 수 있다는 뜻이다. 그럼에도 4월 18일 왕이 생클루 궁으로 가는 것을 국민방위군과 민중이 막는데도 국회는 아무런 조치도 취해주지 않았다. 그날 이후 온갖 비방문이 자신과 가족에게 폭력을 행사하라고 주문을 했음에도, 이렇게 모욕한 장본인들을 아직까지 처벌하지 않은 것을 어떻게 받아들일 수 있겠느냐고 말했다. 그래서 그는 사람들이 자신에게 공손하게 대해줄 것을 기대할 수 없었고 가족까지 안전하지 않다고 판단해서 파리를 떠나야겠다고 결심할 수밖에 없었다고 설명했다. 그럼에도 자기는 결코 왕국을 떠나려 하지는 않았고, 외국이나 친척 또는 그 밖의 프랑스인 망명자들과 협력한 일이 없다고 확실히 말했다.

"나는 그 증거로 나와 가족이 묵을 숙소를 몽메디에 마련했소. 나는 요새가 있기 때문에 그곳을 선택했소. 그곳은 내 가족이 안전하게 지낼 수 있는 곳인 동시에 국경과 가까워 프랑스를 침입하는 외세를 쉽게 막을 수 있다고 생각했기 때문이오."

트롱셰가 이 대목을 읽자 사방에서 코웃음 치는 소리가 들렸다. 트롱셰는 계속해서 왕의 진술서를 읽어 내려갔다. 왕은 우선 몽메디에서 머물다가 왕국 안에서 적당한 곳이 나타나면 옮길 계획이었다고 말했다. 그는 자신이 자유롭지 못한 상태에 대해 왈가왈부하는 언쟁을 끝내려고 파리를 떠났다고 다시 한번 강조했다. 언쟁을 계속해봤자 혼란만 일어날 것이기 때문이다.

"내가 국외로 나갈 마음을 먹었다면, 파리를 떠나는 날 성명서를 남겨놓지 않았을 것이오. 차라리 말없이 국경을 빠져나가는 편을 택했을 것이오."

그는 언제라도 파리로 귀환할 예정이었고, 그러한 의지는 성명서의 마지막 구절에 잘 나타나 있다고 강조했다.

"프랑스인들이여, 그리고 특히 파리인들이여, 내가 여러분 품을 떠나서 무엇이 즐겁겠는가?"* 왕은 1만 3,200리브르어치의 황금과 56만 리브르의 아시냐를 싣고 떠났다. 그는 출발하기 직전에야 큰 동생 프로방스 백작에게 계획을 털어놓았다. 백작은 왕과 다른 경로를 통해 외국으로 나갔으며, 왕이 몽메디에 안착하면 곧 그의 곁으로 올 예정이었다. 왕은 떠나기 며칠 전 근위대에서 세 사람을 뽑으라고 명령했다. 그들은 전령의 복장을 하고 왕을 수행할 예정이었다. 왕에게는 긴급통신문을 보낼 일이 일어날 수 있기 때문이다. 왕은 세 사람 가운데 한 명에게 출발 전야에 비로소 직접 명령을 내렸다. 여권은 여행을 쉽게 하기 위해 발행했다. 국내 여행에 대한 통행증은 외무대신이 발행하지 않기 때문에 목적지를 프랑크푸르트라고 기재해서 외무부에서 발급받았지만, 결코 국외로 나가려는 뜻은 없었다. 성명서에서 밝혔듯이, 그는 헌법의 원리에 대해 이의를 제기한 적이 없다. 그는 단지 승인하는 형식에 대해 반발했다. 그는 자유롭지 못한 상태에서 억지로 승인해줄 수밖에 없었다. 또 그는 법을 한꺼번에 승인할 기회가 없었다. 국회에서 법을 제정할 때마다 억지로 승인해주었기 때문에, 헌법을 전체적으로 파악할 기회가 없었다. 그러니 법을 실천하는 행정부로서는 얼마나 어려웠겠는가? 왕은 파리를 떠나서야 비로소 여론을 파악할 수 있었다고 말했다.

"나는 여행 중에 여론이 헌법을 좋게 본다는 사실을 확실히 알았소. (아!

---

* 제5권의 "더 읽을거리 1" 참조. 왕의 성명서 마지막 구절은 이렇다. "왕이 개인적으로 겪은 모든 모욕을 잊고 여러분의 품에 다시 돌아오는 기쁨은 얼마나 크겠는가?"

아!) 아마 내가 파리에만 있었다면 여론이 어떻다는 것을 알 수 없었을 것이오. 지난 여행길에서 개인적으로 깨달은 점이 있소. 헌법을 확고히 떠받치려면 공공질서를 유지하는 권력기관들에 힘을 주어야 한다는 것이오."

왕은 지난 여행에서 일반의지가 무엇인지 알게 되었으며, 따라서 자기가 항상 바라던 인민의 행복을 위해서라면 개인적으로 어떤 희생도 감수해야겠다고 결심했다. 그는 국민의 평화와 행복을 보장해주기 위해 자신이 겪은 불쾌한 일을 모두 기꺼이 잊어주리라 생각했다고 진술했다. 여기까지 말하고 나서 그는 왕세자의 훈육담당관과 시녀들에게는 궁을 나서기 직전에 계획을 알려주었다는 사실을 진술서에 추가해달라고 주문한 뒤 서명했다.

위원들은 27일 월요일 오전 10시 30분에 다시 튈르리 궁으로 가서 왕비를 만났다. 왕비는 왕보다 간단하게 진술했다.

"전하는 자녀들과 함께 궁을 떠나기로 결심하셨기 때문에 나로서는 전하를 따라갈 수밖에 없었지요. 나는 지난 2년 동안 여러 번이나 비슷한 상황에 처했는데, 그때마다 전하의 곁을 결코 떠날 수 없었어요."

왕비는 왕이 왕국을 떠날 의사가 전혀 없었음이 분명하다고 확실히 말했다. 만일 왕이 왕국을 떠나고 싶어했다 할지라도 자기가 온 힘을 다해 막았을 것이라고도 했다. 위원들이 이 진술서를 읽을 때 사방에서 믿지 못하겠다는 듯이 술렁댔다. 왕비는 계속해서 말했다. 왕세자의 훈육담당관은 지난 5주 동안 아팠기 때문에 출발하는 날에야 비로소 명령을 받았으며, 어디로 향하는지도 모르고 동행했다고 강조했다. 더욱이 그는 옷가지도 없이 동행했기 때문에 왕비가 옷을 빌려주었다. 전령 세 명도 여행의 목적지나 목적을 모르고 따라갔다. 도중에 왕이 그들에게 돈을 주어 말과 마부의 삯을 지불하게 하고, 다음 여정에 대한 명령을 내렸다. 시녀 두 명은 떠나기 직전에야 여행계획을 들었다. 한 명은 남편을 만나지도 못한 채 왕 가족과 동행했다. 프로방스 백작 부부는 나중에 왕과 합류할 계획이었다. 그들은 왕과 다른 경로로 떠났는데, 그것은 곤란한 일을 피하고 역참에서 말을 쉽게 구하려는 목적이었다. 왕비는 자신들이 빌키에의 처소를 지나 여러 번에 나눠서 궁을 빠져나왔다고 말했다. 왕비는 왕보다 할 말이 훨씬 적었기 때문에 이 정도만 말하고 진술서에 서명했다.

6월 30일, 국회는 국고에 관한 몇 개 조항을 통과시키고 군부대 깃발에 혁명을 상징하는 삼색을 표시하는 문제를 다루었다. 그러고 나서 의장은 부이예 장군이 보낸 편지를 읽었다. 그동안 국회는 부이예 장군의 자격을 정지하고 체포해야 한다는 뢰데레의 발의를 22일에 통과시켰다. 하지만 부이예는 이미 뤽상부르로 탈출했고, 거기서 26일에 국회의장에게 편지를 써서 자신의 행동을 변명했던 것이다. 의장은 신중하게 물었다. 이미 국회가 자격을 정지시킨 사람의 편지를 읽는다는 것이 과연 바람직한 일인가? 좌파 의원들은 그 내용이 무엇인지 들어보자고 강력히 요구했다. 의장 보아르네를 대신해 노아유 의원이 편지를 읽었다. 그것은 루이 16세를 찬양하는 '용비어천가'로 시작한 뒤, 혁명이 얼마나 왕국을 무질서가 판치는 곳으로 만들었는지 설명했다.

루이 16세는 그동안 갇혀 있던 철창을 부수려고 노력했지만 불행히도 다시금 포로가 되어 맹수 같고 피를 좋아하는 인민의 처분을 기다리고 있다. 이러한 사태가 벌어진 이유, 그 뒤에 따라온 여러 상황은 국회의원, 국민, 왕, 장군에게 모두 중요한 관심사다. 왕이 그처럼 고상하고 용기 있는 행동을 한 목적을 이제는 프랑스인은 물론 유럽 전체가 알고 있다. 그는 단지 감옥에서 탈출해 국경 근처의 부이예 장군과 믿음직스러운 군대 곁에 피신하고 싶었다. 그는 자신을 구원하기보다는 잔인하고 배은망덕한 인민을 구원하는 데 더 관심이 있었다. 그와 가족은 위험하다는 사실을 알면서도 과감히 튈르리 궁을 벗어났다. 자신의 선의와 고상한 마음이 시키는 대로 행동했기 때문에 두려워할 이유가 없었다.

부이예 장군은 이렇게 루이 16세를 한바탕 추켜세우고 나서 이제 조국, 왕, 자신에 대한 의무를 다할 수밖에 없던 과정을 진솔하게 털어놓겠다고 말했다. 그는 지난 2년 동안 국회가 왕에게 한 일을 생각해보라고 하면서 그동안의 끔찍한 무질서 속에서 왕과 가족이 인민의 포로가 되었음을 어찌 한두 마디로 표현하겠느냐고 한탄했다. 왕에게 충성하는 장군은 왕의 불행과 인민이 저지른 비이성적인 행동에 몸서리를 쳤다. 그런데 국회는 혁명이 시작된 후 장군에 대해서도 늘 견제했다. 장군은 오직 애국심과 왕에 대한 충성심만으로 용기와 인내심을 되찾아 온갖 모욕과 수치를 견뎌냈다. 그럼에도 시간이 지날수록 장군은 모든 희망을 잃어갔다. 그는 국회에서 공공정신이 사라지고 여러 당파심이 경쟁하면서 무질서가 판치는 모습을 보았고, 그 결과 내전이 일어날지 모른다고 생각했다. 어떤 당파는 군주정을 폐지하고 공화국을 세우고자 했다. 라파예트는 은근히 이들을 부추기고 이끌어 괴물 같은 정부의 우두머리가 되고자 했다. 이러한 상황에서 온갖 정치 클럽이 난무했고 모든 인민을 타락시켰다. 심지어 군대까지. 그래서 최근에는 무정부상태가 되었다. 바로 이러한 상황에서 그는 왕에게 파리를 떠나 가족과 함께 자신이 있는 국경 쪽으로 오라고 제안했다. 그는 왕이 파리를 떠나면 인민을 정신적으로 혼란스럽게 만들겠지만, 그 결과는 이롭게 나타날 것이라고 설득했다. 인민의 눈을 가리던 띠를 끊어 세상을 바로 보게 만드는 한편, 모든 도당의 의도를 실패하게 만들 것이라고 거듭 설득했다. 그러나 왕과 왕비는 파리에서 국회 곁에 남아 있겠다고 약속했음을 앞세우면서 장군의 충언을 거절했다. 장군은 강제로 한 약속은 지킬 필요가 없다고 설득했고, 왕은 마음을 조금 움직였다. 2월 28일, 장군이 다시 한번 왕에게 파리를 떠나라고 말했을 때, 왕은 자신의 원칙을 내세우면서 거절했다. 그는 파리를 떠난 뒤에 인민이 무슨 일을 저지를지 몰라서 두려워했다. 그는 무엇보다도 무질서와 무정부 상태가 발생할 가능성을 두려워했던 것이다. 장군은 왕과 왕비를 끈질기게 설득했다. 그는 왕이 파리에서 벗어나야 나라를 구할 수 있다고 주장했다.

"나는 유럽 열강이 모두 프랑스에 대해 전쟁을 일으킬 준비를 하고 있음을 알았습니다. 왕이 충성스러운 병력의 호위를 받아 자유로울 때, 그만이 외국의 군대가 프랑스 영토로 침입하는 것을 막을 수 있습니다. 인민은 자신을 지켜줄 군대가 더는 존재하지 않는다는 사실을 알고 두려움에 떨며, 금속화폐가 외국으로 빠져나가고 허울뿐인 지폐만 통용될 정도로 국고가 텅텅 빈 나라에서 오직 군주만을 믿을 만하다고 생각하면서 그 품으로 살길을 찾아 뛰어들 것입니다."

부이예 장군이 이렇게 설득했지만, 왕이 마음을 움직인 것은 4월 18일 생클루 궁으로 행차하다가 좌절한 뒤였다. 왕은 프랑스를 내전에 빠지지 않게 하는 길이 파리를 떠나는 데 있음을 인정했던 것이다. 그는 몽메디로 가겠다고 결심했다. 그곳에 안전하게 정착하면 외국 군주들에게 자신의 의지를 분명히 밝혀 그들이 프랑스를 침략할 의지를 꺾을 예정이었다. 노아유 의원은 사방에서 웅성거리고 비웃는 소리에 잠시 머뭇거리더니 다시 부이예 장군의 말을 옮겼다. 왕은 새로 국회를 소집해서 유럽 열강이 기대하는 것을 줄 예정이다. 새 국회는 왕의 권리와 프랑스 인민의 권리를 올바로 규정하여 혁명에 대해 불안해하던 유럽 열강의 두려움을 불식시킨다는 것이다. 자유투표로 선출된 새로운 입법부는 국민의 염원을 담은 진정서를 실천하는 것을 프랑스 인민의 대표들이 해야 할 가장 기본적인 임무로 삼을 것이다.

"왕은 유럽 열강과 프랑스 인민의 중재자가 되어,"

이 대목에서 의원들이 폭소를 터뜨렸다. 부이예는 국경을 둘러싼 외세를 두려워하는 동시에 이성의 테두리 안에 정부를 새로 수립하기를 바라고 있는 인민이 군주와 인민의 염원을 잘 파악하고 구현해줄 현명하고 교양 있는 사람들에게 자신들의 이익과 권리를 맡길 것임을 왕은 잘 알고 있었다고 강조했다. 이처럼 새로운 국회가 생기면 모든 전제정의 원천이라 할 부당한 찬탈과 범죄가 근절될 것이다. 프랑스의 불행한 군주가 바란 것은 오직 이것뿐이다. 사나운 인민이 배은망덕하게 굴어도 왕은 오직 그들의 행복만을 바랐다고 강조했다. 왕이 오직 그러한 동기에서 행동했음에도 국회와 어리석은 국민은 그의 보호를 맹목적으로 뿌리쳤고, 그 결과 프랑스는 파멸할 것이다. 이 대목에서 다시 한번 폭소가 터졌다. 부이예는 자기 편지가 국회의원들을 설득하지 못할 것임을 예측했는지 이렇게 말했다.

"의원 여러분, 내 말을 믿어주세요. 유럽의 군주들은 그들의 백성과 함께 여러분이 만들어낸 괴물에게 위협을 받는다는 사실을 알고 있습니다. 그들은 그 괴물을 물리치려고 무장했고, 곧 우리의 불행한 조국은 황폐해지고 모든 사람이 두려움에 떨게 될 것입니다. 나는 그 누구보다 국토방위의 방법을 잘 압니다만, 여러분이 반대하시니 무용지물입니다. 지금 낭비할 시간이 없습니다. 인민의 눈을 똑바로 뜨게 해야 합니다. 그리고 여러분은 그들의 눈을 부당하게 가렸던 죄에 대해 응분의 벌을 받아야 합니다. 그래야 후손에게 교훈을 줄 것입니다. 후손은 여러분이 조국을 영원히 죽였다고 나무랄 것입니다." 부이예 장군은 안전하게 피신한 외국에서 쓰는 편지라고 모든 울분을 마음껏 뱉어냈고, 의원들은 그의 비난과 분노에 가끔씩 폭소로 응답했다. 그는 헌법을 '지옥 같은(또는 악마 같은infernal)' 것이라고 비난하고, 프랑스 인민과 국회의원들을 '식인종'이라고 규정하면서, 그 같은 헌법과 국민에게 음모를 꾸밀 사람이 어디에 있겠느냐고 물었다. 그는 자신이 모든 것을 계획했고 실천했으며, 왕은 아무런 명령도 내리지 않았다고 강조했다. 명령을 수행한 사람들은 명령에 불복종해야 한다고 생각할 겨를도 없이 따라야 했기 때문에 피를 좋아하는 국회의원들은 오직 자기에게 분노를 터뜨리라고 말했다. 그는 자신에게 죄가 있다면 오직 조국을 구하고 싶었고 왕과 그 가족을 구하고 싶어했던 죄밖에 없다고 말한 뒤, 중대한 협박을 잊지 않았다.

여러분에게 이르노니, 만일 유럽 군주들의 머리카락을 한 올이라도 뽑는다면, 나는 파리를 순식간에 초토화할 것입니다. 나는 파리로 가는 길을 잘 압니다. 나는 외국 군대를 끌고 갈 것입니다. 여러분이 머리를 보전하는 것은 순전히 여러분의 책임입니다. 이 편지는 유럽 군주들이 발표할 성명서의 예고편에 불과합니다. 그들은 여러분이 해야 할 일이나 두려워해야 할 일에 대해 좀더 분명하게 가르쳐줄 것입니다.
여러분, 안녕히. 내 감정은 이미 충분히 알려드렸으므로 의례적인 인사말은 생략하겠습니다.

의원들은 부이예 장군의 도발에 웅성거리기도 하고 헛웃음치기도 했다. 렌 대학교 종교법 교수이자 변호사였던 랑쥐네 의원은 부이예를 국가반역죄로 조사위원회에 회부하자고 제안했다. 어떤 의원은 그 편지가 정말 부이예가 보낸 것인지 물었다. 노아유 의원은 조사위원회에 있는 부이예의 서명과 대조해본 결과 친필이라고 보증했다. 뢰데레 의원은 이까짓 편지를 조사위원회에 회부해서 영광스럽게 만들어줄 필요는 없으니 의사일정으로 넘어가자고 주장했다.

6
노동자 문제와
르 샤플리에 법

그 당시는 장인의 가게에 정규직으로 고용된 노동자라고 해도 입에 풀칠하면서 근근이 살아야 했다. 더욱이 날품팔이 노동자가 넘치고 그마저도 일감이 확 줄어든 데다 품귀현상에 물가고마저 겹쳤으니 운이 좋아 하루벌이가 생겼다고 해도 가족과 함께 살아가기란 몹시 어려웠다. 그들은 사회적으로 불안감을 조성하는 세력이었다. 예를 들어 5월 4일 파리 시정부 회의에서 보고한 내용을 보면, 여러 작업장에서 폭력행위가 꾸준히 발생해 시민들을 불안하게 만들고, 그 결과 부자들을 파리에서 떠나게 하는 결과를 낳았다. 그것은 무엇보다도 임금문제로 발생한 사회불안이었다. 특정 분야의 노동자들은 대표를 뽑아 시정부에 임금을 조정해달라고 청원했다. 시장은 목수들의 대표가 낸 청원서를 본 뒤, 어떤 당국자도 임금을 결정해줄 수 없다고 잘라 말했다. 임금에 관한 사항은 노사 간 결정할 문제라는 것이었다. 따라서 물가고에 시달리는 노동자들이 임금을 올려주지 않으려는 고용주와 협상을 할 수 없을 때 단체행동과 폭력에 의존하는 일이 자주 발생했다. 일거리가 없는 노동자는 금세 거지가 될 처지였기 때문에 단체행동으로 문제를 해결하려고 한 것은 당연했다.

파리 시는 노사문제에 직접 간섭할 수 없었지만, 이 같은 사회문제를 해결하려고 노력한 나머지 1789년 5월부터 국비의 지원을 받아 구빈작업장*을 설치했다. 거기에 수용한 노동자들을 도로공사, 운하공사, 다리 놓기, 지반 다지기, 둔덕 만들기, 청소나 쓰레기 처리장, 분뇨 처리장, 공동묘지 공사 같은 공공사업에 투입하고 그 대가를 지급했다. 그 대신 외지인은 각자 고향으로 강제 송환시켜 현지인의 일자리를 보호해주었다. 파리 시는 12월에 새로 구빈작업장을 설치했는데, 1790년 5월 1일의 공식집계에 나온 수용자 수는 1만 104명이었다. 5월 31일에는 법으로 기존의 작업장에 더해 새로운 구빈작업장을 열기로 했다. 남성 노동자에게는 토목공사, 여성과 어린이에게는 실뽑기를 시켰다. 이때는 외지인도 프랑스인이라면 모두 수용하도록 했으니 그동안 파리에 몰려든 외지인을 돌려보내는 정책이 실패했음을 말해준다. 그렇게 해서 6월 1일에 수용자가 1만 2,021명으로 늘었고, 7월에 1만 3,050명, 8월 1일에 1만 5,550명, 9월 1일에 1만 7,897명, 10월 1일에 1만 9,199명, 10월 31일에는 2만 1,020명으로 계속 늘었다.**

이 사업은 전국적인 차원에서 벌인 것이기에 예산을 확보하기가 어려웠다. 그래서 파리 시장은 구빈작업장의 수용인원이 계속 늘어나는 데 관한 대

---

* 이것은 'ateliers de charité' 또는 'ateliers de secours'라고 불렀다.
** L'Administration des ateliers de charité 1789-1790: Rapport de J.-B.-Edme Plaisant, l'un des administrateurs du département des Travaux publics, publié par Alexandre Tuetey, 1906. 플레장Plaisant은 파리 토목과의 행정관 다섯 명 중 하나로서 소중한 보고서를 남겼다.

책을 마련하려고 고심하던 나머지 8월 26일 도 지도부에 기존의 구빈작업장을 폐지하고 새로운 구빈작업장을 설립하게 해달라고 청원했다. 8월 31일, 파리 도 지도부 의장인 동시에 국회 구빈위원회 소속인 라로슈푸코 리앙쿠르 의원이 파리에 구빈작업장을 두어 일자리가 없는 사람들을 구제하자고 제안했다. 의원들은 수정안을 내고 토론을 거친 끝에 파리는 물론 모든 도와 관련해서 5개 조항을 통과시켰다.

1. 파리에 현존하는 구빈작업장을 폐지하고, 파리 시내나 외곽 또는 다른 도에 새 구빈작업장을 설치한다.
2. 구빈작업장은 두 종류다. 하나는 제 힘으로 일할 수 있는 노동자를 수용하고 일한 만큼 수당을 지급한다.* 또 하나는 유약한 남성 또는 토목사업에 익숙지 못한 남성을 수용하고 일당을 지급한다.
3. 품팔이 노동이건 일당이건 같은 분야의 노동자 임금보다 낮아야 하며, 작업장을 연 지역에서 결정한다.**
4. 작업장의 규칙을 어기는 자는 그 지역 행정관들이 적절하게 처벌한다. 폭동을 일으키거나 불복종운동을 할 경우 체포 후 재판에 넘긴다.
5. 이 법을 반포한 날을 포함해서 파리에 실제로 거주하지 않거나 파리에서 태어나지 않은 자는 구빈작업장에 받아들이지 않는다.

---

* 이는 품팔이 노동을 뜻한다.
** 일당은 15세 이상에게 20수(1리브르), 12~14세에게 12수였다. 수용자의 수를 줄이기 위해 나이 제한을 15세에서 16세로 높이기도 했다. 1790년 9월, 파리 시장이 특별지시를 내려 하루 30수를 지급하는 작업장도 있었다.

1791년 5월 20일, 국회에서 라로슈푸코 리앙쿠르 의원은 파리 시정부와 협조해서 파리에 설립한 구빈작업장들을 즉시 닫으려 하는데 구빈위원회에서 적당한 안을 마련해달라고 주문했다. 파리의 변호사 출신 마르티노Louis-Simon Martineau 의원의 발의로 구빈위원회와 재정위원회가 함께 안을 마련해서 일주일 뒤에 보고하기로 결정했다. 그러나 그 일은 달을 넘겼다. 그사이 중요한 법이 통과되었다. 이른바 '르 샤플리에 법'이다. 1754년 6월 12일 렌에서 태어나 변호사로 활약하다가 렌 세네쇼세의 제3신분 대표로 뽑힌 르 샤플리에Isaac René Guy Le Chapelier는 최초의 정치 클럽인 브르타뉴 클럽의 창설자에 속했고, 1789년 8월 4일 밤 구체제의 특권을 포기하는 회의를 주재했으며, 귀족제를 폐지하고 삼색기를 채택하는 데 앞장섰던 진보적인 성향을 보여주었다. 그런데 그가 37세를 이틀 넘긴 뒤에 통과시킨 법은 동업자 시민들의 단체나 연합을 금지하는 것이었기 때문에 가난한 노동자들에게 불만을 안겨주었다. 자유로운 경쟁이라는 혁명의 원칙을 바탕으로 만든 법은 '르 샤플리에 법'으로 노동자들에게 악명이 높았다.

6월 14일, 르 샤플리에 의원은 헌법위원회를 대표해 헌법의 원칙이 모든 동업조직을 폐지하는 데 있음에도 그 원칙을 어기는 일이 발생하여 공공질서를 크게 해칠 가능성이 있으므로 법안을 상정한다고 말했다. 구체제에서 동업조직은 특권을 누리는 배타적인 단체였기 때문에 마땅히 사라져야 했다. 그러나 새 체제를 만드는 과정에서 노동자들이 자기네 권익을 스스로 지키려고 노력하는 가운데 수많은 기술자와 직업인들이 협회를 조직하고 의장과 비서를 뽑거나 조합장과 총무단을 두고 자매결연까지 맺었다. 이것은 새로운 정치세력이 등장했음을 뜻한다. 오를레앙 시정부는 노동자 단체들이 연계해서 구체제의 장인들이나 사업가들을 압박하여 노동조건을 개선하고 임금을 올리도록 한다고 국회에 하소연했다. 이러한 단체들은 각자 정관을 마련하고 회원들은 물론 외부인에게까지 자신들의 조건을 강요하기 때문에 소규모 작업장들의 피해가 날로 커졌다. 파리에서도 노동자 단체들이 생기고 파리 시정부의 허가를 얻었다. 국회 차원에서 볼 때, 이렇게 허가를 내준 것은 파리 시정부의 잘못이었다. 모든 시민이 결사의 자유를 누리지만, 특정 직업인들이 자신들만의 이익을 위해 모이는 것을 허락해서는 안 되기 때문이다.

"그들은 같은 분야의 노동자 가운데 아프거나 일자리가 없는 사람들을 돕는다는 특별한 목적을 내세웁니다. 그들이 운영하는 기금은 유익하게 보입니다. 그러나 우리가 오해하지 말아야 할 일이 있습니다. 일자리가 없는 노동자에게 일자리를 제공해서 생존하게 해주고, 불구자들에게 구호의 손길을 뻗치는 것은 오직 국민의 이름으로 공직자들이 해야 할 일입니다."

르 샤플리에는 각 노동자의 하루 노동시간을 정하기 위해 개인끼리 맺은 합의로 돌아가야 한다고 주장한 뒤 "동업자 단체의 폐지, 노동자와 직공의 일일 급료"에 관한 법안을 상정했다. 정치 클럽에 대해서는 어떻게 할 것인지 묻는 의원도 있었고, 모든 시민에게는 기본적으로 무슨 단체든 결성할 자유와 권리가 있다고 주장하는 의원도 있었다. 의원들은 중간에 토론을 거쳐 이른바 '르 샤플리에 법'이라고 알려진 '노동법'을 통과시켰고, 왕은 17일에 승인했다.

제1조. 같은 업종이나 직업을 가진 시민들의 조합은 어떤 형태로든 폐지하는 것이 프랑스 헌법의 기본원칙이므로, 앞으로 어떤 구실이나 형태로든 그러한 단체를 결성하는 것을 실제로 금지한다.

제2조. 같은 업종이나 직업을 가진 시민, 자영업자, 노동자, 특정 분야의 직공은 앞으로 단체를 조직해서 공동의 이익을 구현하려는 목적으로 회장, 비서, 조합장을 임명하고, 장부를 기록하고, 규칙을 만들거나 의결하고, 정관을 만드는 일을 할 수 없다.

제3조. 모든 행정기관이나 자치정부는 같은 처지에 있거나 같은 직종 사람들이 단체로 보내는 청원을 접수하거나 거기에 답변해서는 안 된다. 또한 이러한 형식으로 나온 결정사항을 무효라고 천명해야 하며, 따라서 그것의 후속조치나 집행을 하지 않도록 세심하게 감시해야 한다.

제4조. 같은 직업인, 동종의 기술 분야에 속한 시민들이 자신들의 생업이나 노동의 가치를 지키기 위해 단체행동을 하거나 일정한 값을 매기는 행위는 자유와 헌법의 원칙을 거스른다. 맹세하건 하지 않건 간에 그러한 결정을 내리거나 합의하는 행위는 위헌이며, 자유와 인권선언을 해치는 것이기 때문에 무효다. 모든 행정기관과 자치정부는 이 같은 사실을 분명히 천명해야 한다. 그렇게 결정하고 합의하는 자나 사주하는 자에 대해서는 코뮌 검찰관의 요청으로 치안법원에 소환하여 각각 500리브르의 벌금을 물리고, 1년간 능동시민의 권리와 기초의회에 들어갈 권리를 정지한다.

제5조. 모든 행정기관과 자치정부는 물론 그 구성원들은 단체를 결성하여 자신들의 이익을 위해 의결하거나 합의하는 데 참여한 자영업자, 노동자, 직공들을 공공사업에 고용하거나 참여시켜서는 안 된다. 단지 치안법원에 출두해서 공식적으로 가입을 철회한 사람은 예외로 한다.

제6조. 외부에서 개인적으로 일하러 오는 자영업자, 장인, 노동자, 일용직 또는 같은 지역 출신으로 더 낮은 급료로 일하고자 하는 사람에 대해

단체의 결정이나 합의, 벽보, 회람으로 위협하는 경우, 그 주모자나 사주
한 자 또는 서명자에게 각각 1,000리브르의 벌금형과 3개월의 금고형에
처한다.

제7조. 헌법에서 보장한 노동과 생업의 자유에 위협이나 폭력을 가할 경
우, 공공안녕을 해치는 자로 형사소추하여 강력히 처벌한다.

제8조. 장인, 노동자, 직공, 일용직이 집단행동으로써 모든 범주의 개인
이 합의에 따라 생업과 노동의 자유를 누리는 일을 방해하거나 또는 치
안당국의 행위, 이 문제에 대한 판결의 집행, 여러 가지 사업의 입찰과 낙
찰을 방해해서는 안 된다. 그러한 집단행동을 하는 자가 있는 경우, 공권
력은 그들을 폭도로 규정하고 합법적인 요청을 받아 강제로 해산시킨다.
집단행동의 주모자, 선동자, 지도자는 물론 폭력에 가담한 자를 모두 강
력히 처벌한다.

르 샤플리에 법에서 계엄령을 발동한다는 조항(제8조)은 노동자들의 권
리를 주장하고 청원하는 집단행동을 봉쇄하는 독소조항이었다. 6월 16일,
라로슈푸코 리앙쿠르 의원은 재정·농업·상업·국토·구빈의 5개 위원회 이름
으로 260만 리브르를 12개 지역에 나눠주는 안을 상정했지만, 의원들의 반
대에 부딪쳤다. 구체적으로 볼 때, 83개 도에서 11개 지역에 5만 리브르에서
15만 리브르씩 나눠주고 파리에 100만 리브르를 나눠준다는 안에 너도나도
한마디씩 반대했다. 다른 지역도 돈이 필요하다는 논리, 왜 파리에만 그렇게
많이 배정하느냐는 비판이 국회를 달궜다. 라로슈푸코 리앙쿠르는 파리가
수도이기 때문에 파리를 아름답게 만드는 사업은 곧 국가 전체의 위상을 높
이는 일이라고 해명했다. 논란 끝에 제1조를 통과시킨 뒤 곧 제2조도 통과시

컸다.

"일거리를 얻기 원하는 노동자들에게 새로운 일거리를 제공하게 되었으므로 7월 1일부터는 파리와 다른 도의 구빈작업장에 국고 지원금을 지급하지 않는다."

이렇게 해서 7월 1일부터 구빈작업장이 공식적으로 문을 닫게 되었다. 파리에 여성과 아동을 위해 1790년 6월 13일의 법으로 설치한 방적작업장을 예외로 하는 제4조는 또다시 논란을 불러일으켰다. 라로슈푸코 리앙쿠르는 그래봤자 한 달에 2만 리브르 예산만 확보하면 된다고 설명했지만 논란은 계속되었다. 마침내 방적작업장의 운영비는 파리 시정부가 미리 당겨쓰고 나서 파리 시의 수입에서 충당한다는 조항을 넣어 통과시켰다. 다음으로는 앞으로 열흘 안에 고향으로 돌아가는 노동자에게는 1리외(4킬로미터)에 3수씩 여비를 지급하며, '생트주느비에브 교회(프랑스 팡테옹)' 건축을 마무리하는 예산을 마련해서 매달 건축비를 지급하도록 했다. 제10조에서 국회는 576만 리브르를 확보해 아직 남은 사업과 각 도에서 필요한 사업을 위해 쓰도록 하며, 제11조에서 파리 시정부가 도 지도부의 감독을 받아 이제까지 작업장에서 쓰던 도구와 기구가 모두 국가 재산이기 때문에 빠짐없이 회수하여 매각한 대금을 국고로 환수하도록 했다.

이 법으로 파리의 구빈작업장은 문을 닫게 되었고, 왕의 재판문제로 가뜩이나 시끄러운 정국에 더욱 불안한 폭탄을 안긴 격이 되었다. 수많은 노동자가 거리로 나가기 시작했기 때문에 파리 시장은 국회의 관련 위원회들과 도 지도부와 긴밀히 협력하면서 대책을 마련하려고 부심했다. 파리에서는 날마다 몇만 명씩 모여 왕을 재판하라고 외치면서 시위를 했으니, 언제 그들이 과격한 행위를 할지 한 치 앞도 내다볼 수 없을 지경이었다. 7월 4일, 시장 바이이는 회의를 소집해서 슬기로운 대책을 마련해달라고 주문했다. 그는 국회의 보고·조사·구빈 위원회가 함께 모여 대책을 논의했으며 도 지도부 요원들, 국민방위군 총사령관, 시정부의 샹피용과 졸리가 자신과 함께 거기에 참석했는데, 그 결과 도 지도부와 시정부가 각각 회의를 열어 대책을 마련하라는 것이었다고 말했다. 회의 결과, 구빈작업장이 문을 닫기 때문에 일자리를 잃은 노동자 가운데 파리 거주자가 적당한 일거리를 얻을 때까지 그들을 도와야 할 필요성을 통감한 시정부는 9만 6,000리브르를 노동자들의 거주지에 그들의 수에 비례해 나눠주기로 했다. 그리고 외지에서 온 노동자에게는 고향으로 가는 여비로 1리외당 3수를 지급하기로 했다. 그렇다고 해도 모든 노동자에게 일거리를 줄 수도 없었고, 또 타 지방에서 일거리를 찾아 파리로 들어오는 노동자를 막을 수도 없었다.

7
볼테르의 팡테옹 안장

7월 10일 일요일, 볼테르의 관이 수레에 실려 파리에 들어오는 날이었다. 도 지도부의 검찰관procureur-syndic은 파리 도 경계에서, 파리 시정부의 대표단은 샤랑통에서 기다리다가 고대 로마 시대의 전차를 본뜬 수레를 맞이했다. 마차는 장미꽃 덩굴이 감고 있는 참나무, 영광을 상징하는 월계수와 도금양 잎으로 장식하고 양쪽에 각각 "자유롭게 태어난 사람이라면 스스로를 지배해야 한다", "만일 폭군들이 있다면 그들을 모두 폐위시켜야 한다"라는 글을 써놓았다. 국민방위군, 애국자 단체들이 마차 앞뒤에서 바스티유 터까지 함께 갔다. 그곳에는 볼테르 관을 안치할

누각을 지어놓고 관을 안치하기 전에 거기 모인 사람들에게 보여주었다. 사람들은 경건하게 관을 지켜본 뒤에 열렬히 박수를 쳤다. 또한 바스티유 요새를 허문 돌로 바위산을 만들고 꼭대기와 주위에 다양한 상징물을 설치했다. "볼테르여, 전제정이 그대를 사슬에 묶었던 이 자리에서 이제 조국이 그대에게 바치는 영광을 받으시라"라는 명문을 읽을 수 있었다.* 일요일 밤과 월요일 아침에 비가 내렸기 때문에 볼테르를 팡테옹에 안장하는 예식을 거행하지 못할까 걱정도 했지만, 예정대로 11일 오후 2시에 운구행렬이 바스티유 터에서 출발했다.

기병대, 공병대, 북치기, 포병, 국민방위군의 청년대, 각 중등학교 대표단, 애국단체들이 여러 가지 표어를 써서 들고 행진했다. 특히 "조국을 위해 죽는 자, 언제나 만족스럽다"는 표어가 눈에 띄었다. 바스티유 요새 철거작업 청부업자인 팔루아Palloy가 아르장퇴이 코뮌에 선물한 미라보 흉상을 들고 가는 사람들은 돋을새김을 한 볼테르, 장 자크 루소, 미라보, 데질의 초상화를 든 사람들에게 에워싸여 행진했다. 그들은 바렌과 낭시의 시민들이었다. 바스티유 요새를 철거할 때 참가한 노동자들이 팔루아의 뒤를 따라갔다. 그들은 요새를 정복했을 때 나온 총알과 안장을 들었다. 뒤포Dufaulx**가 '파리인의 봉기'에 대해 쓴 글을 들것에 들고 가는 사람들도 있었다. 생탕투안 문밖의 시민들은 바스티유의 깃발, 바스티유 요새의 돋을새김 지도를 들었는데, 그들 한가운데에서 여전사의 옷차림을 한 여성이 걸어갔다. 이 여성

---

* 볼테르는 32세인 1726년 귀족과 다툰 뒤에 바스티유 감옥에 갇힌 적이 있었다.
** 미쇼Michaud의 『인명사전Biographie universelle』에도 등록되지 않은 이름으로, 정확한 정보를 확인할 수 없다.

은 바스티유를 공격할 때 참여했던 사람이다. 창을 든 시민들이 가는데, 어떤 창끝에는 자유의 모자(붉은 모자)를 올려놓고, "이 창끝에서 자유가 태어났노라"라고 쓴 깃발을 달았다. 파리 도를 위해 83번째로 제작한 바스티유 모형을 옛 프랑스 수비대가 당시의 제복을 입고 운반했다. 자코뱅 클럽 회원들은 다른 단체와 섞이지 않은 채 따로 걸어갔다. 그리고 1789년과 1790년의 선거인들과 스위스 수비대 병사들이 따라갔다. 극장의 대표들은 볼테르의 작품 제목을 새긴 메달로 장식한 여러 개의 금자탑(피라미드)을 볼테르 상과 함께 들고 갔다. 고대인의 옷을 입은 사내들은 월계관을 씌운 황금상을 들었다. 주요 아카데미 회원들과 문인들은 극작가 보마르셰가 기증한 볼테르의 책 70권을 황금상자에 넣어 들고 갔다. 파리의 모든 구 대표, 젊은 예술가들, 파리 도내 국민방위군과 자치정부 관리들도 있었다. 합창대와 악대가 가고, 그 뒤로 마침내 볼테르의 관을 실은 수레가 따라갔다.

수레에 실은 석관 위에서 길게 누운 철학자 볼테르와 그의 머리에 관을 씌우는 페메 여신Renommée(명성, 여론, 소문의 여신)의 모습을 보면서 명문도 읽을 수 있었다.

볼테르는 칼라, 라 바르, 시르벵, 몽바이이의 명예를 회복해주었다.
시인, 철학자, 역사가인 그는 인간정신을 크게 발전시켰고, 우리로 하여금 미래에 자유롭게 살 준비를 갖추게 해주었다.

볼테르가 명예를 회복해주었다는 사람들은 모두 종교적 박해를 당해 죽었는데, 볼테르는 관용의 정신을 호소해 수많은 호응을 불러일으켰고, 마침내 그들의 명예를 회복시켜주었던 것이다.* 전차를 끄는 말은 모두 회색기가 도는 백마 열두 필로서 네 마리씩 세 줄로 묶어 고대인 복장을 한 남성들이 끌고 갔다. 수레의 뒤로 국회, 도, 시정부의 대표단, 파기법원cour de cassation과 파리 법원들의 판사들, 치안판사들, 퇴역군인들이 따라갔고, 기병대가 행렬의 맨 뒤에서 그들을 보호했다. 행렬은 바스티유 터에서 큰 길을 따라 팔레루아얄에 있던 오페라(극장) 앞까지 가서 멈추고, 건물의 머릿돌 앞에 볼테르의 흉상을 놓았다. 꽃장식과 함께 '판도라', '영예의 전당', '삼손' 같은 문구를 새긴 메달을 흉상에 걸어놓았다. 수많은 작가가 흉상에 장식을 한 뒤 찬가를 불렀다. 그러고 나서 그들은 다시 큰길을 따라 혁명 전까지는 루이 15세 광장으로 불리던 혁명광장까지 나아가 콩페랑스 강둑길로 해서 퐁루아얄 다리를 건너 강북에 있는 볼테르 강둑길로 갔다.

샤를 빌레트 후작은 볼테르의 사랑과 후원을 받은 사람이었는데, 볼테르의 심장을 자기 집에 보관하고 있었다. 사람들은 샤를 빌레트의 집 앞에 훌쩍 큰 은백양(포플러)나무 네 그루를 심어놓고, 위에는 참나무 잎을 엮어 마치 지붕처럼 덮어놓았다. 마차가 그 집 앞을 지날 때, 마차에 싣고 가던 장미 화환을 그 지붕의 한가운데 얹어놓았다. 빌레트의 집 전면에 "그의 정신은 어디에나 있으며, 그의 심장은 여기 있노라"라는 명문이 있었다. 빌레트 부인이 황금상 위에 화환을 얹고 눈물을 흘렸다. 그 광경을 본 사람들은 모두

---

* 볼테르가 『관용론Traité sur la Tolérence』에서 "나는 당신이 하는 말에 동의하지 않지만, 당신이 그 말을 할 수 있도록 끝까지 싸워주겠다"라고 말했다고 하지만 그 근거를 찾을 수는 없다. 영국의 여성 작가 이블린 비어트리스 홀Evelyn Beatrice Hall이 『볼테르의 친구들The Firends of Voltaire』에서 볼테르의 관용정신을 한마디로 요약했는데, 사람들은 그가 볼테르의 문장을 직접 인용했다고 오해했던 것이다.

옛 추억에 젖어들었다. 그 집에 마련해놓은 계단식 좌석에는 흰옷에 청색 허리띠를 매고 장미화관을 쓴 아가씨들이 시민의 관을 들고 있었다. 사람들은 고대악기로 음악을 연주하고 노래를 불렀다. 극작가 셰니에Chénier가 가사를 쓰고 고섹F.-J. Gossec이 작곡한 송가였다. 빌레트 부인과 칼라의 가족도 그 자리에 있었다. 그 행사가 끝난 뒤, 흰옷에 삼색 허리띠를 매고 삼색 표식을 단 여성 시민들이 마차의 앞에 서서 행진을 시작했다. 그들은 국립극장(오데옹) 앞에 다시 멈췄다. 건물 정면의 박공(지붕이 맞닿은 곳에 생기는 삼각형 부분)에서 "그는 83세에 '이레네'를 썼다"라는 글을 읽을 수 있었다. 그리고 꽃장식을 한 기둥들 사이로 휘장을 쳐놓아 입구를 가려놓았다. 기둥마다 볼테르의 작품 제목을 써놓고 32개 메달로 장식했다. 포세 생제르맹 거리의 코메디 프랑세즈 자리에 그의 흉상을 하나 놓아두었는데, 그것에 요정들이 관을 씌우는 모습을 연출했다. 그리고 "그는 열일곱 살에 '오이디푸스'를 썼다"라는 글귀를 흉상 아래쪽에서 읽을 수 있었다. 사람들은 국립극장 앞에서 오페라 〈삼손〉의 합창곡을 불렀다. 그러고 나서 다시 행진을 시작해 10시에 프랑스 팡테옹에 도착한 뒤 관을 안장했다.

살아생전에는 문학의 왕 노릇을 하다가 죽기 전에 문학의 신으로 존경받은 볼테르는 1778년에 세상을 떴다. 그때 사람들은 방금 각혈하고 숨진 볼테르를 마치 산사람처럼 마차에 태워 파리 시내를 한 바퀴 돌았는데, 13년 만에 그의 주검은 다시 파리 시내를 누비다가 프랑스 팡테옹에 안장되었다. 그 날 행렬을 따라다닌 사람들은 간밤에 내리던 비가 아침에도 내렸기 때문에 안장식을 연기할까봐 걱정했지만, 다행히 비가 그치고 날도 좋아서 잔치 분위기에 들썩거렸다. 그것은 전국연맹제 이후 진정한 국민의 잔치였다. 『앙리아드』, 『브루투스』를 위시해서 수많은 작품을 쓴 위대한 작가의 재능을 온 국민이 인정했다. 물론 개중에는 불안정한 시국에 잔치 분위기에 들떴다고 못마땅하게 생각하는 이들도 있었지만 감히 함부로 입을 열기 어려운 분위기였다. 볼테르를 지지하는 사람이 압도적으로 많았기 때문이다. 운구행렬이 지나는 거리에 구경꾼이 늘어섰고, 창문이나 지붕에서도 구경했다. 볼테르의 관을 옮기는 마차를 보면서 사람들은 화가 다비드의 그림을 알아보고, 사흘 뒤에 있을 연맹제 식장을 설계한 총감독인 셀르리에(Jacques Célerier(1742, 디종~1814, 파리, 건축가)의 연출력을 칭찬했다. 그리고 그들은 행렬을 이루는 사람과 단체들을 보면서 더 흥겨워했다. 안장식에는 외국인도 많이 참석했다. 행렬이 바스티유 터를 출발해서 센 강을 건너 생트주느비에브 언덕에 도착할 때까지 하늘은 멀쩡했다. 행렬이 언덕에 도착하기 전부터 비로소 비를 뿌리기 시작했다. 행진이 끝날 무렵에도 비가 내렸지만 결국 안장식은 무사히 끝났다. 왕의 도주 이후 민심이 악화되었을 때 이 안장식은 막간극 같은 성격을 지닌 것이라 볼 수 있겠지만, 볼테르의 일생을 생각하는 사람들에게는 정교분리와 자유를 위한 그의 투쟁을 되새기는 기회이기도 했다.

8
7월 14일의 행사

목요일에 민간과 종교의 성격을 동시에 지닌 행사가 벌어졌다. 그날 파리의 대주교는 예전 같으면 왕에게 했을 의전을 국회의원들을 위해 거행했다. 그는 교회 문 앞에서 국회의원들을 영접했던 것이다. 노트르담 대성당에 들어간 사람들이 모두 자리를 잡자, 가수가 성서에서 주제를 따서 '바스티유 정복征服'에 맞게 작곡한 성담곡聖譚曲,

hiérodrame(오라토리오)을 불렀다. 참석자들은 전혀 기대하지 않은 상태에서 바스티유 정복에 대한 주제를 담은 성가를 듣고 몹시 놀랐다. 환속한 종교인 에르비에Hérvier는 구약성경의 사무엘서에서 시국에 적절한 내용을 인용해 설교했다. "하느님은 왕들을 요구한 인간을 벌하기 위해 왕들을 주셨을 뿐이다." 하느님을 섬기면 그뿐인 인간이 겨우 인간의 자식을 왕으로 섬기겠다고 했으니 벌을 받아 마땅하다는 것이었다. 사람들은 에르비에의 말이 담고 있는 냉혹한 진실에 감동해서 박수를 쳤다. 이 행사의 마지막에는 벨기에 출신으로 파리에서 활동한 음악가 고섹이 작곡한 '테 데움' 성가를 연주했다.

하느님, 당신을 찬양합니다.
주님께 고백합니다.
온 세상이 영원한 아버지로
당신을 섬깁니다.

케루빔(지천사)과 세라핌(치천사)*은
끊임없이 당신을 찬양합니다.

성스럽도다, 성스럽도다, 성스럽도다,
가장 성스러운 우리 주 하느님.

---

* 가톨릭교에서는 상·중·하의 3품, 각 품에 또 3품씩 모두 9품의 천사가 있다고 한다. 상품천사의 가장 높은 천사인 일품천사가 치천사(세라핌), 그다음 이품천사가 지천사(케루빔)이다. 그다음부터 차례로 좌천사, 주천사, 역천사, 능천사, 권천사, 대천사, 천사가 있다.

당신의 영광

하늘과 땅에 가득하다네.*

샹드마르스에서는 전년도와 마찬가지로 연맹제가 열렸다. 파리 코뮌은
7월 6일부터 샹드마르스의 조국의 제단 위에서 연맹제 1주년 기념식을 열
것을 도 당국에 건의하기로 했다. 그날 그들은 테 데움 미사를 올리고, 밤에
는 시 전체에 등불을 밝히기로 결의했다. 10일 코뮌 회의에서는 시장 바이
이가 11일 볼테르를 팡테옹에 안장한 뒤에 파리 도 지도부에 바스티유 모형
을 한 개 기증할 것이며, 14일 혁명 기념일에 맞춰 파리 코뮌에도 한 개를 놓
는 동시에 바스티유 감옥을 헐어서 나온 돌에 코뮌 대표들의 이름을 새기기
로 했다고 보고했다. 12일에 파리 코뮌은 이틀 뒤에 있을 행사에 대해 다음
과 같이 결정했다.

1. 시장은 국회, 각부 대신, 파리 도 지도부, 6개 법원, 치안판사 48명,
   1789년의 선거인단, 1790년의 선거인, 파리 48개 구위원회에서 각
   4명, 파리 국민방위군 대표, 상스위스Cent-Suisses 근위대, 헌병대, 상
   이용사들을 행사에 초대한다.
2. 시장은 파리 주교를 초청해 연맹의 장에서 거행하는 미사를 맡긴다.

---

* 원문은 다음과 같다.
Te Dominum confitemur. / Te aeternum Patrem / omnis terra veneratur.
Tibi Cherubim et Seraphim / incessabili voce proclamant.
Sanctus, Sanctus, Sanctus, / Dominus Deus Sabaoth. / Pleni sunt caeli et terra / maiestatis
gloriae tuae.

3. 코뮌 의회는 14일 아침 8시 시청에 모여 9시에 바스티유 터로 행진한다. 행사에 참석할 모든 민간단체와 군인들은 9시까지 바스티유 터에 모인다. 그들은 모두 10시부터 연맹의 장을 향해 행진한다.

4. 시장은 국민방위군 장교 두 명으로 하여금 시정부 요원들의 곁에서 행진하면서 수시로 시정부와 총사령관이 명령을 주고받을 수 있도록 조치한다.

5. 시정부는 이 행렬과 행진에 관한 명령을 인쇄한다.

6. 행사 당일 공공의 안전을 위해 마차와 말의 통행을 금지하고, 창문이나 거리에서 화기나 폭죽을 쏘지 못하게 한다. 이 명령을 인쇄해서 벽에 게시한다. 경찰은 안전에 각별히 유의하고, 도시에 등불을 밝혀 시민들을 기쁘게 한다.

시정부는 안전하게 행사를 치르기 위해 더욱 세심한 규정을 만들었다. 그리하여 7월 14일의 행사에 참가하려고 행진하는 사람들의 뒤를 말이나 마차가 뒤따르거나 근처에 접근하지도 못하게 했다. 단 여객마차, 우편마차, 식량마차는 행렬을 피해 다른 길로 다닐 수 있도록 했다. 게다가 연맹의 장에 들어가는 구경꾼은 지팡이나 막대기를 소지할 수 없도록 했다. 이러한 명령은 인쇄해서 48개 구에 게시하도록 했다.

7월 14일이 되었다. 아침 8시, 시청에서 행진을 시작했다. 기병 1개 중대와 보병 분견대가 길을 열었다. 집행관들과 파리 코뮌 의회 구성원들이 차례로 그 뒤를 따랐다. 파리 국민방위군 연대장 에Hay의 부대가 행렬을 호위했다. 그들은 바스티유 터까지 가서 정렬했다. 9시까지 연맹제에 참가할 사람들이 모두 모여 연맹의 장인 샹드마르스를 향해 행진을 시작했다. 그들은 생탕투안 큰 길을 지나 서쪽으로 가다가 시청 광장을 가로질러 센 강 오른쪽의 제브르 강둑길을 따라 행진했다. 루브르 궁이 끝나는 지점에서 퐁루아얄 (왕의 다리)을 건너 센 강 왼쪽의 르 바크 거리로 남쪽을 향해 가다가 센 강과 나란히 달리는 생도미니크 거리로 접어들어 서쪽으로 나아갔다. 군원호원les Invalides 북쪽의 5점형 광장quinconce(중앙과 사방에 나무 한 그루씩 심은 광장)을 지나 군사학교 가로수 길로 천천히 나아갔다. 정오에 그들은 군사학교 정문 앞을 지나 오른쪽으로 방향을 틀어 연맹의 장으로 들어섰다. 식장에는 파리 시와 도의 국민방위군이 도열해 있었다. 파리 코뮌의회와 귀빈들은 식장 한 편에 조국의 제단을 향해 설치한 자리에 앉았다.

전날 밤부터 보초를 세워 지킨 덕에 제단은 기념식 날 무사했다. 국회는 반혁명분자들이 어떻게든 기념식을 방해하거나 망치려고 행동할 것을 우려해 행사장에 보초를 세워 밤새 조국의 제단을 지키게 했던 것이다. 그리고 행사 당일에는 국회가 우려했듯이 불만을 품은 사람들이 행사를 방해하려 했기 때문에 모두 다섯 명을 체포했다. 아무튼 행사장은 지난해 연맹제 때보다는 여러모로 규모를 축소해서 꾸몄다. 군사학교 정문 앞에 설치했던 층계석이나 센 강을 건너 식장으로 들어가는 입구로 설치했던 개선문 세 개도 생략했다. 우선 예산을 확보하기가 어려웠고 시국 또한 어수선했기 때문이다. 구경꾼이 앉을 좌석도 마련하지 않아서 전년도 행사에 참가한 사람들보다 훨씬 많은 30만~40만의 구경꾼이 모두 서서 행사를 지켜보았다. 그래서 뒤쪽에 선 사람들은 행사를 제대로 구경할 수 없었다. 그러나 행사장 서쪽에 천막을 세 개 세워 중앙에는 코뮌의회와 국회의 귀빈들, 행정부와 법조계 인사들, 국민방위군 대표들이 앉도록 하고, 나머지 두 개 천막에는 민간단체들이 앉도록 했다. 그들은 중앙에 있는 조국의 제단 너머 멀리 군원호원까지 볼 수 있었다.

조국의 제단은 지난해와 다른 모양에 다른 장식을 달고 다른 색으로 칠했다. 무엇보다도 제단을 둥글게 만들었고, 장식휘장과 함께 장미꽃 다발을 둘렀다. 네모난 바닥에 동양의 화강암을 둥글게 깎아 한 층 올리고, 그 위에 흰 대리석을 둥글게 깎아 올렸다. 사방의 네 개 받침대마다 두 개씩의 낮은 돋을새김으로 장식했다. 남쪽의 군사학교를 향한 두 개 면에는 패기 넘치는 젊은이들이 제단 위에서 맹세하는 모습을 그려놓았다. 이 제단의 앞면에는 '자유의 모자'라는 그림과 글씨 밑에 "우리는 자유를 지키겠다고 맹세하노라"라고 썼다. 북쪽 센 강을 향한 두 면은 각각 프랑스 팡테옹에 안장된 볼테르를 그리고 오직 볼테르의 이름만 새겨 그를 개선장군처럼 기렸고, 젊은이 모습으로 시민정신을 표현했으며, 프랑스가 그 젊은이에게 영광의 관을 씌워주고 역사가 그의 아름다운 행동을 기록하는 모습을 그렸다. 제단의 서쪽에는 젊은 장사(육상선수)가 드는 무기를 노인들이 젊은 시민 두 명에게 보여주는 모습을 그림으로써 그들의 가슴속에 시민정신을 일깨워주었다. 예술가 조국이 영광을 기리는 이 젊은이를 통해 바렌에서 왕을 붙잡은 사람을 표현하고자 했다. 동쪽 면에는 "조국은 시민정신을 높이 상찬하노라"라고 새겨놓았고, 다른 한 면에 신중함과 슬기가 이끄는 공권력을 그렸다. 공권력은 나뭇단 faisceau으로, 슬기와 신중함은 각각 그 특징을 지닌 여성으로 표현하고 "신중함이 이끈다. 법이 명령한다. 공권력이 집행한다"라고 썼다. 다른 면에는 페메 여신 두 명이 나팔을 불면서 인권선언을 공표하는 모습을 그렸다. 그 밖에도 제단의 돌에는 '헌법'이라 쓰고, 그 밑에 인권선언의 제1조와 제2조를 썼다. 페메 여신의 발아래에도 상업과 공예를 상징하는 그림, 다른 쪽에는 농업을 상징하는 경작도구, 꽃과 열매를 그렸다. 그 밖에 "프랑스의 역사, 1789년

8월 4일", "인권선언", "봉건제도의 종말, 1789년 8월 20일", "1790년 프랑스인의 전국연맹제"라는 구절도 사방에 새겨놓았다.

제단의 낮은 돋을새김과 명문은 로마의 프랑스 아카데미 연구생 출신의 르 쉬외르Jacques-Philippe Le Sueur(1757, 파리~1830, 파리, 조각가)가 새겼다. 그는 연맹제 식장을 설계한 총감독인 셀르리에와 비엥에메Pierre-Théodose Bienaimé(1765, 아미엥~1826, 파리, 건축가)의 지시를 받았다. 이 두 사람은 볼테르를 팡테옹에 안장할 때도 총감독을 맡았다. 제단의 네 귀퉁이에는 향로를 한 개씩 놓고 식을 거행하는 내내 향을 피웠다. 파리 도의 여러 자치정부가 파견한 국민방위군이 깃발을 앞세우고 제단 앞에 둘러섰다. 그들 뒤에는 국민방위군의 지휘를 받는 분견대들이 섰다. 기병대는 양쪽 끝에 정렬했다. 제단의 층계에는 왕립 음악아카데미 회원들이 자리를 잡고 있었다. 그들은 국민방위군의 보조에 맞춰 아주 흔한 노래의 후렴을 연주해주었다. 파리 국민방위군 60개 대대가 파견한 시민 병사들이 깃발을 앞세우고 조국의 제단 앞에 선 이웃 시민 병사들 곁에 섰다. 바스티유 구의 국민방위군은 바스티유 요새의 모형을 들고 입장했다. 바스티유 요새를 허무는 일을 했던 노동자들이 요새 철거 청부업자인 팔루아를 앞세우고 입장했다. 파리 주교가 일단의 종교인들과 함께 입장했다. 그는 제단에 올라 미사를 올리고 테 데움 성가를 불렀다. 미사가 끝나자 기념식을 보러 온 시민들은 열렬히 박수를 쳤다. 포병은 예포를 발사했고, 그 소리에 참석자들은 전기충격을 받은 것처럼 움찔했다. 테 데움 성가를 부르는 동안 모든 깃발이 제단 아래 모였고, 국회 대표 브누 의원이 파리 시장 바이이가 주는 삼색 리본을 받아 깃발마다 묶어주었다. 사방에서 "자유 만세!"를 외치는 소리가 넓은 행사장을 쩌렁쩌렁 울렸다. 그 사이 국민방위군들의 깃발로 바스티유에서 빼앗은 기를 덮었다. 그 광경을 보고 구경꾼들은 환호성을 내질렀다. 지난해 전국연맹제 날에는 갑자기 비가 쏟아져 행사를 조금 망쳤지만, 1791년 7월 14일은 구름 한 점 없이 투명했다.

연맹제는 무엇보다도 제복을 입은 국민방위군의 축제였다. 연맹제를 보려고 샹드마르스로 가던 사람들은 국회의 앞마당을 지나치지 않고 멀리 돌아서 갔다. 그만큼 그들은 국회가 하는 일을 못마땅하게 여겼다. 그날따라 국민방위군들은 제복을 입은 것이 자랑스러운 듯이 뽐내면서 걸어다녔다. 민중은 눈꼴시어 못 보겠다는 듯이 그들을 모욕하고 심지어 돌을 던지기도 했다. 몇 명이 붙잡히자 사람들이 우르르 몰려들어 안전한 장소로 빼돌렸다. 여느 때라면 요란하게 수행원을 거느리고 나타났을 라파예트는 참모 몇 명만 거느리고 조용히 식장으로 들어섰다. 노인들로 구성된 대대는 모자에 '국민, 법, 왕'이라고 쓴 삼색 리본을 두르고 있었다. 사람들은 아직도 왕이라고 쓴 것을 보면서 못마땅하게 여기기도 했다. 파리 주교가 직접 미사를 올리고 민간인 단체와 군인들도 경건하게 참여했다. 맹세를 할 차례가 되었을 때, 민중이 제단 주위로 몰려들어 맹세에 동참했다. 그들은 "자유가 아니면 죽음이다"라는 맹세까지 덧붙였다. 어떤 사람들은 "국회의 여섯 개 합동위원회가 카페 왕조의 마지막 왕인 루이 카페의 혐의를 씻어주려고 노력하지만, 우리는 목숨을 걸고 자유를 지키련다"고 말했다. 그리고 일제히 "자유 만세"를 외쳤다. 예전 같으면 "왕 만세!"라고 외쳤겠지만, 그날은 "이제 왕은 없다!"고 외쳤다. 그렇지만 민중은 그 어느 때보다 시큰둥했다. 그들은 열병閱兵과 분열分列을 보면서 잠시나마 즐거워했지만, 샹드마르스의 연맹의 장이 너무 넓기 때문에 멀리서 사물을 제대로 구별하기도 어려웠다. 국민방위군이 지휘관의 구령에 맞춰 일사불란하게 열병과 분열로 확고한 군기를 과시했고, 앞줄에서 그것을 보는 관객들이 즐거워할 때, 뒷줄에 밀려 있던 민중은 자기 앞에서 일어나는 일만 구경하면서 멀리서 무슨 일이 일어나는지 구별하지 못했다. 더욱이 민중은 시위에 참가했지만 사사건건 좌절만 맛보았기 때문에 제대로 흥이 날 리가 없었다. 마침내 식이 끝나자 제단에 있던 물건을 가져가려는 사람도 있었다. 그들은 그 물건을 가지고 '귀족의 나병(문둥병)', '귀족의 광견병'을 고칠 수 있다고 말했다. 그날 그들이 물건을 가져가려고 달려들었던 제단에는 볼테르의 개선이나 위대한 인물의 이름과 생트주느비에브 성당을 새겨놓았다. 그리고 프랑스인의 자유를 되찾은 8월 4일이나 10월 6일 같은 기념일의 명문도 있었다. 마치 루이 다비드가 1784년에 그린 〈호라티우스 형제의 맹세〉처럼 굳건히 땅을 딛고 선 채로 맹세하는 프랑스인들의 모습과 함께 "우리는 자유를 지키겠다고 맹세하노라"라는 글귀도 읽을 수 있었다. 다른 쪽의 낮은 돋을새김은 프랑스 헌법을 상징하는 것으로서 인권선언의 제1조 "인간은 자유롭게 태어나고 평등한 권리를 누리면서 살아간다"라는 문구를 새겨 넣었다. 그날 밤 파리 전역에 등불을 밝혔다. 바스티유 터에도 장식을 하고 불을 밝혀 사람들이 모여 춤을 출 수 있게 했다. 민중도 거기서 흥겹게 춤추면서 기뻐했다.

그날 『파리의 혁명』의 편집인 프뤼돔은 행사를 본 뒤 페넬로페를 떠올렸다. 그는 이타카의 왕 오디세우스의 아내 페넬로페가 남편이 자리를 비운 20년 동안 수많은 구혼자의 성가신 청을 물리치려고 수놓기 작업이 끝나면 청을 들어주겠노라고 맹세한 뒤 낮에는 수를 놓고 밤에 다시 풀어 시간을 끈 고사를 생각하면서, 국회가 1789년 여름부터 2년이 지난 시점까지 헌법을 만든다고 하면서도 일부러 완성하지 못하는 것이 아닌지 의심했다. 국회에서는 헌법을 마무리하는 단계에 접어들었기 때문에 7월 14일의 기념식에도 겨우 스물네 명의 대표만 참석시킨 채 현안문제를 다룬다고 바쁜 척했다. 그러나 민중은 그동안 희망을 안고 참았지만 생활이 나아지지 않았기 때문에 몹시 분하게 여겼고, 급진적인 신문 발행인은 국회가 일부러 혁명의 다음 단계를 늦추려 한다고 생각했던 것이다. 게다가 1791년 7월 14일의 행사에는 파리에 연맹군이 하나도 없었다. 더욱이 14일 오후 2시경, 시민 대부분이 연맹의 장에 모인 틈을 타서 국회가 루이 16세에게 유리한 법을 제정하려 한다는 소문이 돌았다. 헌법위원회가 전날 밤 이러한 법안을 제출했음을 알고 분개했던 사람들은 그 소문을 듣고 국회의사당 주위로 모여들었다.* 국회를 지키던 시민 병사들은 시위대를 강제로 해산시키고 국회로 가는 길을 모두 막아버렸다. 지난해에는 절대다수가 희망에 부풀어 콧노래로 〈아, 잘될 거야〉(제3권 294~298쪽 참조)를 불렀지만, 1791년의 상황은 이렇게 달라졌던 것이다.

9
튈르리 궁의 근황

6월 14일, 노동자 계층은 르 샤플리에 법으로 같은 업종에 종사하는 사람들이 단체행동을 하지 못하게 된 것에 분통이 터졌다. 게다가 왕이 도주한 뒤부터 국회가 왕의 행적을 감싸주는 것을 보면서 크게 실망했다. 그들은 점점 더 시위에 동원되기 쉬운 상태에 놓였다.

---

* 1791년 7월 14일자 『파리 코뮌 회의록Actes de Commune de Paris』에는 "시위대가 국회로 몰려가 380명이 서명한 청원서를 제출했는데, 국회는 그 청원서를 15일에 읽겠다고 했다"고 전하지만, 『국회기록Archives parlementaires』에서는 그러한 사실을 확인할 수 없었다.

6월 하순 이후 7월 중순까지 파리 민중이 왕에 대해 실망한 나머지 왕의 존재를 부인하는 목소리를 높였음에도 국회가 굳이 도주라는 말보다 납치라는 말로 루이 16세의 행적을 '세탁'해주는 것을 보고 더욱 울분을 고조시키는 동안, 튈르리 궁에서는 무슨 일이 벌어졌을까? 『파리의 혁명』(1791년 7월 9~16일, 105호)에서 이 궁금증을 풀어줄 기사를 읽어보자.

파리 이외 지역에서도 루이 16세에 대한 감정이 대체로 나빠졌음은 분명하다. 캉에서는 루이 16세 동상의 기단에 "프랑스인의 첫 왕이자 마지막 왕"이라고 새겨놓았다. 83개 도에서는 모든 명문에서 '왕roi', '왕의royal'라는 말을 지워버리면서 앞으로 다시는 이런 말을 남기지 않겠노라고 맹세했다. 낭트에는 루이 16세의 이름을 쓰는 국민방위군 중대가 있었는데, 그들은 중대 이름과 함께 루이 16세의 모습을 담은 깃발도 바꾸었다. 도처에서 왕의 친구들, 한마디로 왕실비에서 은급을 받는 귀족들과 비선서 사제들은 루이 16세가 도주했다는 소식을 듣고 제 세상이 온 것처럼 기뻐했지만, 결국 감옥에 갇히거나 숨어 지내야만 했다. 애국자들은 그들이 숨었다는 성관으로 몰려가 불을 지르기도 했다. 방데 도의 레 사블 디스트릭트에서 일어난 일이었다. 700여 명이 라 피루티에르 성에 모였다는 소식을 듣고, 사람들이 몰려가 성을 공격하고 불을 질렀던 것이다. 일부는 불에 타죽고, 서른네 명은 붙잡혀 법적 절차에 따라 다른 지역의 감옥으로 이송되었다.

그럼에도 반혁명 음모는 여전히 진행 중이었다. 루이 16세는 큰 동생 프로방스 백작에게 이웃나라의 군주들과 협상을 맺는 임무를 주었다. 그가 원하는 대로 된다면 군대가 벨기에 지방의 아트Ath에 모일 것이며, 둘째 동생 아르투아 백작의 지휘를 받아 프랑스로 진격할 터였다. 루이 16세는 지휘관들에게 각각 1,000리브르씩 지급했다는 소문이 났다. 그리고 왕실과 국회의 왕정주의자 의원들은 여전히 연락망을 유지하면서 혁명의 진행을 늦추려고 애썼다. 마코 부인Madame de Makau이 왕의 딸과 여동생의 근처에서 음모의 중심에 있었다. 그는 루이 16세의 여동생 엘리자베트 공주의 보좌 훈육담당관으로 왕실과 인연을 맺은 뒤 늘 그들의 근처에 있었다. 마코 부인은 왕비전에 속한 모든 시녀를 지휘했고, 시녀들은 왕의 시종들과 소통하면서 온갖 심부름을 했다. 왕비는 게스트, 테라스, 카망, 게랭 같은 심복부하들을 늘 만났다.* 왕비의 심복들은 뒤발, 발레, 기비용, 카미유 같은 시종들과 일사불란하게 움직여 주위를 염탐하면서 정확한 정보를 수집했다. 시종들은 왕세자 침소에서 모였다. 그들은 일종의 왕정주의자 클럽을 만들었다. 그들은 국회의원 290명이 6월 29일 절대군주제를 지지하는 소신을 밝히는 성명서를 발표했다는 소식을 듣고 그때까지 축 늘어졌던 어깨를 추스를 수 있었다. 그들뿐 아니라 귀족들의 남녀 하인들도 한껏 고무되어 '애국자들'을 만나면 "마지막에 웃는 사람이 진짜 웃는 사람이다"라는 노랫말을 흥얼거렸다.

외무대신 몽모랭과 내무대신 르사르는 그들 나름대로 협조체제를 구축해서 국내외의 반혁명세력과 정보를 주고받았다. 그러한 사실을 알고 있는 '애국자들'은 그들이 튈르리 궁의 귀족 '해충들'과 완전히 내통했다고 생각했다. 더욱이 왕세자와 공주는 '해충들'에게 둘러싸여 있었으니 순진하고 철모르는 왕세자와 달리 사춘기인 마리 테레즈 샤를로트 공주는 그들의 영향을 받아 '썩고' 있다고 생각했다. 그래서 튈르리 궁에는 아주 세심하게 선발한 국민방위군 장교들을 배치해서 반혁명 음모를 적발하려고 노력했다. 그러나

---

* 여러 가지 자료를 찾았지만 게스트un sieur Gueste와 테라스un sieur Terrasse는 누구인지 확인할 수 없었다. 카망Camant은 왕비의 미용사, 게랭Guerrin은 조마사調馬師였다.

장교들이 마코 부인의 집에서 식사 대접을 받는 경우가 있었는데, 그런 사실이 발각되면 그들은 교체되었다. 루이 16세가 튈르리 궁에서 도주하기 전부터 비선서 사제들이 그의 집에 모였고, 엘리자베트 공주에게 교리를 가르쳤다. 그만큼 마코 부인은 요주의 인물이었다. 예나 지금이나 원칙을 지키기보다 지키지 않는 편이 훨씬 쉽고, 발각되는 사례보다 발각되지 않고 넘어가는 사례가 훨씬 많은 법이다. 튈르리 궁을 드나드는 장교들은 남녀 하인, 심부름꾼들과 스스럼없이 지냈고, 심지어 왕과 왕비가 보는 앞에서 하인들에게 루아유 신부abbé Thmas-Marie Royou의 『왕의 친구*Ami du roi*』, 샬롱쉬르마른의 주교 클레르몽 토네르Anne Antoine Jules de Clermont-Tonnerre가 1789년에 창간하고 바르나베 뒤로주아가 책임 편집한 『가제트 드 파리*Gazette de Paris*』(파리 소식) 같은 왕당파 신문을 자랑스럽게 나눠주었다.

왕실에서는 국회의원 가운데 적어도 290명이 반혁명에 동조할 수 있다고 생각하면서 현실을 낙관했다. 우리가 자칫하면 혁명기의 분위기를 잘못 파악하기 쉽다. 분명히 주도권을 쥔 사람들은 '애국자들'이었다. 그러나 '애국자들'이 다수결의 원칙을 지키면서 혁명을 이끄는 한 끈질긴 저항을 물리치기란 어려웠다. 그렇다고 폭력을 행사할 수도 없었다. 시중에서는 이미 왕을 인정하지 않고 공화제를 도입하자고 외치는 사람들이 있었지만, 국회에서는 왕이 납치당했기 때문에 도주했다는 죄를 물을 수 없다고 결론을 내놓았다. 왕과 왕비는 비록 튈르리 궁에 갇혀 있는 형국이었지만, 그렇다고 해서 숨도 크게 쉬지 않고 납작 엎드려 있었다고 보기는 어렵다. 그들 주위에 모이는 사람들은 항상 국내외 반혁명세력과 연계할 궁리를 하면서 상황을 자신들에게 유리하게 이끌 수 있는 기회만 엿보았으니, 그들이 자기 패거리들과 함께 있을 때는 유쾌하고 오만한 태도로 궁 밖에 오가는 민중을 '개·돼지' 정도로 깔보고 가엾게 여겼음을 쉽게 상상할 수 있다. 그들은 새로운 체제도 어차피 질서의 안정을 추구한다는 사실을 그 누구보다 잘 파악했다. 예를 들어 그들은 민중이 시위대를 조직해 자신들에게 시급히 필요한 일자리와 식량을 요구할 때 파리 시장이나 국민방위군 사령관은 질서를 유지하는 편에 서서 시위사태를 안정시키려고 노력한다는 사실을 잘 알았다. 『인민의 친구』나 『파리의 혁명』 같은 신문들이 '제2의 혁명'이 필요하다고 민중을 선동해 극렬한 저항을 이끌어낸다 할지라도 새로 만든 법질서를 강조하는 측은 계엄령을 내려 진압할 것이 빤한 이치였다. 이런 식으로 생각하면 더 철저한 혁명을 바라는 사람들이 혁명의 적이라는 역설이 생긴다.

그래도 진정한 의미의 반혁명세력, 이른바 수구세력은 혁명의 과정에서 만만치 않았다. 겉으로는 새 체제를 따르는 것처럼 처신하면서도 어떻게 하면 새 체제를 무너뜨릴 수 있을지 궁리했고, 결국 외국으로 망명한 왕족과 귀족의 군대가 힘을 보태주기를 원하거나 대외전쟁이 일어나기를 바랐다. 그들은 그렇게만 된다면 그동안 자신들이 당한 수모에 완벽한 복수를 할 수 있을 거라고 생각했다. 그들 가운데 이미 오래전부터 루이 16세가 몰래 튈르리 궁을 빠져나갈 것을 아는 사람들이 있었다. 튈르리 궁의 어떤 악사는 루이 16세가 도주하기 보름 전부터 튈르리 궁에 사는 여성들에게 "내가 해드릴 말이 있어요. 우리 집에 와서 사세요. 얼마 뒤 이 나라에는 왕이 없어요"라고 말했다고 한다. 그는 왕이 붙잡혀 파리로 되돌아온 뒤에는 베르사유의 국민방위군에 입대했다. 그 지역 국민방위군 지휘관은 애국자 르쿠앵트르였는데, 그 악사처럼 자기 과거를 감추려고 입대한 자들을 주의 깊게 감시해야 했다. 신분이 낮은 사람들은 그 나름대로 살길을 찾았지만, 루이 16세 주위에는 반혁명 성향의 귀족들이 여전히 들끓었다. 루이 16세는 7월 14일 연맹제에 참가하려고 행진하는 국민방위군을 창밖으로 보면서 분하다는 듯이 발을 구르면서 "저들은 이제 나를 초청하지도 않는군!"이라고 투덜댔다. 새 체제가 추구하는 질서 속에서 왕의 지위가 점점 위축되고 있었다 해도 루이 16세는 여전히 상황이 반전되는 때가 오리라고 낙관한 듯하다.

10
코르들리에 클럽과
공화주의 주장

왕이 파리로 돌아간 뒤 여론은 더욱 들끓 었다. 6월 말까지 국민에게 왕의 재판을 맡기자, 법원에 왕의 재판을 맡기자, 루이 16세를 폐위하자, 왕의 자격을 정지하고 섭정을 두자, 이렇게 의견이 분분했다. 그런데 팔레 루아얄에서는 몇몇 작가나 협회가 왕정을 폐지하고 공화제를 수립하자고 주장했다. 그러나 이 주장에 대해 아직까지 큰 호응이 없었다. 특히 코르들리에 클럽은 공화제를 주장했다. 그들은 자코뱅 클럽에 대표를 보내 협조해달라고 요청했지만 거의 무시당했고, 심지어 비난을 받기도 했다. 국회의원들과 부르주아 계층이 모인 자코뱅 클럽에서도 왕정 폐지를 불경하다고 생각하는 사람이 절대다수였다. 이렇게 볼 때 클럽이 생길 때부터 회비를 받아 일정 수준 이상의 경제력을 가진 회원을 모집한 자코뱅 클럽보다 경제력이나 남녀 성별을 따지지 않고 모이던 '인간과 시민의 권리의 친구들 협회', 일명 코르들리에 클럽이 더욱 급진적인 목소리를 내는 기회를 맞이했다. 이 클럽은 원래 극빈자들을 돕는다는 목표를 갖고 있었기 때문에 특히 6월 14일 이후에는 정치적으로 수동시민인 가난한 노동자들의 지지를 받았다. 코르들리에파가 노동자들과 함께 루이 16세 처리문제에 대해 국회에 청원하는 과정에서 공화주의 주장이 함께 불거졌다.

먼저 코르들리에 클럽이 언제부터 활동했는지 알아보고 나서 청원운동에 대해 알아보자. 이 클럽이 어떻게 생겼는지는 명확히 말하기 어렵지만, 클럽의 행동강령을 보여주는 가장 오래된 증거는 1790년 4월 27일에 클럽이 결정한 명령이다. 그러니까 늦어도 그날 클럽이 존재했음을 알 수 있다. 이름은 파리의 선거구에서 나왔다. 전국신분회 선거인단을 뽑는 선거구로 파리를 60개 디스트릭트로 나눌 때 각 선거구마다 거기 있는 주요 교회나 수도원 이름을 붙였다. 그러므로 이 클럽은 4월 27일 코르들리에 수도원이 있는 선거구에서 태어났다고 생각해도 좋을 것이다. 클럽의 인장에는 눈을 새겨 넣었는데, 그것은 항상 눈을 뜨고서 압제의 희생자들을 보호하고 불행한 사람들을 구해주겠다는 의지의 표시였다. 이 클럽의 정식 이름인 '인간과 시민의 권리의 친구들 협회Société des Amis des droits de l'homme et du citoyen'는 1790년 6월부터 나타났다. 국유화된 코르들리에 수도원에서 회의를 했기 때문에 코르들리에 클럽으로 알려졌다. 그들은 1년 정도 활동하다가 파리 시정부에 사용료를 납부하지 않았기 때문에 그곳에서 쫓겨났다. 1791년 4월 27일 파리 도의 명령을 받은 시정부는 다른 노동자들도 코르들리에 클럽을 본받아 건물들을 무단 점유할까봐 두려웠기 때문에 단호히 대처했던 것이다. 그리고 20일 뒤인 5월 16일 아침, 그들이 회의장으로 쓰던 옛 수도원의 문을 봉쇄해 버렸다. 코르들리에 클럽은 회의장을 마련하려고 여기저기 기웃대다가 마침내 도핀 거리의 장리스 저택 1층에 1년 800리브르의 세를 내고 큰 회의실 두 개를 얻었다. 그리고 나서 얼마 뒤인 6월 9일에 그 장소를 아예 사버렸다.

마티에즈A. Mathiez*는 코르들리에 클럽의 성격을 좀더 부각시키려고 자코뱅 클럽(헌우회)이나 일명 사회동인le Cercle social인 '진리의 친구들Amis de la vérité'과 비교한다. 코르들리에 클럽은 다른 두 집단보다 좀더 소박한 야망을 품었지만, 더욱 명확하고 실질적인 목표를 가지고 있었다. 자코뱅 클럽은 애당초 의원들의 모임이었기 때문에 제헌의회를 이끌려는 목표를 가지고 출발했고, 사회동인은 1790년부터 활동하면서 정치이론을 대중화하려고 애쓴 데 비해, 코르들리에 클럽은 모든 권력의 남용과 인권을 해치는 행위를 여론의 법정에 고발하면서 부당한 대우와 억압의 희생자들을 보호하려는 목적을 가지고 출범했다. 그래서 그들은 '감시의 눈'**을 상징으로 채택했다. 그들은 회의를 시작할 때마다 인권선언문을 읽었다. 자코뱅 클럽은 법을 만드는 일에 관심을 가졌고, 사회동인은 이론을 제시했으며, 코르들리에 클럽은 법을 실천하는 일에 힘썼다. 이들은 현실생활에 가장 가까이 서 있었다. 말로만 자유와 평등을 외치지 않고 실제로 그것을 원했다. 이들은 실제로 감옥을 찾아다니면서 탄압받는 애국자들을 보호하고, 다른 정치 클럽이나 당국에도 그들을 위해 힘써달라고 호소했다. 클럽의 목적에 맞게 이들은 수동시민을 포함한 모든 계층의 남성뿐 아니라 여성도 회원으로 받아 모두 회의에 참석하고 의결에 참여할 수 있게 했다. 이러한 점에서는 사회동인과 비슷했다. 자코뱅 클럽은 가입비 12리브르에 연회비 24리브르를 받았고, 아주 부유한

---

* 이 부분을 쓰기 위해 A. Mathiez, *Le Club des Cordeliers pendant la crise de Varennes et le massacre du Champ de Mars* (Paris, 1910)와 *Journal du club des Cordeliers* (1791)를 참조했다.

** 『코르들리에 클럽 소식』 첫 쪽에는 왼쪽을 향한 눈 위에 '감시Surveillance'라는 글을 새긴 상징을 넣었다.

89년 클럽은 100리브르를 받았지만, 코르들리에 클럽은 1년에 1리브르 4수 (한 달에 2수 꼴)를 내는 사람에게 회원자격을 주었다. 60개 선거구를 48개 구로 개편할 때 이 클럽은 테아트르 프랑세 구Section du Théâtre français에 속하게 되었다.

마티에즈의 말대로 회원들의 사회적 조건이 비록 다른 협회에 비해 평균적으로 낮았지만, 수준 높은 여론을 조성하는 면에서 코르들리에 클럽은 돋보였다. 그것은 모든 계층에서 회원을 받아들였지만 회의를 이끄는 사람들이 부유하고 교양 있는 부르주아 계층이기 때문에 가능했다. 1791년 6월 23일 목요일부터 매주 네 번(월, 화, 목, 토) 기관지인 『코르들리에 클럽 소식 Journal du club des Cordeliers』을 발간하고, 3개월 구독료 6리브르, 반년 구독료 11리브르, 1년 구독료 21리브르를 받기로 했다. 그러나 첫 호는 6월 28일에야 나왔다. 회의를 이끌고 기관지를 발간하는 사람들 가운데 특히 법률가(장 필리프 가랑 드 쿨롱J.-P. Garran de Coulon), 문필가나 신문 발행인(카미유 데물랭, 프레롱, 본빌), 서적상이나 인쇄 출판업자(모모로Antoine-François Momoro, 콜랭)가 있었고, 그 밖에 상업에 종사하는 사람들도 있었다. 마티에즈는 당통을 코르들리에 클럽에서 가장 영향력 있는 인물로 아는 사람이 많은데 이는 그릇된 전설이라고 말한다. 당통이 코르들리에 선거구에서 의장 노릇을 하고 영향을 끼쳤기 때문에 그렇게 알려졌지만, 그는 코르들리에 클럽 회원이긴 해도 그다지 많이 나타나지 않았다. 라파예트나 왕에게 고용된 신문업자들은 일찍부터 오를레앙 공의 하수인들이 코르들리에 클럽을 뒤에서 조종한다고 비난했다. 그것은 일리 있는 혐의다. 코르들리에 클럽은 라파예트를 계속 공격했는데, 라파예트는 오를레앙 공과 앙숙이었다. 그리고 오를레앙 공을 지지하는 사람은 자유롭게 코르들리에 클럽의 회원이 될 수 있었다. 코르

1791년 4월 18일,
파리 주민들이 왕의 생클루 궁 행차를 막는다(작자 미상의 판화, BNF 소장).

〈샹드마르스의 학살〉(프리외르의 그림, 베르토의 판화, BNF 소장).
1791년 7월 17일, 조국의 제단에서 청원서에 서명하는 사람들을 국민방위군이 총으로 쏴서 쓰러뜨렸다.
지난 2세기 동안 바이이가 집행한 계엄법을 옹호하는 역사가는 없었다.

'술통' 미라보의 풍자(작자 미상, 엑스 아르보 박물관 소장).
'귀족협회'의 프로방스 지부장인 뚱보 미라보 자작이 충실한 친구가 들고 있는 나침반을 들여다보고 있다.
그는 1790년 6월 국회의원직을 버리고 독일 바덴 지방으로 망명해 결사대를 조직한 뒤 반혁명 활동을 했다.

1791년 10월 16~17일, 아비뇽의 끔찍한 반란(독일에서 나온 작자 미상의 판화, BNF 소장).
9월 14일, 국회에서 아비뇽과 브네생 공작령을 프랑스에 합병하기로 했지만,
판화에서 보듯이 아비뇽 문제는 완전히 끝나지 않았다.

귀족정의 마지막 딸꾹질(작자 미상의 판화, BNF 소장).
1791년 6월 20～21일 사이의 밤.
루이 16세가 가족과 함께 몽메디로 가다 잡힌 뒤 수많은 풍자화가 쏟아져 나왔다.
그림은 외국에 망명한 사람들을 표현했다.
중앙에 대주교 쥐녜가 있고, 그의 양쪽에 프로방스 백작 부부와
검은 옷을 입은 종교재판관과 로앙 추기경이 있다.
푸른 옷의 귀족이 '부이예'라는 딸꾹질 소리를 낸다.
오른쪽 위에서 루이 16세가 "나는 미늘덧문을 통해 바라볼 뿐"이라고 말한다.

바르나브   타르제   르 샤플리에

뒤포르   미라보   그레구아르 신부

당드레   카잘레스   말루에

루이 마리 프레롱   라메스   장 루이 카라

들리에 클럽이 자유와 평등을 현실적으로 실천하려는 목적을 가졌으므로 귀족주의자들과 싸우는 것은 당연했다. 따라서 능동시민의 군대인 국민방위군을 지휘하는 라파예트가 질서를 잡는다는 명분으로 가난한 사람들을 억압하는 데 그 클럽이 저항하는 것도 당연했다.

6월 22일 밤, 왕이 바렌에서 붙잡혔다는 소식을 듣고 국회의 중도좌파 의원들을 중심으로 부이예 장군의 음모를 고발하는 한편, 왕을 안전하게 파리로 돌아오게 하는 방안을 마련하려고 노력했다. 그사이 루이 16세의 도주소식이 전국으로 퍼져나가면서 새로운 공포 분위기를 조성했다. 특히 오스트리아와 접한 국경지대인 노르Nord와 로렌, 그리고 왕이 파리로 돌아가는 동안 지나간 샹파뉴, 영국과 가까운 브르타뉴, 에스파냐 쪽의 남서부 같은 곳에서 소식을 들은 주민들은 무장하고 외적의 침입에 대비했다. 그리고 내부의 적들, 이른바 반혁명주의자 혐의를 받는 영주들에게 분풀이를 했다. 가스코뉴와 피카르디 지방에서는 영주들을 괴롭히고 성관에 불을 질렀다. 거기서 더 나아가 왕정을 폐지하고 공화국을 세워야 한다는 주장이 조금씩 나오기 시작했다. 특히 파리에서는 공화주의자들이 시위를 조직해 국회를 압박했다.

6월 24일, 파리의 모든 애국단체 회원과 일반 시민들은 아내와 자식을 데리고 방돔 광장에 모였다. 3만 명이 모여 대표 열두 명을 뽑아 국회에 청원서를 제출하러 보냈다. 그들은 국회가 왕이 도주한 사건에 대해 83개 도의 의견도 묻지 않고, 더욱이 왕에 대해 아무런 결정도 하지 않는 것을 보고 화가 났다. 국회로 간 대표 가운데 일곱 명만 회의장에 들어가 의장에게 파리의 애국자들의 청원서를 제출했다. 6월 28일, 코르들리에 클럽 사무실에 3만 명의 청원서가 들어왔다. 회의 결과, 이 청원서를 기관지에 싣고 프랑스 전역의 애국자 단체와 도에 보내기로 했다. '3만 명의 청원서'의 주요 내용은 다음과 같다.

입법가들이여, 여러분이 왕을 만들었습니다. 왕은 도주했습니다. 그는 심판받아야 합니다. 그가 국경을 넘었다면, 모든 역적과 뭉쳤을 테고 피가 흘렸을 것입니다. 그는 붙잡혀 되돌아왔습니다. 사방에서 그의 친구들이 으르렁거립니다. 조국은 원로元老인 여러분에게 할 일을 일러줄 것입니다. 우리는 국회가 이 사건에 대해 예단하지 말고 83개 도가 모든 상황을 올바로 판단할 때까지 기다려달라고 요청합니다.

그사이 국회에서는 왕의 문제에 대해 의견이 분분했다. 왕의 신성성을 생각하는 방식에 따라 크게 극우파와 우파는 절대군주제를 지지하고, 중도우파와 중도좌파는 입헌군주제를 지지했다. 혁명이 급진화할수록 좌파에서 공화제를 주장하는 극좌파가 나타났다. 절대군주제파는 비록 왕의 자격을 정지하는 법을 통과시키는 것을 저지하지 못했지만, 6월 29일에는 자신들의 소신을 밝히는 성명서를 발표했다. 이에 모두 290명이 서명했다. 당시에 활동하던 국회의원의 3분의 1 정도가 절대군주제를 옹호했던 것이다. 그들은 왕과 가족이 궁전에 갇혀 병사들의 감시를 받고 있으며, 이미 국회가 새 헌법에서도 신성성을 인정해주었던 군주가 자기 권한을 행사하는 일까지 법으로 금지당한 현실에 가슴이 찢어진다고 하면서, 이 근본적이고 신성한 원칙을 훼손함으로써 아주 치명적인 결과가 생겼다고 강조했다. 그들은 군주와 그 가족은 물론 그의 인격에 들어 있는 국민 전체가 능욕당하는 가운데 절대군주정은 과연 어떻게 되었는지 묻고 국회가 제정한 모든 법에서 그 답을 찾았다.

"국회는 수많은 명령을 내려 왕에게서 권력을 빼앗아 자신에게 집중시켰으며 국새를 간수한다. 그리하여 국회 명령은 왕의 승인을 받지 않아도 집행할 수 있게 되었다. 국회는 정부의 모든 대신과 요원들에게 직접 명령한다.

국회의 이름으로 프랑스인에게 시키는 맹세에는 왕의 이름이 들어 있지 않다. 국회가 임명하는 위원들이 지방과 군대에서 맹세를 받는다. 이처럼 군주의 신성성이 무효화되고 절대군주정은 무너져 왕정의 어떤 모습도 남아 있지 않다. 이제 공화제가 왕정을 대체했다."

이렇게 생각한 우파는 조금이라도 자기보다 왼쪽에 있는 정치적 의견을 서슴지 않고 좌파, 극좌파로 규정했다. 그리하여 왕의 자격이 정지된 이후의 정치적 현실이 비록 공화제와 멀었고 공화제를 주장하는 목소리가 작았을지라도 우파가 당시 현실을 '공화제'라고 규정한다 해서 조금도 이상하지 않았다. 그들은 세상이 민중의 압력을 받고 민중의 비위를 맞추는 의원들이 주도권을 잡았다고 통탄했기 때문이다. 이미 절대군주정은 유령이 되었기 때문에 그들은 어떻게든 왕정만이라도 되살리려고 노력했는데, 이제 1791년 6월 말 왕정이 최후의 한 방에 쓰러지는 것을 보면서 다른 계열의 의무를 이행해야겠다는 마음이 들었다. 아직 왕이 존재하지만 포로의 상태다. 그러므로 그들은 왕을 위해 단합해야 하며, 그와 가족을 위해서, 더 나아가 부르봉 가문의 피를 위해서 뭉쳐야 했다. 그들은 기본적으로 절대군주정에 의존하는 인민들의 영원한 이익을 생각해서 모든 프랑스인에게 자신들은 왕과 가족의 이익 그리고 그들의 절대적인 권리를 지키는 일을 유일한 명예와 가장 신성한 의무라고 주장했다. 그래서 국회에도 빠지지 않고 참석해 모든 의결에서 왕과 가족의 이익을 지키는 일에 매진하겠다고 약속했다. 원장신부 모리가 290명의 명단에 제일 먼저 이름을 올렸고 다른 의원들도 차례로 서명했다. 국회가 1년 전부터 귀족 칭호를 쓰지 않기로 결정했음에도 구체제의 신분을 당당히 밝히면서 서명한 사람도 있었다. 게다가 서명자 가운데 종교인 이름이 압도적으로 많았음을 볼 때 절대군주정과 가톨릭교가 똑같은 이해관계로 얽혀 있었음을 알 수 있다.

　대세는 공화정을 받아들이지 않았지만 그것을 주장하는 소수의 사람들이 주목받았다. 벌써 1790년 9월에 라비콩트리La Vicomterie는 『인민과 왕들에 대하여Du peuple et des rois』에서 공화정을 주장했다. 그는 1791년 6월에 『국회에 대한 인민들의 권리Les droits du peuple sur l'assemblée nationale』를 써서 공화주의를 다시 한번 주장했다. 브리소는 6월 9일 『프랑스 애국자Patriote français』(670호)에 서평을 실었다. 그는 라비콩트리가 인민의 열렬한 사도로서 인민주권을 옹호하지만 인민주권에 대해 명확한 개념을 제시하지 않으며 국회가 그동안 이룬 업적을 부인한다고 평했다. 그러나 브리소는 라비콩트리가 진정 말하고자 하는 공화주의에 대해서는 조건부로 찬성한다는 뜻을 밝혔다.

　"라비콩트리는 공화주의를 찬미한다. 내 양심상 그것이야말로 인간에게 적합한 유일한 정부 형태라고 본다. 그러나 양식과 덕을 갖춘 인간에게만 공화주의가 적합하다."

　브리소는 공화주의를 주장하는 라비콩트리 같은 사람들에게 전제조건을 내걸면서 먼저 이에 대해 냉정하게 답해야 한다고 말했다. 그는 프랑스에 과연 공화정이 적합한지 연구해야 한다고 말했다. 프랑스는 인구가 많고 넓은 나라이며, 게다가 수많은 인구가 도시에 살고 가난하거나 수많은 개인에게 의존하는 나라이자 수공업 국가인데, 주변 국가들과의 관계를 고려하고 국가의 풍속을 고려해서 결정해야 할 일이라고 주장했던 것이다. 이 모든 사실을 고려해서 결국 공화정이 적합하다는 답을 얻는다 할지라도 어떤 형태의 공화정이 적합한지 연구해야 한다. 그것이 끝이 아니다. 다음 단계로 풀어야 할 문제가 남아 있다. 프랑스 공화국 안에서 강력한 정부 없이 지낼 만큼 미풍양속을 지킬 수 있거나 미풍양속을 갖추지 못한 대신 강한 정부가 법을 집행할 수 있도록 만들 수 있는지 따져야 한다.*

코르들리에 클럽 회원이면서 사회동인(진리의 친구들)을 창설한 인물인 본빌Nicolas de Bonneville**은 10월에 '국민의 정부gouvernement national'를 얘기하면서 인민이 직접 다스리는 정부를 제시했다. 『국민의 심부름꾼Mercure national』을 발행하던 코르들리에 클럽 회원 프랑수아 로베르도 공화제를 주장하던 인물이었다. 특히 본빌은 공화주의를 거부하던 자코뱅 클럽에 가서 "자코뱅 회원들이여, 당신들의 사슬을 끊으시오!"라면서 이제는 공화주의를 받아들이라고 외쳤다. 그는 영국인으로 아메리카 혁명을 옹호하는 『상식론』을 쓴 토머스 페인Thomas Paine을 친구로 맞이했다. 페인은 영국에서 정치제도와 종교적 편견을 공격해서 귀족주의자들의 미움을 샀다. 그는 혁명을 겪는 파리에 도착해 1791년 3월에는 영국의 정치가 에드먼드 버크Edmund Burke의 『프랑스 혁명에 대한 고찰Reflections on the Revolution in France』에 대응하는 『인권론Rights of Man』을 썼고, 루이 16세의 도주를 보고 나서 친구 크리스티Christie에게 "군주정의 모순을 보시오. 한 사람의 어리석은 행동이 나라 전체를 혼란에 빠뜨립니다"라고 말했다.

---

* 라비콩트리는 브리소의 서평에 대해 편지를 보냈고, 브리소는 그 편지와 함께 자신의 답장을 6월 22일자 『프랑스 애국자』(682호)에 실었다. 라비콩트리는 공화주의에 대해 고려할 사항보다는 브리소가 비판한 헌법과 일반 법률의 차이에 대한 견해를 밝혔다. 브리소는 모든 인민의 승인을 받아야 하는 헌법과 달리 법률은 굳이 그렇게 하지 않아도 된다고 지적했던 것이다.
** 19세기 역사가 루이 블랑은 본빌에 대해 충격적인 일화를 전한다. 명민한 본빌은 31세 때 제일 먼저 공화국을 얘기하던 사람이었지만, 65세인 1825년에 거의 실성한 채 아내가 운영하는 초라한 헌책방 한구석에서 모국어인 프랑스어를 잊은 듯 영어 몇 마디로 개에게 속삭였다고 한다.

7월 1일에 페인은 다음과 같은 격문을 썼다. 젊은 투사인 아실 뒤샤틀레 Achille Duchatelet(또는 Achille François du Chastellet)는 그 글을 번역해서 사방에 붙이고 심지어 국회의 복도에도 붙였다. 페인은 '전왕ci-devant roi'이 다섯 가지 죄와 관련되었다고 말한다.

1. 그는 사임했다. 그는 정부의 직책을 버리고 떠났다.

2. 자신의 직책에 성실하지 않고, 자기의 맹세를 저버리고, 야반도주하고, 가짜 여권을 무단으로 발급하고, 프랑스 왕의 신분을 하인으로 위장하고, 변절자들이 넘어가는 국경 쪽으로 도망쳐 우리에게 법을 강요할 세력을 데리고 되돌아오겠다고 결심한 사람을 더는 신뢰할 수 없다.

3. 그는 스스로 그렇게 결정했던가, 아니면 누가 그에게 시켰는가? 무슨 차이가 있는가? 폭군이 아니면 바보인 그에게는 이제 왕의 직책을 수행할 자격이 없다.

4. 그가 우리와 상관없듯이 우리도 그와 전혀 상관없다. 우리는 그에게 복종할 이유가 없다.

5. 프랑스 역사는 오랫동안 인민이 겪은 고통의 역사다. 그리고 그 근원은 언제나 왕들이다. 그런데 그는 모든 왕이 저지른 죄보다 한 술 더 떠서 반역자가 되었다. 이보다 더한 죄가 어디 있겠는가!

페인은 경험이나 능력보다는 태생에 맡기는 정부의 중요한 직책은 무엇인지 물으면서 그 자리에는 현자가 아니라 사기꾼, 바보가 앉을 수 있음을 지적한 뒤, 이성의 시대를 맞은 프랑스가 어째서 왕이 보잘것없다고 해서 위험하지 않을 거라고 생각하는지 비판했다. 왕당파 의원들은 발끈했다. 말루에는 페인을 추적하라고 떠들었고, 마르티노는 체포해야 한다고 주장했으며, 샤브루는 무시하자고 다독였다. 뒤샤틀레는 샤브루와 르 샤플리에에게 편지를 보내 자칭 공화국의 시민이며 왕들의 적인 루소의 동상을 세운 국회의원들이 그 글에 발끈하는 이유를 모르겠다면서 조롱했다. 페인은 그 나름대로 시에예스에게 공화제와 군주제의 장단점에 대해 토론을 신청했다. 『프랑스 애국자』를 발행하던 브리소는 6월 23일에 자코뱅 클럽에서 "공화국이라는 이름을 혐오하는 것을 철학자는 아주 이상하게 생각할 것"이라고 말했다. 페인이 격문을 쓴 날, 비요 바렌Billaud-Varenne은 자코뱅 클럽에서 "군주정과 공화정 가운데 프랑스에 더 적합한 체제는 무엇인가?"라고 물었다. 라로셸에서 변호사로 활동하다가 혁명기 파리 자코뱅 클럽의 가장 격렬한 웅변가가 되었던 그의 원래 이름은 자크 니콜라 비요였지만, 왕이 바렌에서 잡힌 뒤(그도 왕을 잡은 사람들에 속했다는 설도 있다) 이름에 바렌을 추가했다고 한다. 비요 바렌이 질문하자마자 그날 의장이던 부슈Charles-François Bouche는 이미 헌법에서 군주정이 제일 적합하다고 했는데 무슨 소리냐고 반발했다. 그리고 엥Ain의 주교인 루아예Royer의 제안대로 비요 바렌의 회원자격을 박탈했다. 자코뱅 클럽에서는 아직 공화정을 받아들일 태세를 갖추지 못했다.

1791년 초부터 수많은 단체와 우애관계를 맺은 코르들리에 클럽은 7월 9일의 회의에서 왕의 신성성에 대해 논했다. 여러 사람이 연단에 올라가 왕의 신성성을 인정하지 말아야 한다는 취지로 말했다. 왕도 죄를 지었으니 재판하고 벌을 줄 수 있다는 말이다. 그들은 왕이 도주하는 순간 신성성을 보장받지 못하게 되었다고 주장했다. 그의 도주는 자신을 왕으로 인정한 헌법에 공식적으로 반대한다는 뜻이었기 때문이다. 그럼에도 국회는 왕에게 신성성을 되찾아주고 그를 왕좌에 굳건히 앉히려고 노력했다. 그리고 국회는 왕이 납치당했다고 거짓말을 했다. 그러나 인민이 떠들기 시작하면서 국회의 노력은 실패했다. 코르들리에 클럽 회원들은 생소뵈르Saint-Sauveur*가 발의한 청원서에 만장일치로 찬성하여 채택하고 인쇄해서 벽보로 붙이는 한편 위원들을 임명해 국회에 보내기로 결의했다.

국회에 청원함

우리 '인간과 시민의 권리의 친구들'은 아무리 악법이라도 법을 따라야 한다는 사실을 잘 알고 있으며, 따라서 5월 10일의 법에 순응한다.** 그래서 우리는 개인적인 청원서를 국회에 제출했다. 국회의장은 그 청원서의 가치를 파악하고 비서로 하여금 낭독하게 했지만, 의원들은 심의를 거부했다. 여러분이 잘 아시다시피 청원서의 내용은 그 누구도 반대할 수 없는 진실을 담고 있었다. 루이 16세는 여러 차례 자신이 수호하겠다고 맹세한 헌법에 반대했으며, 그의 도주는 가장 추악한 음모의 결과임에도 국회의 권력은 전대미문의 범죄에 미치지 못하므로 이처럼 기묘한 사건에 대해 국민이 심판해야 한다는 진실 말이다.

---

* 이 사람이 누구인지 정확히 알기 어렵다. 앙드레 그라세 드 생소뵈르(종교인)와 자크 그라세 드 생소뵈르(외교관) 형제는 이 이름과 상관이 없어 보인다.

** 5월 10일 9개조를 통과시키고, 18일 6개조를 통과시킨 총 15개조의 '청원법Droit de pétition, et cas où les cityoyens pourront requérir la convocation de la commune'을 말한다. 제1조에서는 "모든 개인은 청원권을 가지며 특정 단체에 그 권리를 맡길 수 없다. 모든 청원자는 청원서에 서명해야 한다. 선거인단, 법조인단, 행정단체, 코뮌의 구나 시민들의 협회 이름으로 청원할 수 없다"고 했다. 이 법에 순응했다는 말은 6월 24일의 '3만 명의 청원서'를 뜻한다.

국회의원 여러분, 국회의 합동위원회가 내린 조처는 공중公衆에 침투했고, 선량한 시민들은 모두 놀라서 입을 다물지 못한다. 그리하여 우리는 여러분에게 우리가 처음부터 했던 요구를 다시 할 수밖에 없다. 이 문제에 대해 82개 도*의 의견을 듣기 전에 아무런 결정을 내리지 말라. 여러분이 아직도 모든 법의 기초로 삼아야 할 여론을 듣지 않아도 좋다고 생각한다면, 국가의 행복을 위해 우리가 직접 나서야 할 의무를 수행할 것이다. 그리고 우리는 전 국민에게 확신을 갖고 이 의무를 이행하라고 촉구할 것이다.

의장 페르Peyre, 비서 뒤누이Dunouy와 망다르Mandar.

비요 바렌이 공화제를 언급하자 제명했던 자코뱅 클럽에서 7월 10일 브리소는 공화제를 옹호하는 연설을 했다. 그는 "왕을 재판할 수 있느냐는 문제에 관하여"** 논의하면서 자연스럽게 공화주의에 대한 속내를 털어놓았다. 그는 적들이 바라는 대로 애국자들이 서로 오해하고 분열하면 안 된다면서, 공화주의에 반대하는 사람들은 한마디로 루이 16세의 왕실비를 나눠 받는 데만 관심이 있다고 비판했다. 그는 왕의 권력이 신성하다 할지라도 인간으로서 왕은 신성하지 않다고 주장했다. 왕이 권력을 올바르게 행사하지 않고 잘못을 저지를 때, 상식은 그 잘못에 상응하는 벌을 주라고 하지만, 잘못

---

* 파리 도의 의견은 명백해졌으니 나머지 82개 도의 의견을 모두 들어야 한다는 뜻이다.
** Discours sur la question de savoir si le roi peut être jugé, prononcé à l'Assemblée des amis de la constitution dans la séance du 10 juillet 1791 par J.-P. Brissot, membre de cette société(Paris, Imp. nationale, s.d., in-8 de 27 pages).

을 저질렀음에도 왕을 신성한 존재라고 생각하여 벌을 주지 않는다면, 그것은 잘못을 더욱 저지르라고 부추기는 것과 같다고 말했다. 브리소의 주장을 2017년 3월 10일 탄핵당한 박근혜 전 대통령에 대한 말로 들어도 전혀 어색하지 않은 것이 이상하다. 한마디로 인권선언은 모든 사람이 법 앞에 평등하다고 했다. 그런데 자기 직책을 포기하고 사라졌던 왕을 어찌 재판에 넘기지 않을 수 있으랴! 왕이 당신의 딸이나 아내를 강간하고 집에 불을 지른다 해도 그 미친 짓을 가만히 놔둘 것인가? 적국과 손을 잡고 자국민의 생명과 재산을 위협해도 신성하기 때문에 가만히 놔둬야 하는가? 자유로운 체제에서는 질서를 모범적으로 유지하고 모든 개인을 정의에 복종시키기 때문에 그 어떤 범죄에 대해서도 처벌하지 않는다는 증서를 발행하지 않는다. 그 좋은 예가 미합중국의 대통령제다. 대통령이 반역죄를 저지르면 응당 법의 심판을 받기 때문이다. 그렇다고 해서 대통령이 그릇된 혐의를 받을 이유도 없다. 이렇게 주장한 뒤 브리소는 묻는다. 헌법인가, 아니면 왕의 절대적인 신성성인가? 혁명인가, 아니면 그의 심판인가? 인민의 안전인가, 아니면 잔인한 복수인가? 프랑스의 영광인가, 아니면 치욕인가? 브리소는 왕을 심판하는 것만으로는 부족하기 때문에 공화제를 수립하는 혁명을 완수해야 한다는 주장을 두 번째 질문에 감추었다.

브리소는 국회에서 의원들에게 원칙을 버리게 만들려는 사람들의 술수를 경계하라고 주장한다. 원칙만 고수한다면 전쟁이 일어나거나 막대한 재앙이 닥칠 거라고 겁박하는 게 그들의 상투적인 술수라는 것이다. 그들이 바라는 대로 외부의 위험에만 신경 쓴다면 원칙, 존엄성, 헌법을 잊게 되며, 결국 헌법을 지킬 자격마저 잃어버리게 된다. 브리소는 고대 아테네와 스파르타의 예를 들어 외적의 침략에 의연히 대처하자고 주장한다. 프랑스는 유럽

의 열강들보다 훨씬 더 많은 시민이 무장할 수 있는 나라가 아닌가? 폭군의
군대는 용기보다는 군기, 충성심보다는 두려움으로 유지되지만, 자유로운
시민의 군대는 자발적으로 조국을 지킨다. 유럽 열강이 프랑스 혁명의 영향
을 두려워해야지 프랑스가 열강을 두려워할 이유가 없다.

우리의 진정한 적은 외국이 아니라 외국을 들먹이면서 우리를 겁박하는
자들입니다. 그들은 서로 미워하면서도 힘을 합쳐 믿지 못할 정부를 세
우고 지배하려고 국민을 분열시키고 국민의 명예를 훼손합니다. (……)
그들은 행정수반에게 엄청난 왕실비를 유지해주기를 바라며, 우리 정부
를 반드시 부패하게 만들려고 합니다. 끝으로 그들은 우리에게 '국가를
잊으시오' 또는 '외국인들을 두려워하시오'라고 말합니다. (……)
그러므로 나는 분명히 다음과 같이 발의합니다. "일치단결해서 정의와
자유를 지키자고 외치지 않고 외국 열강을 두려워하자고 외치는 자는 프
랑스인의 자격이 없고, 이 사회 구성원의 자격도 없다. 그리고 이 결정을
등기부에 기록하고 모든 자매협회에 발송한다."
또 한 가지가 있습니다. "왕이 국가에 지은 죄에 대해 왕의 절대적 신성
성을 보장하는 제도는 국민의 주권과 법을 침해하고 헌법을 전복한다.
따라서 왕은 심판을 받을 수 있고 심판을 받아야 한다."

브리소의 생각에 공화제 정부를 수립하는 첫걸음은 무조건 왕을 심판하
는 것이었다. 자코뱅 클럽은 브리소의 연설을 인쇄해 자매협회에 보내기로
결의했다. 그러나 자코뱅 클럽보다 코르들리에 클럽이 브리소의 연설을 더
반겼다. 브리소를 비판했던 카미유 데물랭도 이번에는 환영했다. 백과사전

파 계몽사상가로서 마지막 세대인 콩도르세Marie Jean Antoine Nicolas de Caritat, marquis de Condorcet는 1791년에 48세로 공화주의 사상을 퍼뜨렸다. 그는 자기 집에서 지인들과 함께 공화주의를 논했고, 회원으로 활동하던 사회동인에서 그 주제를 다루어 청중을 많이 모았다. 7월에 들어서 릴, 바이외, 누아용, 돌 같은 지방의 코르들리에 클럽들도 국회에 청원하고 파리의 형제클럽에 그 사실을 알렸다. 파리의 코르들리에 클럽은 7월 10일의 안건으로 오직 왕의 도주에 관한 문제만 다루겠다고 결정했다. 먼저 왕의 도주계획을 중심으로 토론이 벌어졌다. 진정한 애국자들은 왕이 궁을 떠난 김에 외국으로 나가버렸으면 더 좋았을 거라고 말했고, 그들보다 온건한 평화주의자들은 왕을 붙잡고 있는 한 전쟁이 일어날 위험이 없기 때문에 왕을 더욱 철저히 감시해서 도주하지 못하게 막으면 된다고 말했다. 어떤 이는 왕이 도주하건 붙잡혀 있건 전쟁이 일어날 것은 분명하므로 왕을 해임해야 한다고 말했다. 누군가 로베스피에르의 머리에 현상금을 건 비밀단체들이 있으니 그를 보호해야 한다고 주의를 환기시켰다. 이처럼 왕을 처리하는 문제에 대해 클럽 회원들은 여러 갈래로 나뉘었는데, 로베스피에르는 이들의 차이를 언급하지 않고 단지 왕을 심판해야 한다고 주장해 어떻게든 분열을 막으려고 노력했다.

그날은 볼테르의 유해를 프랑스 팡테옹의 미라보 백작 유해 곁에 안장하기로 한 날이었기 때문에 코르들리에 클럽 회의는 다른 날의 회의에 비해 재미가 없었다. 더욱이 그날 회의에서는 국회에 청원서를 들고 갔던 위원들이 돌아와 국회의장 샤를 드 라메트를 만난 이야기를 했다. 위원 대표가 라메트에게 청원서를 주니 라메트는 헌법에 위배되지 않는다면 회의 중에 읽어주겠다고 약속했다. 대표는 라메트에게 헌법의 원칙을 준수해서 청원서를 작성했다고 강조했다. 라메트는 청원서를 훑어보더니 곧바로 되돌려주면서 "이런 글은 읽을 필요가 없겠습니다. 내가 만일 의원들에게 이 글을 읽어주면, 의원들은 곧 내 의장직을 빼앗을 겁니다"라고 말했다. 라메트는 청원서를 급진적으로 생각하고 거절했음이 분명하다. 위원들이 클럽으로 돌아가 라메트의 말을 전하자 회원들은 몹시 분개했다. 위원 대표는 이렇게 말했다. "사람들은 헌법이 있다고들 말하지만 사실상 헌법이 없습니다. 왜냐하면 시민들의 말에 귀를 기울이지 않으니까요! 만일 헌법이 있다면 청원을 그런 식으로 얕보면서 거절하지는 않았을 것입니다. 자유로운 정부에서는 일단 모든 청원서를 접수하고 나서 그 내용을 받아들일지 말지 결정해야 합니다." 그런데 라메트는 몇 줄만 읽어본 뒤 의원들에게 읽어주지 않겠다고 했다. 클럽 회원들은 라메트의 무례한 태도를 성토한 뒤, 그의 답변과 함께 클럽의 의견을 인쇄해서 방을 붙이는 한편 파리를 제외한 82개 도에 두루 발송하기로 결정했다. 그렇게 해서 7월 12일 쇼메트^{P. G. Chaumette}가 최종 문안을 작성한 "전 국민에게 고함^{Adresse à la nation}"이 나왔다.

쇼메트의 글은 아주 급진적이었다. 코르들리에 클럽은 국회가 모든 도의 의견을 기다리지 않은 채 '루이 카페 장남^{Louis Capet l'aîné}'의 운명에 대해 마음대로 결정했다는 사실을 알고 이 문제에 대해 국회에 청원서를 제출했음을 알려드린다고 하면서 그 청원서의 목적을 밝혔다. 그것은 의원들이 주권자인 국민의 의견을 듣지 않은 상태에서 '전왕^{前王}'의 운명에 대해 아무런 결정을 하지 말아달라는 것이었다. 쇼메트는 이처럼 루이 16세를 공식적으로 인정하지 않는다는 의미로 '루이 카페 장남', '전왕'이라고 부르면서 그 나름의 분노를 표출했다. '루이 카페'는 1792년 8월 중순 왕정이 폐지될 때부터 공식적인 칭호가 될 텐데 1년이나 앞서 코르들리에 클럽이 썼던 것이다. 쇼메트는 국회의원들이 자신들의 임무를 마쳐야 할 시기를 제멋대로 부당하게 미루면서 국민의 청원권마저 제한했다고 성토했다.

"따라서 우리는 여러분에게 신뢰와 우애를 가지고 알려드립니다. 여러분은 여러분의 심부름꾼들(의원들)에게 선거인단 소집을 연기하는 법을 철회하고 무효화하라고 명령하십시오. 금권선거를 조장하는 위헌적 법과 상관없이 여러분이 적당하다고 생각하는 인물들에게 권리를 위임해서 현 의원들이 하던 일을 맡겨야 합니다. 현재나 미래의 일꾼들이 누구건 과거의 경험에 비추어 볼 때, 그들은 특히 행정권과 관련된 중요 현안에 대해 국민이 맡긴 임무의 효과와 목표를 넘어서고 벗어날 수 있습니다. 우리는 여러분의 의견과 지침을 우리에게 전달해줄 사람들을 보내주십사 부탁합니다. 그리고 우리는 감시의 눈길을 잠시도 쉬지 않겠으며 필요한 경우 즉시 우리 의사를 전해드릴 것을 약속합니다."

쇼메트는 선거인단을 소집해 국회의 명령을 철회하고 무효화한 뒤 일종의 전국지도부를 결성해서 정국을 이끌도록 하자는 파격적인 안을 제시했다. 그것은 일종의 반란을 조장하는 성명서였다. 코르들리에 클럽이 장차 모든 의원을 감독하고 감시하는 자격을 갖추겠다는 선언이었기 때문이다. 이 성명이 나간 뒤 파리의 모든 민중협회는 여느 때처럼 코르들리에파의 주장에 동조했다.

코르들리에 클럽은 이 문구를 작성한 뒤, 회원인 르네 지라르댕의 의견을 받아들여 "선거인단들은 최고법원을 꾸리기 위한 대법관을 즉시 임명하라"는 구절을 덧붙였다. 곧이어 루이 16세를 어떻게 처리하느냐의 문제를 놓고 토론을 벌였다. 르장드르Louis Legendre가 연설을 시작했다. 그는 1756년 사회 최하층민으로 태어났으며 글을 겨우 읽는 수준이었다. 어릴 때 배를 탔고, 언제부터인지 파리에서 푸주한으로 일하는 도중에 혁명을 맞았다. 혁명 초

거물급 인사들은 그가 민중을 선동할 수 있다고 판단해서 혁명에 끌어들였다. 그러나 그는 거물급 인사들에게 끌려다니기만 하지 않았다. 그는 1789년 7월 12일 팔레 루아얄에서 네케르 흉상을 안고 시위대 앞에 서서 거리로 뛰쳐나갔다. 그는 당통의 눈에 들었고 그의 손발이 되어 활약하면서 나중에 코르들리에 클럽에 가입했다. 그는 마라와 마음이 통했고, 마라가 경찰의 추적을 받을 때 자기 집 지하실에 숨겨주기도 했다. 그는 민중의 신뢰와 지지를 받게 되었고, 왕의 도주사건 뒤에는 샹드마르스 집회를 이끌었다. 그 집회에 앞서 그가 클럽에서 연설을 시작한 것이다. 그는 왕을 법원이 아니라 인민에게 맡겨야 한다고 강조했다. 왕은 국민을 배반한 역적이므로 제1공복의 자격을 잃었다. 그런데 사람들은 국회의 합동위원회에 "왕에게 신성성이 있는데 재판을 받아야 하는가?"라고 물었지만, 르장드르는 그 질문이 잘못된 것이라고 말했다. 차라리 이렇게 물어야 한다고 주장했다. "만일 왕에게 신성성이 있다면 국회는 무슨 권리로 왕의 자격을 정지시켰는가? 그것은 국회가 제정한 헌법의 원칙을 벗어난 것이 아닌가?" 르장드르는 국회가 원칙을 벗어난 이상, 왕은 인민의 재판을 받아야 마땅하다고 주장했다.

7월 13일에도 국회는 여전히 왕의 문제에서 자유롭지 못했다. 프랑슈 콩테의 브줄에서 귀족 신분이었지만 제3신분 대표가 된 프랑수아 펠릭스 이야생트 뮈게 드 낭투François-Félix Hyacinthe Muguet de Nanthou는 합동위원회*의 보고자로 연단에 올랐다. 그는 왕이 음모의 희생자이며, 따라서 도주사건의 공모자들만 소추해야 한다는 위원회의 결론을 읽었다. 이 보고서를 인쇄하

---

* 군사, 외교, 헌법, 재심, 형사, 보고, 조사의 7개 위원회의 합동위원회.

느냐 마느냐를 놓고 한없이 토론이 벌어졌다. 그날 밤 '헌법을 수호하는 남녀 애국자들의 우애협회'는 국회가 왕과 그 가족에 대해 미지근한 태도로 일관하는 모습에 실망한 나머지 "프랑스 인민에게 고함"*을 작성해 생토노레의 자코뱅 클럽에서 읽었다. 그 글을 요약해본다.

주권은 오로지 그리고 근본적으로 국민에게 속한다. 모든 권력과 권위는 오직 국민으로부터 나온다. 국민의 의지로 선택한 사람들만이 그것을 국민 대신 행사할 수 있다. 그런데 이 영원한 진리는 수백 년 동안 무시당했고, 인민은 폭군들에게 탄압당하고 노예상태에서 흐느꼈다. 이제 겨우 이 진리는 우리의 신성한 '인간과 시민의 권리선언'에서 엄숙히 인정받고 만천하에 공표되었다. 프랑스 인민이 헌법을 제정하려고 모였을 때 루이 16세가 앉아 있던 전제군주의 옥좌는 뒤집혔다. 이 위대한 인민은 루이 16세 말고 다른 지도자를 선택할 헌법을 만들고 그 권리를 누릴 수 있게 되었다. 인민은 국민주권을 찬탈했던 폭군을 헌법에 맞는 왕으로 만들어 행정권을 대표하게 했다. 루이는 이 숭고한 임무를 받아들이거나 거부할 자유가 있었다. 그는 자발적으로 받아들였기 때문에 헌법상의 행정부 수반이 되는 것에 동의했다. 그는 헌법에 충성한다고 1790년 2월 4일과 7월 14일 그리고 1791년 4월 20일에 모두 세 번이나 맹세했다. 그가 맹세할 때 인민의 대표들이나 인민들이 지켜보았다. 그러나 그는 2년 동안 툭하면 자기 맹세를 저버렸다. 그는 사악한 배반자가 되었고 끝내 도주함으로써 공화국의 안녕을 위태롭게 했다. 그는 나

---

* Adresse au peuple français, par la Société fraternelle des patriotes des deux sexes, défenseurs de la constitution, séante aux Jacobins Saint-Honoré, relativement à la fuite du roi, imp. 7 p. in-4. 그들은 이 성명서를 13일 밤에 헌우회(자코뱅 클럽)에서 낭독했다.

라 밖으로 나가 외국의 도적떼를 이끌고 조국으로 쳐들어오려고 했다. 그러므로 그가 도주한 순간부터 그는 헌법이 부여한 왕권을 포기하고 프랑스인이 다시는 용납하지 않을 폭군이 되려고 했다.

헌법은 루이를 신성한 왕이라고 선언했다. 그러나 그는 헌법을 포기하고 헌법에 반기를 들었기 때문에 왕권과 함께 신성성을 잃었다. 그는 여느 시민처럼 법에 복종해야 하는 신세가 되었다. 형평성과 이성이 그것을 원하기 때문이다. 전국의 모든 도, 시정부, 애국자 협회들이 그렇게 생각한다. 한마디로 프랑스인은 모두 그렇게 생각하고 그렇게 되기를 바란다. 이러한 염원을 법으로 구현해야 한다. 법이란 일반의지의 결과일 뿐이기 때문이다. 입법가들, 우리의 명령을 받은 사람들, 다시 말해 우리 프랑스인들의 보편적 염원을 법으로 구현할 임무를 수행해야 하는 사람들은 반역자 루이를 법의 판단에 맡겨야 한다.

프랑스인들이여, 모든 일이 그 반대로 일어났다. 여러분의 명령을 위임받은 290명이 감히 여러분의 고귀한 헌법을 송두리째 반박하고 국민주권을 부정하면서 비천하게 타락한 왕에게 통치권을 인정해주는 한편, 반역자가 된 폭군의 노예를 자처하면서 인민의 대표라는 숭고한 칭호를 포기했다. 왕의 도주의 원인과 결과에 대해 모든 정보를 수집하는 임무를 띤 국회 합동위원회는 비겁하게도 거짓 보고서를 작성해서 왕에게 죄가 없다고 선언했다. (……) 페티옹, 로베스피에르같이 여러분에게 충실하고 덕망 높은 의원들은 거짓 보고서와 그에 관련된 모든 증거를 함께 인쇄해 전국에 보낸 뒤 모든 프랑스인의 보편적 바람을 다시 한번 들어보자고 요구했다. 그러나 당드레 같은 의원은 인민의 일꾼들을 인민의 폭군으로 만들었다. 그는 인민의 염원과 주권의지의 표현을 기다리지 않은 채 국회로 하여금 루이가 포기한 권위를 돌려주는 법을 제정하라고 요구했고 마침내 성공했다.

프랑스인들이여, 우리는 여러분에게 이 타락한 위원회의 행위, 속이 검은 전제적인 다수파 의원들의 행위를 고발한다. 그들은 비겁하게도 왕실비에 매수당해 헌법에 반대했다.

프랑스인들이여, 여러분의 일꾼들 가운데 대다수가 남용하고 있는 주권을 되찾으시라. 그들이 루이와 사악한 공모자들의 운명에 대해 여러분이 의지를 천명하기도 전에 선수를 치지 못하게 막고, 그래도 말을 듣지 않으면 그들을 파면하라.

헌법을 유지하고 조국의 자유와 행복과 안녕을 공고히 하는 일이 여러분 손에 달렸다. 여러분의 행동이 그것을 영원히 결정할 것이다.

자유의 제2년, 1791년 7월 13일.

의장 마티외(사제), 비서 고데 뒤프렌, 모방, 노엘, 카즈나크.

7월 14일 목요일 오전, 국회에서는 의장 샤를 드 라메트가 100명의 청원서를 받았다고 보고하면서 대표를 회의장에 소개하겠다고 말했다.* 다수의

---

* 7월 12일, 국회에서는 파리 시장 바이이가 14일의 기념식에 국회를 초청하자 부르주 제3신분 출신 르 그랑Jérôme Le Grand 의원이 곧바로 일어나 그날의 의미를 짚으면서 국회가 참여해야 한다고 역설했다. 그 뒤를 이어 클레르몽 앙 보베지의 제3신분 출신 도시Luc-Jacques-Edouard Daucy 의원이 헌법을 제정하는 일이 벅차니까 기념식에는 대표를 뽑아 보내고 나머지 의원은 계속 법을 제정하자고 제안했다. 그렇게 해서 국회는 24명을 뽑아 기념식에 참석하도록 의결했다.

의원은 청원서를 당장 읽지 말자고 주장했다. 그러나 바르나브가 나서서 연설한 뒤, 청원서를 15일의 회의에서 읽기로 했다. 이렇게 해서 금요일 오전에 국회의장 비서가 파리 주민 100명이 제출한 청원서를 읽었다. 서명자를 '민중Peuple'이라고 뭉뚱그리고 나서 그 아래에 100명의 이름을 적은 청원서도 역시 프랑스인들이 대표를 임명한 이유가 헌법을 제정하라는 임무를 주는 데 있었음을 상기시키는 말로 시작했다. 그들은 13일에 국회의 합동위원회를 대표해 뮈게 드 낭투가 읽은 보고서의 내용을 접하고 "조국의 이름으로" 그리고 "신성한 자유의 이름으로" 부랴부랴 청원서를 작성했다고 밝혔다. 그들은 역사상 최초로 자유로운 사람들이었던 고대 로마인들이 조국이 위험에 처할 때 모여서 운명에 대해 중대 결정을 했다는 사실, 또 원로원 의원들이 인민의 결정에 나타난 정신을 파악하고 결코 혼자서 중대한 문제에 대해 결정하지 않았다는 사실을 상기시켰다. 한마디로 그들은 자신들을 고대 로마인에게 비유하면서 죽을 때까지 자유를 지키겠다고 맹세한 뒤 국민의 대표들에게 인민의 목소리를 듣기 전에 루이 16세의 운명에 대한 결정적인 법을 제정하지 말아달라고 요청했다.

전 국민과 관련된 문제에 대해 모든 시민의 바람을 청취하도록 노력하라. 적들의 잔인한 배신행위를 경계해 조국을 두려운 내란의 소용돌이에 휩쓸리지 않도록 노력하라. 당신들에게는 이처럼 중대한 문제에 대해 마음대로 판단할 권리가 없으며, 당신들의 권한 밖에서 나온 어떠한 명령도 무효인 동시에 인민의 권리를 가장 훼손하는 것임을 명심하라.

1791년 7월 14일, 서명자 민중

(100명의 이름 연서)

서명자들 가운데 '헌법을 수호하는 남녀 애국자들의 우애협회'와 '인간과 시민의 권리의 친구들 협회(코르들리에 클럽)'의 주요 회원들이 많았다.*
국회는 이번에도 청원서에 대해 별로 신경을 쓰지 않고 의사일정을 논의했다. 국회 바깥에서는 다수의 국민이 도주했던 왕에 대해 부글부글 끓고 있는데, 국회의원들은 그들의 청원을 무시하는 듯했다. 6월 24일에 3만 명이 방돔 광장에 모였고, 그 뒤에도 코르들리에 클럽을 비롯해 크고 작은 민중협회들이 국회에 잇달아 청원서를 제출했는데도 국회는 헌법을 제정하는 마지막 단계에서 사태를 낙관하는 것 같았다. 국회는 곧 완성할 헌법을 왕이 수호하고 잘 지키겠다고 맹세하면 모든 일이 순조롭게 진행될 것으로 오판하고 있었다. 국회는 100명의 청원서를 읽고서도 이렇다 할 조치를 취하지 않았다. 심지어 당드레 의원과 뒤케누아 의원은 청원자의 이름을 읽어달라고 주문했고, 여성들의 이름이 포함되었음을 들은 의원들이 비웃기까지 했다. 혁명에서 여성의 역할이 컸음에도 도대체 어떤 의원들이 여성은 정치무대에 나서지 말아야 한다고 생각했을까? 하기야 가장 좌파 정권이라고 할 몽타뉴파도 1793년에는 여성의 정치활동을 규제한다. 이렇듯 혁명기에는 보수와 진보 모두 여성의 정치참여를 싫어했다. 그리고 국회는 15일 부이예 장군과 그 공모자들(부이예의 아들, 페르센, 슈아죌 스탱빌, 발로리, 무스티에, 말당 등)을 오를레앙에 임시로 설치한 국가 최고법원에서 재판하고, 왕의 도주로에 배치되었

---

* 마티외 신부abbé Mathieu, 노엘Noël, 페르Peyre, 상티Senties, 부셰 생소뵈르Boucher-Saint-Sauveur, 푸르니에Fournier, 사두Sadous, 에베르Hébert, 마이야르Maillard, 들레탕De L'Etang, 뒤누이Dunouy, 비르쇼Virchaux, 샹피옹Champion, 페팽 드그루에트Pépin-Degrouhette, 르 베예Le Vayer 그리고 '로마인들의 누이와 아내들Soeurs et femmes romaines'을 자처하는 40여 명의 여성이 있었다.

던 병력의 지휘관들을 별도의 조치를 마련할 때까지 구류하며, 왕자와 공주의 시녀들을 석방한다는 법을 통과시켰다.

이에 대해 브리소는 국회가 아주 불명예스럽고 파렴치한 행위를 저질렀다고 비난하는 글을 써서 16일자 『프랑스의 애국자』에 발표했다. 국회는 루이 16세가 반역자이자 음모가임에도 재판을 받거나 벌을 받으면 안 된다는 법을 만들고 싶었지만, 그를 벌하고자 하는 전 국민의 염원을 알고 겁을 먹은 나머지 직접 그것을 거스르지는 못했다. 국회는 상식을 거스르는 신성성을 법으로 확정할 엄두를 내지 못했지만, 도주계획을 세우고 실행한 부이예와 전령 세 명(발로리, 말당, 무스티에)을 형사재판에 부칠 때 왕의 신성성을 포함시키지 않는 소극적인 방법을 동원할 만큼 비겁했다. 브리소는 이처럼 곤란한 사태를 어정쩡하게 얼버무리는 행위에서 수많은 모순을 볼 수 있다고 지적했다. 국회가 왕이 신성한 존재라고 하면서 헌법을 제정할 때까지 연금상태로 두는 것은 모순이며, 또 그를 연금함으로써 그의 신성성을 침해하고 있으면서도 그를 심판할 수 없다고 하는 것도 모순이라는 것이다. 이렇게 신문이나 청원서는 날마다 왕을 재판하라고 아우성이었지만 국회는 이렇다 할 조치를 취하지 않았다. 15일에는 또 한 번의 시위가 열릴 예정이었다.

11
국회에 대한
우애협회들의 반응

15일, 국회의 반응을 본 민중은 거의 1만 2,000명이나 샹드마르스에 모였다. 그들은 조국의 제단으로 올라가 국회에 보내는 청원서에 한 사람씩 서명했다. 그 청원서는 이미 국회에 제출한 주장을 되풀이했다. 전 국민의 의견을 듣기 전에 루이 16세에 대해 국회가 마음대로 결정을 내리지 말고 최종적으로 '국민공회Convention nationale'를 구성해서 재판하라는 것이었다. 그들은 청원서에 서명하고 나서 곧 왕에 대해 성토하기 시작했다. 샹드마르스는 먼 옛날 프랑크족이 만물이 소생하는 3월*에 왕을 선출하던 곳이었는데, 혁명이 일어난 뒤에는 인민이 왕을 심판하는 곳이 되었다. 어떤 국민방위군 장교가 시민들의 아우성을 잠시 막으면서 카페가문의 마지막 왕(루이 16세)을 옹호하는 소리를 지르고 연설을 시작할 때 시민들은 일제히 그에게 말했다. "이 불쌍한 인간아, 조용히 해! 이 신성한 재판을 모독하지 말고!" 시민들은 청원서를 들고 국회를 향해 행진을 시작했다. 그들은 여러 차례 순찰대를 만났는데 그때마다 순찰대의 격려를 받았다. 그러나 그들은 튈르리 문 앞에서 수비대에게 저지당했다. 그들은 곧 대표를 뽑아 튈르리 정원으로 들여보냈다. 국회에서는 이미 명령을 통과시킨 뒤였다. 그것은 7월 13일에 뮈게 드 낭투가 합동위원회의 안을 상정한 대로 "왕이 음모의 희생자이며, 따라서 도주사건의 공모자들만 소추해야 한다"는 내용이었다. 부이예 장군과 공모자들을 오를레앙에 설치한 임시 최고법원에서 재판하고, 왕을 음모의 희생자로 간주하여 죄를 묻지 않기로 했던 것이다. 국회 앞마당에서 국민방위군은 시위대에게 돈을 나눠주면서 국회의 법에

---

* 그래서 문자 그대로 '3월의 벌판'이다. 프랑크 왕국이 발달하면서 쌀쌀한 3월보다는 좀더 따뜻한 5월에 이 벌판에서 회의를 열었고, 그래서 '5월의 벌판 회의Champ de Mai'라 불렸다. 1815년 5월 26일에는 이곳에서 100일 동안 회의를 한다고 예고했다. 그러나 '5월의 벌판' 회의는 실제로 6월 1일부터 열렸다.

반대하는 시위를 부추기는 사람을 붙잡았다. 이튿날 국회에서 에므리Jean-Louis-Claude Emmery 의원은 파리 시정부가 그 사람을 풀어주라고 했다고 보고했다.*

한편 '진리의 친구들의 연맹회의'도 15일에 열렸다. 사회동인이 조직한 이 회의에는 "국민의 정부 또는 공화정에 대해 토론을 계속하기 위해" 모든 우애협회가 함께 모였다. 파리 코뮌의 임시대표들의 모임을 이끈 경험을 살려 미셸이 이 중요한 모임을 이끌었다. 국회가 루이 16세의 죄를 묻지 않기로 결정한 사실을 놓고 의장 미셸은 국회가 83개 도에 속한 모든 코뮌의 의견을 수집하지 않은 채 루이 16세를 다시 왕좌에 앉히는 법을 통과시켰기 때문에 무효라고 분명히 선언했다. 거기에 모인 사람들은 오랫동안 박수를 치면서 중간중간 이렇게 외쳤다.

"옳소! 옳소! 그렇다! 단연코 그래야 한다! 정의! 진리!"

곧 격한 토론이 벌어졌다. 어떤 이는 루이 16세의 범죄와 위증을 들먹이면서 그는 이제 왕이 아니라고 주장했다. 그 말을 들은 청중은 일순간 얼음물에 맞은 것처럼 조용해졌다. 그러나 곧 수많은 청중이 열렬히 박수를 치면서 웅변가의 용기를 치하했다. 평소 신중하게 처신한 지식인들이 준비한 연설문을 읽겠다고 나섰지만 사람들은 그들의 말을 들으려 하지 않았다. 그렇게 해서 아타나즈 오제르Athanase Auger(1734~1792) 같은 고전 연구자이며 교육자는 연단에 올라서지도 못했다. 그러나 테아트르 프랑세 구민회의 의장 세르장, 문필가 뒤쇼잘, 인권의 친구들 협회의 모모로 같은 사람들이 이 회의에

---

* 이 사람에 대한 얘기는 136쪽에서 바이이의 얘기를 직접 듣는 것으로 한다.

서 앞다투어 연단에 올라 국회의 결정을 성토했다. 토론자들은 너도나도 '진리의 친구들의 연맹회의'가 결의문을 내놓아야 한다고 촉구했다. 대다수가 그에 찬성했고 곧 결의문을 작성했다.

"진리의 친구들의 연맹회의는 국회가 왕이 지은 죄를 증거로써 명백히 밝힐 수 있음에도 왕을 소추하지 않겠다고 결정한 데 대해 엄정히 항의하기로 결의했다. 또 연맹회의는 우리의 결의를 전국의 모든 코뮌에 통보해 그들로 하여금 우리를 지지하는 동시에 왕의 죄를 심판할 방법에 대해 소신을 밝히도록 촉구하고자 한다."

그러고 나서 밤 9시경, 팔레 루아얄의 사회동인에 모였던 남녀 시민들 1,000여 명(4,000명이라는 소문도 있다)이 막 회의를 끝내고 문을 닫을 준비를 하는 자코뱅 클럽으로 들이닥쳤다. 그들의 대표인 본빌은 클럽에 들어가 발언권을 얻어 말했다. 그는 16일에 사회동인 회원들이 샹드마르스로 나가 루이 16세를 왕으로 인정하지 않겠다고 맹세할 예정인데, 자코뱅 클럽도 모두 참가하든 대표를 보내든 해달라고 요구했다. 자코뱅 클럽 회원들이 잇달아 연단에 올라 이 문제를 놓고 토론했다. 마침내 그들은 위원 다섯 명을 임명해 밤새 청원서를 작성하게 하며, 16일 오전 11시에 모여 청원서 내용을 확인한 뒤 샹드마르스에 가져가서 시민들의 서명을 받기로 결정했다. 그와 동시에 그 청원서를 수천 부 인쇄해 전국의 애국자 단체에 보내서 각 단체마다 100명씩 서명을 받아 국민의회에 제출하기로 결의했다. 랑트나Lanthenas, 세르장Sergent, 당통Danton, 뒤캉셀Ducancel과 브리소Brissot가 위원으로 뽑혔다. 이들은 이튿날 오전 9시에 자코뱅 클럽에 모였고, 브리소가 청원서를 작성했다.*

아래 서명한 프랑스인들은 주권자인 우리의 임무를 받은 대리인들(국회의원들)에게 국민의 안녕과 직결된 문제에 대해 우리가 무엇을 바라는지 분명히 밝힐 권리가 있다고 생각한다.

우리는 왕이 파리에서 도주한 문제보다 더 중요한 것은 없다고 생각한다. 그럼에도 7월 15일에 국회가 제정한 법은 루이 16세에 대해 어떠한 처분도 내리지 않았다. 그 법에 복종하려면 왕의 장래에 대해 즉각적인 조치를 마련해야 하며, 그 조치를 내리는 데에는 근본적으로 그의 행위를 반드시 고려해야 한다.

루이 16세는 왕으로서 모든 역할을 받아들였고 헌법을 지키겠다고 맹세했음에도 자신이 지켜야 할 자리를 버리고 도망쳤다. 그리고 헌법을 거부하는 성명서를 직접 쓰고 서명했다. 또한 파리에서 도주하면서 명령을 내려 행정권을 마비시키고, 이 일로 기소된 자들과 공모해서 헌법을 망치려고 노력했다.

지난 2년 동안 그가 저지른 수많은 범죄행위를 굳이 말하지 않더라도 잇달아 그가 했던 거짓말과 도주와 항의는 그가 헌법상의 왕위를 공식적으로 버렸음을 뜻한다. 국회는 행정권을 장악하고, 왕권을 정지시키고, 그를 연금했기 때문에 이미 그를 심판했다.

루이 16세가 앞으로 헌법을 준수하겠다고 거듭해서 맹세한다 해도 국민은 그가 거짓말을 하지 않고 음모를 꾸미지 않는다고 믿을 수 없다. 우리는 거짓말을 일삼는 반역자이며 도망자에게 프랑스제국을 이끌 고삐를 쥐어주는 것이 위대한 국민의 이익에 부합하지 않는 모욕이라고 생각한다.

---

* 알베르 마티에즈는 다섯 위원은 모두 자코뱅 클럽 회원들임에도 클럽은 나중에 책임을 회피하려고 자기네들과 상관없는 시민들이 이들을 임명했다면서 발을 빼려 했다고 말한다.

그리하여 우리는 정식으로 다음과 같이 요구한다. 국회는 루이 16세가 6월 21일 왕위를 포기했음을 국민의 이름으로 인정하고 헌법이 보장하는 모든 방법으로 그를 교체하라.

아래 서명한 우리는 이 진정서에 대해 국민 대다수가 반대하지 않는 한 루이 16세를 우리의 왕으로 절대 인정하지 않을 것임을 선언한다.

당통과 브리소가 함께 작성한 이 진정서는 위에서 인용한 16일자 『프랑스의 애국자』와 비슷한 내용을 담았다. 헌우회는 평화를 사랑하는 시민들이 맨손으로 샹드마르스에 모여 청원서에 서명할 것임을 시정부에 통보하고 집회승인을 받았다. 이날의 집회를 사전에 준비한 사회동인의 본빌은 『이달의 소식Le Chronique du moi』과 함께 사회동인이 발행하는 『철의 입Bouche de Fer』(제보용 우체통)을 홍보용으로 들고 현장으로 갔다. 수많은 애국단체가 조국의 제단 앞에 모였다. 그중에서 특히 코르들리에 클럽 회원들이 눈부시게 활약했다. 일부 회원들은 왼팔에 삼색 완장을 두르고 시민들에게 호소문을 돌리면서 샹드마르스로 가서 청원서에 서명하라고 독려했다. 다른 회원들은 모두 '부릅뜬 눈'을 담은 회원증을 푸른 끈으로 단춧구멍에 달고서는 "전 국민에게 고함"이라는 깃발을 들고, 깃발 위에는 "자유가 아니면 죽음이다"라는 글귀를 쓴 자유의 모자를 올려놓고 행진했다. 푸주한 르장드르, 레알 클럽le club des Halles의 부회장, 상테르Santerre의 변호인 베리에르Claude-Remy Buirette de Verrières, 이탈리아 극장 근처의 음료수 상인 크레티엥, 당통, 브리소 같은 민주파 주요 지도자들이 눈에 띄었다.

회색 옷을 입은 당통이 조국의 제단의 네 귀퉁이에 설치한 분화구 같은 큰 잔의 하나 위로 올라가 오전에 작성한 청원서를 읽었다. 사람들은 "이제

군주정은 없다! 더는 폭군도 없다!"고 외쳤다. 르장드르가 사람들을 진정시켰다. 그러나 곧 코르들리에 클럽과 진리의 친구들(사회동인)이 불만을 표시했다. "헌법이 보장하는 모든 방법으로 루이 16세를 교체하라"는 청원서의 마지막 구절에 대해 그들은 폭군을 폐하고 다른 폭군을 들이고 싶지 않다고 말했다. 그들은 오를레앙파의 음모가 있다는 냄새를 맡았다. 그들은 한때 공화정을 열렬히 지지했던 브리소가 군주정을 옹호하는 청원서를 작성한 사실을 두고 그를 의심했다. 격렬한 토론이 일었고 마침내 이 의심스러운 구절을 삭제하기로 결정했다. 청원서를 작성하는 데 참여한 위원들은 이 문제를 자코뱅 클럽의 회의 결과에 맡기는 일에 동의했다. 그들은 이튿날(17일 일요일)에 다시 모이기로 하고 시정부에 그 사실을 통보할 위원을 뽑았다. 테라송 Terrasson, 다마, 줄리엥Julien, 비요 바렌, 프레롱Fréron, 셰피 2세Chépi fils, 카미유 데물랭, 모바슈Maubach, 제르뷕Gerbuc과 마르샹Marchand은 곧 시청으로 가서 다음 날 시민들이 조국의 제단에 모여 법이 정한 대로 청원서에 개별적으로 서명하겠다고 통보한 뒤 집회신고 접수증을 받았다. 4시부터 5시 사이, 코르들리에 클럽 회원들은 일고여덟 줄로 나란히 행진해서 팔레 루아얄을 향해 갔다. 그들은 밤 9시, 도핀 거리에 있는 회의장에 모여 회의를 시작했다. 페르Peyre가 국민방위군복을 입은 채 회의를 진행했다. 그들은 이튿날 청원서를 무사히 제출할 방안을 토의했다. 의장은 회원 중에 다른 도와 통신하는 사람들은 의장석에 와달라고 부탁했다. 그는 우편물이 안전하지 못하기 때문에 그들에게 직접 전달하면 좋겠다고 말했다. 어떤 회원은 시장이 계엄령을 선포할 준비를 갖추었고 라파예트는 군중에게 발포해도 좋다는 권한 carte blanche을 받았다고 알렸다.* 회원들은 무장을 할 것인지 말 것인지 다투었지만, 결국 대다수는 로베스피에르와 페티옹의 의견을 받아들여 조용히 평화적인 시위를 하기로 결의했다. 다른 클럽들도 저녁회의를 열었다. 그들은 이튿날 오전 11시에 바스티유 터에 모이기로 하고 자신들끼리 알 만한 암구호를 정했다. 여러 클럽이 각각 자기 깃발 뒤에 줄을 선 뒤 일제히 연맹의 장을 향해 출발한다는 계획이었다. 코르들리에 클럽은 일제히 "이제 왕은 없다! 더는 폭군도 없다!"는 깃발을 들자고 제안했지만 통하지 않았다. 극빈자 클럽club des Indigents은 기병대에 맞서기 위해 모래와 조약돌을 가져가기로 정했다. 기병대가 달려들 때 말 뒷다리를 찌르려고 칼을 품고 나가는 사람도 있었다.

자코뱅 클럽에서는 낮에 샹드마르스에서 청원서를 수정한 것을 놓고 열띤 토론이 벌어졌다. 그들은 이미 검토한 내용을 수정한 청원서를 받아들이지 않았다. 청원서 작성에 참여한 위원들은 코르들리에 클럽의 대표들을 초청해서 루이 16세를 헌법이 정한 방법으로 교체한다는 문장이 왜 잘못된 것인지 의견을 들었다. 인쇄업자이며 서적상이었던 모모로가 폭군을 다른 폭군으로 교체하는 일은 바람직하지 않기 때문이라고 말하자 브르타뉴 제3신분 출신 코롤레르Louis-Jacques-Hippolyte Corroller des Moustoir를 비롯한 국회의원들은 합법성과 헌법을 들먹이면서 문제의 구절을 유지해야 한다고 주장했다. 만일 그 구절을 없앤다면 공화정을 간접적으로 인정하는 것이기 때문에 자신들은 이러한 모험에 참여하고 싶지 않다고 주장했다. 네 시간이나 열띠게 토론을 거친 뒤 자정이 가까워서야 자코뱅 클럽에 참석한 거의 전원이 청원서를 원안대로 유지하는 안을 통과시켰다. 의장 루아예Royer는 청원서

＊ 1793년 11월 9일과 10일 혁명법원에서 바이이 재판이 열렸을 때, 그가 1791년 7월 14일부터 계엄령을 내릴 것을 결심했다는 증언도 있었다.

에 서명해서 인쇄소에 보냈지만, 곧 국회에서 왕을 소추하지 않는다는 법을 통과시켰다는 사실을 떠올리고 청원서를 철회하기로 결정했다. 그러나 청원서는 벌써 인쇄기에서 활자로 바뀐 뒤였다. 그날 밤 라메트, 뒤포르, 바르나브의 3인방과 지지자들은 자기네 의사를 관철시켰지만, 이미 오래전부터 시작된 분열의 조짐을 기정사실로 바꾸었다. 이렇게 해서 자코뱅 클럽에서 온건파 국회의원 264명이 그날 밤 옛 푀이양 수도원 자리로 옮겨서 회의를 열었다.

한편, 국회의 7월 16일 오전회의에서는 몇 가지 안건을 처리한 뒤, 프로방스의 엑스 귀족 출신 당드레 의원은 의장에게 당장 "프랑스인들에게 드리는 말씀"을 작성해서 전국에 배포하라고 제안했다. 그리고 국회가 파리 시정부에 공공의 안녕과 질서를 좀더 세심하게 지켜줄 것을 명령해야 한다고 강조했다. 파리 시정부, 파리 도, 각급 법원들은 날마다 법을 어기는 행위를 보면서도 법을 엄정하게 집행하지 않는다고 비판했다. 법으로 집단청원을 금지했는데도 날마다 집단청원이 들어오고, 심지어 국회 회의실 문에도 청원서가 붙어 있으며, 공공장소에서는 날마다 소요가 일어나고 무질서와 살인이 자행되며, 선동가가 약탈과 방화까지 부추기는 일이 벌어진다고 주장해 좌파 의원들의 박수를 받았다. 그는 국회의 발언으로 수없이 협박을 받았지만 자유를 지키는 일, 전제주의의 모든 공격에 맞서는 일에 목숨을 걸었기 때문에 조금도 후회하지 않으며, 앞으로도 계속 공공의 안녕과 행복을 지킬 것이라고 강조해 더욱 열렬한 박수를 받았다. 그러나 다음의 주장에서는 의원들의 의견이 갈렸다.

"파리의 기소인 여섯 명(6개 법원의 기소인을 뜻한다)을 국회로 불러 공공의 안정을 해치는 자들에 대해 보고하도록 하고, 시정부에는 국회의 명령을 집행하기 위해 그들에게 지원을 아끼지 말도록 하며, 그들에게 모든 사건에 대한 책임이 있음을 정확히 일깨워주어야 합니다. 또한 법무대신에게 명령해 공공 기소인들이 임무를 수행하는지 감독하게 하고, 기소인들이 국회에 고발할 임무를 소홀히 할 때, 법무대신은 그들을 감독하지 못한 책임도 져야 한다는 사실을 정확히 일깨워주어야 합니다. 나는 그동안 전제정의 신하였던 혁명의 적들에게 국회의 용기를 보여주자고 제안합니다."

부르주 제3신분의 고등법원 변호사 출신인 르 그랑 의원이 발언대에 올랐다. 그는 이성이나 감성의 면에서 옳거나 그른 추론이 아니라 단지 그릇된 사실로써 인민을 속이는 사람들이 있다고 주장했다. 그럼에도 6개 법원의 기소인들은 아직도 가장 불경하고 끔찍한 중상모략을 언론의 자유와 혼동하고 존중해주고 있는 것을 보면서 몹시 놀랍다고 말했다. 이 같은 분위기를 틈타 불순한 사람들이 모든 집회에서 그릇된 사실을 반복해 말하면서 인민을 속이고 있다고 강조했다.

"여러분이 83개 도 가운데 절대다수인 73개 도가 왕의 사임과 공화국 건설을 요구했음에도 국회는 그들의 바람을 저버렸다고 계속 인쇄물로 발표하는 사람들이 있으며, 여러분이 요구하신다면 그 장본인들의 이름을 얘기할 수 있습니다."

프레토 드 생쥐스트E.-M.-M.-Phil. Fréteau de Saint-Just가 말했다. 그는 법률가 집안으로 공적을 인정받아 17세기에 귀족이 된 가문에서 태어나 19세인 1764년에 파리 고등법원 판사가 되었고 21세에 대법정 판사가 된 사람이었다. 그는 11시인데 아직 정족수가 모자라니 이처럼 중대한 문제는 의원들이 더 많이 참석할 때까지 기다렸다가 나중에 논의하자고 제안했다. 그 뒤에도 여러 가지 논의 끝에 국회의장은 파리 시정부가 "파리의 치안에 관한 법의 첫 3개 조항과 공공질서를 잘 유지하도록" 명령을 통과시켰다. 의원들은 곧 의사일정을 처리하기 시작했다. 그러는 사이, 국회에 출석명령을 받고 파리 도 지도부 회의 의장 라로슈푸코와 파리 시장 바이이가 도착했다. 의장은 두 사람에게 그동안 국회에서 논의한 사항을 설명했다.

1. "프랑스인들에게 드리는 말씀"을 작성해서 시급히 전국에 배부해야
   할 이유와 어제의 법을 제정한 원칙을 설명한다.
2. 파리 시와 도 당국에 공공의 안녕을 강화하도록 명령한다.
3. 파리 6개 법원의 기소인들에게 모든 범법자와 공공의 평화를 깨는 자
   들에 대해 당장 보고하도록 명령한다.
4. 대신들을 불러 각자 책임지고 이 명령을 정확히 준수하도록 명령한다.

도의회 의장인 라로슈푸코는 언제나 성심껏 국회의 명령에 따르겠다고 대답했다. 의장은 바이이에게 특별히 당부했다.

"국회가 이미 제정한 명령에 대해 시장은 잘 파악하여 즉시 집행해주시기 바랍니다. 국회는 오늘 회의에서 파리 시정부 관리들에게 국회가 제정한 파리 치안법의 첫 3개 조항을 계속 집행하도록 명령했습니다."

바이이는 그날 중으로 시정부 회의를 소집해 치안에 관한 명령을 논의하겠다고 대답하고 회의장을 떠날 듯하다가 곧 의장에게 발언권을 얻어 당드레가 우려했던 사항에 대해 해명했다. 그는 자신이 질서를 회복하려 노력했다고 의원들을 설득했다. 그는 도팽 거리에 사람들이 많이 모였다는 말을 듣고 관리들 대여섯 명과 함께 가서 그들이 모인 이유를 물었다. 그들은 국회에 청원서를 제출하기 위해 모였다고 대답했다. 바이이는 국회에 청원서를 제

출할 대표를 여섯 명만 받아줄 것이며, 국회는 그들이 해산하는 조건으로 청원서를 받아줄 것인지 결정할 거라고 말해주었다. 그런데 그들이 뽑은 대표들이 승마연습장 마당으로 들어서자마자 한 명이 수상하다는 이유로 붙잡혔고 그 광경을 본 사람들이 흥분했다. 바이이는 자신이 들어오게 한 대표들의 안전을 생각해야 했기에 곧바로 한 명을 풀어주라고 명령했다. 국회를 지키던 국민방위군은 그를 풀어주겠지만 그의 행동을 감시하겠으며, 국회의 영역 밖으로 나갈 때 다시 체포하겠다고 말했다. 바이이는 시위대에게 했던 약속을 반드시 지켜야 한다고 생각했기 때문에 반대했다. 그러나 그 대표는 다시 체포되었다. 바이이는 이렇게 자신이 질서를 지키려고 얼마나 노력했는지 설명했다. 바이이는 그 대표란 사람이 누구냐는 질문을 받자 뇌샤텔 출신으로 함부르크에서 책방을 운영하다 빚을 지고 프로이센으로 도피한 뒤 1791년 5월에 프랑스로 들어온 외국인 비르쇼G.-J. Virchaux라고 대답했다.[*]

국회는 3시에 오전회의를 끝내고 6시에 저녁회의를 시작했다. 의원들은 먼저 왕의 사임에 관한 헌법 조항을 통과시켰다.

제1조. 왕이 헌법에 맹세하고 나서 철회할 경우 사임한 것으로 간주한다.
제2조. 왕이 군대를 이끌고 국민을 향해 무력을 동원하려 한다면, 또는 장군들에게 이 같은 명령을 내린다면, 또는 그의 이름으로 이러한 종류의 행동을 할 때 구체적인 행위로써 반대하지 않는다면, 그는 사임한 것

---

[*] 그는 파리에 정착하자마자 자코뱅 클럽, 코르들리에 클럽에서 활동하다가 코르들리에 클럽의 서기가 되었고, 그 자격으로 시위대에 참가했다가 붙잡혔다. 경찰은 그를 오랫동안 감시했던 것이다. 그는 9월 1일에 석방된다.

으로 간주한다.

제3조. 사임하거나 사임한 것으로 간주된 왕은 단순히 시민으로 돌아갈 것이며, 그가 사임한 후에 저지르는 범법행위에 대해서는 정상적인 형식을 적용해서 소추한다.

이렇게 법을 통과시킨 뒤 헌법위원회의 데뫼니에J.-N. Démeunier 의원은 지난달에 결정한 대로 왕권을 정지시키는 문제를 어떻게 처리할 것인지 물으면서 헌법위원회가 정리한 문안을 의원들에게 읽어주었다.

"왕의 기능과 왕의 지배를 받는 행정부의 기능을 정지한 지난달 25일의 법은 헌법을 완성하여 왕에게 제출하는 시기까지 유효하다."

여기서 '왕의 기능과 왕의 지배를 받는 행정부의 기능'을 '왕의 대권' 같은 말로 바꾸자는 제안을 놓고 토론한 뒤 의장이 이 문제를 어떻게 처리할 것인지 물었다. 도피네의 귀족 출신 도베르종 뮈리네* 의원은 그처럼 중대한 안을 저녁회의에서 처리하지 않는다는 국회의 관행을 상기시키고, 따라서 먼저 의원들의 의사를 물어야 한다고 말했다. 의장은 의원들의 의견을 묻고 데뫼니에가 상정한 안을 다루지 않기로 의결했다. 따라서 왕권은 계속 정지 상태에 있었음을 재확인한 셈이다.

바이이는 국회에서 시청으로 돌아가 저녁 6시에 코뮌회의를 소집했다. 안건은 자연스럽게 파리 치안에 관한 내용으로 넘어갔다. 그들은 먼저 국회가 그날 제정한 법을 읽고, 곧 인쇄해서 48개 구에 돌리기로 결의했다.

---

* Guy-Joseph-François-Thimoléon d'Aubergeon, chevalier de Murinais.

1791년 7월 16일 국회의 명령

국회는 파리 시정부 관리들에게 국회가 1791년 7월 5일에 제정한 법의 첫 3개 조항을 틀림없이 이행하라고 명령한다.

제1장 파리 치안과 공공질서에 관한 일반 규칙

제1조. 모든 도시와 농촌에서 자치정부는 관리들이나 경찰 또는 시민 위원으로 하여금 주민 현황을 파악하게 한다. 매년 11월과 12월, 새로 현황을 파악하여 변화를 추적한다. 농촌 주민들의 현황은 특별히 파견한 위원들이 파악하여 중심지로 보낸 뒤 종합한다.

제2조. 등록부는 주민의 이름, 나이, 출생지, 현 거주지, 직업이나 생계수단을 적는다. 생계수단이 없는 사람은 자신을 보증해줄 시민을 관내에서 찾아야 한다.

제3조. 생계수단이나 일자리가 없는 사람들 또는 보증인이 없는 사람은 '떠돌이gens sans aveu'라고 등록한다.

조사에 불응하는 사람은 특징과 거주지 아래 '요주의 인물gens suspects' 이라고 등록한다.

누가 봐도 거짓으로 대답하는 사람들은 '악의를 품은 사람gens mal intentionnés'으로 등록한다.

그다음에는 "국회의장이 파리 도와 시정부에 주는 당부의 말"*을 인쇄해 48개 구의 위원회에 발송하기로 결의했다.

---

* Discours adressé par M. le président de l'Assemblée nationale au département et à la Municipalité de Paris.

"일부 선동가들이 국회가 제정한 법을 가지고 인민을 속이고 공공의 안녕을 해치는 수단으로 삼는 것을 보면서 국회는 몹시 놀랐습니다. 지금까지 일어난 수많은 시위는 법에 저항하기 시작하면서 범죄행위로 지탄받을 만큼 변질되었습니다.

국회는 한결같이 헌법을 수호하고 인민의 재산, 안전, 자유, 행복을 확고히 지켜줄 수 있는 유일한 수단인 법을 준수하게 만들려고 애썼으며, 따라서 이러한 무질서를 그대로 두고 보지 않으려 합니다. 국회는 여러분이 헌법에서 보장한 모든 수단을 동원해 시민들을 모든 위험에서 보호하고 무질서를 가져오는 장본인들을 색출해 벌하도록 명령합니다."

그들은 곧 다음과 같이 결의했다.

파리 주민들의 현황과 등록에 관한 명령

[위의 두 가지와 함께 아래의 결정사항을] 17일에 48개 구위원회에 보낸다.

시정부의 서기관은 되도록 빨리 96개 등록부를 만들어 각 구위원회에 두 부씩 나눠주도록 한다. 각 위원회는 법이 정한 대로 주민들의 현황을 등록하고 특이사항을 적은 뒤 한 부를 보관해 위원들이 활용하게 하고, 다른 한 부는 시정부 서기관에게 제출한다.

시정부 서기관이 일정한 규격의 등록부를 두 부씩 배포하기 전이라도 각 위원회는 백지에 주민 현황과 특이사항을 기록하고, 등록부를 받은 뒤에 옮겨 적어야 한다. 각 구의 위원들은 주민 현황을 파악할 때 경찰과 협력한다. 끝으로 7월 5일에 제정한 '치안법'의 첫 3조를 이 명령과 또 국회의장의 연설과 함께 내일(17일) 시정부 관리 네 명과 명사 여덟 명이 선포

한 뒤에 48개 구위원회에 게시하도록 보낼 것이다.

서명관 시장 바이이, 서기관 드졸리.

이처럼 16일 저녁 코뮌회의에서는 국회의장이 날마다 일어나는 시위에 대해 얼마나 걱정을 하는지 그리고 치안담당관들이 해야 할 일을 파리 각 구위원회에 반드시 알리기로 했다. 이 결정이 나는 즉시 파리 경찰국은 일사불란하게 움직이기 시작했고, 밤에는 시정부가 긴급회의를 열기로 했다. 9시 반에 회의를 열자마자 의장인 바이이는 곧 파리에서 일어나는 시위에 대한 보고를 받았다. 바이이는 헌법을 뿌리 뽑으려는 의도를 가진 도당이 사방에서 혼란을 불러일으킨다고 말했다. 그는 날마다 국회 근처, 팔레 루아얄과 튈르리 궁, 방돔 광장, 연맹의 장에 사람들이 모여 시위를 하는데, 사방에서 선동꾼들이 목소리를 높이고 있다고 지적했다. 바이이는 국회에서도 이 문제에 대해 심각하게 대처하고 있으며, 국회의장은 그러한 상황을 파리 도와 시정부가 잘 인식하기 바라는 마음을 전달했으니 파리 코뮌이 세 시간 전에 회의를 열어 치안에 관한 명령을 내리기로 의결했다고 설명했다. 시정부 긴급회의에서는 먼저 국회가 제정한 7월 5일과 16일의 법을 등기부에 기재하기로 결정하고, 17일인 일요일에도 오전 8시에 모여 국회의장의 글과 국회의 명령을 각 구위원회에 포고할 위원들이 출발하도록 의결했다. 마지막으로 시정부는 시민들에게 질서를 잘 지켜줄 것을 호소하는 글을 작성하고 인쇄해 널리 방을 붙이는 안을 통과시켰다.

선량한 시민들에게 알림

모든 도당, 매수당한 외지인, 귀족주의자 그리고 공공의 행복을 해치는 모든 적에 대한 명령.

공공의 안정을 유지할 책임을 진 시정부는 선량한 시민들을 속이려고 온
갖 술수를 쓰는 사례를 보면서 몹시 고통스럽고 두렵다. 모든 상황에서
선량한 시민들이 현실에 대해 명확히 알 때 모든 거짓 제안을 물리칠 수
있음을 확신했다. 그리하여 현재 일어나는 모든 시위는 몇몇 도당이 연
합해 기필코 조국을 파괴하겠다는 목적으로 일으킨 것임을 밝힌다. 그러
한 도당들은 외부인들을 매수해서 자기편에 가담시켜 프랑스를 혼란에
빠뜨리게 했다. 게다가 귀족주의자들은 애국심을 가장한 채 이 기회를
이용해 혁명을 실패하게 만들고 헌법을 파괴하려고 날뛴다. 따라서 시정
부는 모든 선량한 시민들에게 여태까지 아주 훌륭한 태도로 공중의 안녕
과 질서를 유지해준 국민방위군과 힘을 합치도록 권고한다.

서명관 시장 바이이, 서기관 드졸리.

이처럼 국회, 파리 시정부, 파리 코뮌, 경찰, 한마디로 지배자들 측에서
는 모든 상황에 대비해 날마다 기존의 법을 재검토하고 부족하면 새로 만들
면서 질서를 유지하려는 준비를 갖추고 있을 때, 16일에도 정치 클럽들은 저
마다 다른 주장을 한 나머지 공통의 결론을 내지 못했다. 국회에서도 왕의
신성성을 반대하는 의원들은 파리 제3신분이며 과거 프로방스 백작(장래 루
이 18세)의 비서 노릇을 하다가 의원이 된 데뫼니에의 농간 때문에 자신들의
주장이 먹혀들지 않았다고 생각하고 있었다. 이 같은 사정 때문에 샹드마르
스에서는 청원서를 놓고 옥신각신하던 끝에 청원서의 구절을 잘라내서 고친
뒤, 한걸음 더 나아가 아예 철회하게 되었던 것이다. 어쨌든 청원서의 내용
은 시시각각 바뀌는 현실에 맞도록 수정해야 했다. 국회에서 16일 저녁에 왕

의 권한을 정지하는 법을 유지했지만, 헌법을 제정하면 그에게 헌장을 바치고, 그가 헌법을 수호하기로 맹세하면 왕위를 지킬 수 있다고 정했기 때문이다. 앞에서 자코뱅 클럽 의장 루아예가 청원서를 인쇄소에 보낸 뒤 곧 서명을 철회했지만 원고는 이미 인쇄되고 있었다고 말했는데, 이때 인쇄소는 사회동인의 기관지를 인쇄하던 곳이었다. 자코뱅 클럽에서 넘긴 청원서가 아니더라도 사회동인의 본빌은 16일 저녁 『철의 입』에 원래 청원서를 실어서 출판했다. 그래서 책임을 느낀 헌우회(자코뱅 클럽)는 이러한 사정에 대해 한마디 하지 않을 수 없었다. 그들은 17일에 다음과 같이 포고했다.

> 헌우회는 공공의 적들이 현 상황을 이용해 지금까지 계속 공공의 안녕에만 헌신하는 시민들을 중상하고 있으며, 전적으로 거짓이거나 교묘히 위조한 인쇄물을 마치 헌우회가 발간한 것처럼 위장해서 다량으로 퍼뜨리고 있다는 사실을 알았다.
> 우리는 이 헛소문과 가짜 인쇄물을 우리와 상관없는 것이라고 공식적으로 선언한다. 또한 우리는 헌우회라는 이름에 충실하게 행동하는 모든 구성원이 여태껏 그랬듯이 앞으로도 국회가 제정한 법을 준수하고 유지할 것을 다시금 맹세한다. 끝으로 헌우회는 이 선언문을 모든 자매협회에 보내고 신문뿐만 아니라 법이 허용하는 모든 수단을 통해 널리 알리겠다고 만장일치로 결의했음을 선언한다.

12
샹드마르스의 학살[*]

일요일인 17일 아주 이른 아침에 그 누구보다도 먼저 조국의 제단 앞으로 간 젊은이가 있었다. 그는 아버지의 허락을 받고 제단에 새긴 명문을 베끼러 갔던 것이다. 그는 제단 주위를 돌며 명문을 베끼다가 발밑에서 나는 소리를 들었다. 그는 아무도 없는 제단의 밑에서 들리는 소리에 귀를 기울였다. 마치 노동자들이 일하는 소리 같았다. 나사송곳(수동드릴)을 가지고 구멍을 뚫는 듯한 소리였다. 젊은이는 곧 소리가 멈추었는데도 그 소리가 났던 곳을 찾았다. 그는 거기서 나사송곳 끝이 밖으로 조금 나온 것을 보았다. 젊은이는 곧바로 근처의 그로 카이유Gros Caillou 구의 국민방위군 초소로 달려가 그 일을 신고했다. 초소에 있던 여덟 명은 초소를 비우면 안 되기 때문에 젊은이를 시청에 보내 지원을 요청하게 했다. 젊은이는 전속력으로 시청으로 달려가 이상한 일에 대해 신고한 뒤, 100여 명의 예비군과 함께 널빤지를 들어 올릴 수 있는 도구를 가지고 샹드마르스로 갔다. 일행이 조국의 제단에 도착했을 때, 젊은이는 직접 제단 밑의 공간으로 들어가기 위한 입구를 만들고 혼자서 들어갔다. 거기서 그는 죽은 듯이 잠들어 있는 두 사람을 보았다. 한 사람은 의족을 하고 있었다. 젊은이는 그들을 깨웠다. 밖에 있던 사람들이 그들을 끄집어내서 구청으로 데려갔다. 그들을 구청에 데리고 가는 동안 제단 밑구멍에는 화약통이 있었다는 소문이 돌았다. 젊은

---

[*] '샹드마르스 총격사건'으로 옮기는 경우도 있는데, 원어fusillade의 뜻(총살)을 최대한 살리는 편이 낫다. 실제로 그 시대의 좌파는 '샹드마르스 학살massacres du Champ de Mars'이라고 불렀다.

이는 그 통을 보지 못했으니 그것은 헛소문이었다. 노동자들은 구청으로 끌려가는 동안 사람들의 험악한 추궁을 듣고 자신들이 제단 밑으로 들어가 밤새 구멍을 뚫은 이유를 단순하게 진술했다.

"제단 밑에 숨어 오가는 여성들의 다리를 보려고 구멍을 뚫었고 너무 졸려서 잠들었습니다."

사람들이 노동자 두 명을 끌고 그로 카이유 구청에 도착했을 때 소문을 들은 주민들이 몰려들었다. 구위원회 소속 사람들도 노동자들을 어떻게 심문해야 할지 몰라서 쩔쩔매는데 거기에 모인 사람들이 저마다 그들을 윽박지르기 시작하니 그들은 험악해진 분위기에 겁을 먹고 마지못해 자백했다.

"평생토록 연금 25루이씩 주겠다는 말을 듣고 제단 밑에 구멍을 뚫었습니다."

이런 자백을 듣자마자 국민방위군들이 그들을 시청으로 호송하려고 밖으로 데리고 나갔다. 사람들이 국민방위군들의 손에서 그들을 탈취해 현장에서 목매달아 죽였다. 왜 그들을 죽였을까? 어떤 상이군인이 의족을 한 늙은 노동자가 예전에 귀족에게 매수된 사람이라고 말했다는 것이다. 흥분한 사람들은 두 노동자를 죽인 뒤 머리를 잘라 창끝에 꿰어 강 건너 팔레 루아얄까지 행진했다. 그러나 국민방위군 순찰대가 출동하자 뿔뿔이 흩어졌다. 이 사건의 진상을 정확히 파악하기는 어렵다. 당국에서 노동자 두 사람을 조사하기 전에 성난 사람들이 무참히 살해했기 때문이다. 왜 그 노동자들은 제단 밑에 들어가 나사송곳으로 구멍을 내고 있었을까? 누가 그들에게 평생 연금 25루이씩 주겠다고 했는가? 그들은 처음에 진술했던 대로 호기심으로 여성의 다리를 엿보려고 시작했지만 험악하게 다그치자 거짓 자백을 했던 것일까? 그날 국회에서도 이 사건에 대해 토론했지만 이렇다 할 결론을 얻지 못했다. 결국 헌법위원회와 형사법위원회에서 그 사건을 검토하게 했다. 그럼에도 그들이 거기 들어가서 했던 일의 목적과 동기를 전혀 알 길이 없다. 노동자들을 살해한 사람들 가운데 하나가 잡혔지만 주위 사람들의 도움을 받고 국민방위군 손에서 벗어나 도망쳤다. 그 과정에서 사건이 또 일어났다. 한 사람이 사령관 라파예트 가까이서 총을 쐈다. 얼결에 총을 든 손에 힘이 들어간 오발사건이었는지 아니면 일부러 맞히지 않고 겁만 주려고 노력했는지, 라파예트는 무사했다.* 라파예트는 나중에 그로 카이유 구위원회에 들러 자신에게 총을 쏜 사람을 풀어주었다.

시정부는 위원 세 명에게 국민방위군의 호위를 붙여 그로 카이유 구에 파견해 진상을 조사하게 했다. 그리고 시정부는 전날 결정한 대로 아침 8시에 시정부 관리들과 명사들을 각 구로 보내 트럼펫을 불어 사람들을 모으고 국회의장이 시장에게 보낸 글, 국회가 제정한 법을 공식 낭독하게 했다. 또 그들은 그날의 시위를 불법으로 규정했다.

아무도 공공장소에 모이지 말고 이미 모인 사람들도 곧 해산할 것.
경찰은 공공의 질서가 위협을 받는 곳이면 어디든 곧바로 출동해서 법이 허용하는 모든 방법을 써서 질서를 유지할 것.
국민방위군 사령관은 즉시 모든 군중집회를 해산시킬 것.

---

* 미쇼의 『인명사전』에서 총을 쏜 사람은 샤를 푸르니에Charles Fournier라고 말한다. 이 사람은 생도맹그(오늘날 아이티) 태생으로 농장을 경영하다가 혁명 직전에 프랑스로 갔기 때문에 별명이 '미국인'Américain'이었다.

우애협회들은 오전 11시에 바스티유의 터에 모여서 함께 샹드마르스로 행진하기로 했다. 그러나 거기에 모인 뒤에는 어떻게 행동을 일치시킬지에 대해서는 합의하지 못했다. 파리 시정부는 시위대가 모이지 못하게 국민방위군을 바스티유 터에 배치해놓았다. 그래서 시민들이 바스티유 터에 가는 족족 그곳에 모이기 어렵다는 사실을 알고 발길을 돌려 자연스럽게 다음 목적지인 샹드마르스로 향했다. 시정부는 쿠쟁Cousin과 샤롱Charon을 바스티유 터로 보내 동향을 살피게 했다. 두 사람은 아무 일도 일어나지 않았다고 보고했다. 시정부는 그 뒤 계속 그로 카이유 구와 샹드마르스에서 일어나는 일에 대해 몹시 신경을 썼다. 그리고 졸리Jolly와 샹피옹에게 도 지도부와 계속 연락을 취하면서 시정부를 도와 공공의 질서와 평화를 유지할 수 있도록 도와달라고 촉구했다. 그로 카이유 구와 샹드마르스 쪽에서 계속 시청에 급보가 날아들었다. 시간이 흐를수록 점점 불안한 소식이 들어갔고, 순간순간 공공의 평화가 깨지고 있었다. 시정부는 선량한 시민들이 두려움에 떨고 있다고 판단했다. 시위대가 국민방위군을 심하게 모욕한다는 소식을 들었기 때문이다. 시정부의 말을 듣고 무장한 채 시청과 광장에 모여 있던 시민들은 모두 걱정과 근심에 휩싸였다. 국민방위군 총사령관은 벌써 샹드마르스와 근처에서 국민방위군에게 돌을 던진 사람들을 네 명이나 붙잡아 시청으로 데려갔다. 경찰이 한 명의 주머니에서 장전한 권총 한 자루를 찾아냈다. 그는 국민방위군 소속 기마장교에게 돌을 던졌다고 순순히 시인했다. 그 결과 시정부는 좀더 엄격히 법을 적용해서 질서를 유지해야 한다고 생각했다. 시정부는 앞서 모든 시위를 불법으로 규정한 내용을 한층 적극적으로 보완하기로 하고, 결국 계엄령을 선포하게 되었다.

시정부는 연맹의 장에 모인 도당들이 공공질서를 위험하게 한다는 보고를 받고, 시민들의 안전에 대한 책임을 통감했다. 이미 두 사람을 살해하는 악행이 일어났음을 보고받고, 정통성을 가진 병력이 선량한 시민들의 근심을 덜어줘야 한다고 생각했다.

코뮌의 검찰관은 이 사실을 듣고 당장 계엄령을 발동할 것을 명령한다. 모든 구에서는 북을 치고 경계의 대포를 쏘는 동시에 붉은 기를 게양하도록 명령한다. 또 시청의 중앙 창에도 붉은 기를 게양한다.

모든 선량한 시민, 법을 집행하는 모든 병사는 모두 자기 소속 부대에 집결해서 지원하도록 명령한다.

시정부 긴급회의는 당장 군사학교로 회의장을 옮기고 거기서 의무를 이행한다.

시정부는 이 결정을 국회의장과 파리 도 지도부에 보고하기로 의결했다. 그리고 관리 세 명에게 시청 광장으로 나가 계엄령을 선포하라는 임무를 맡겼다. 그와 동시에 붉은 기를 준비해 계엄령 선포와 함께 시청 중앙 창에 걸기로 했다. 이러한 결정을 내린 것은 오후 5시 반이었다. 계엄법은 1789년 10월 21일에 제정된 모두 12개조의 법이다.* 이미 혁명의 첫해에 국회는 인민이 종종 범죄자들의 선동에 속아 자신도 모르는 사이에 음모의 도구로 이용되어 사회를 혼란에 빠뜨린다고 보고 "공공의 안녕을 도모하고 모든 사람의 권리를 보호하기 위해 한시적으로 특별한 조치를 내릴 필요가 있다고 생

---

* '폭동에 대한 계엄법Loi martiale contre les attroupements'을 말한다.

각하면서" 다음과 같이 계엄법을 제정했다.

제1조. 특정 자치정부는 공공의 안녕을 위협하는 일이 발생했을 때 군사력을 한시적으로 동원하여 질서를 회복할 권한을 가진다.

제2조. 계엄령 발동 시, 시청 중앙 창문에 붉은 기를 걸고 시정부 관리들은 국민방위군, 정규군, 기마순찰대의 지원을 받아 붉은 기를 모든 거리에 가지고 다니면서 알린다.

제3조. 붉은 기를 내거는 순간, 무장의 여부와 상관없이 모든 군중집회를 범죄행위로 간주하여 무력으로 해산시킨다.

제4조. 국민방위군, 정규군, 기마순찰대 지휘관들은 시정부의 요청을 받는 즉시 붉은 기를 앞세우고 시정부 관리 한 명 이상과 함께 거리를 행진한다.

제5조. 시정부 관리는 군중에게 집회의 원인이 무엇인지 묻고, 그들이 무엇을 개선하기를 바라는지 물어야 한다. 군중은 대표 여섯 명을 뽑아 자신들의 요구사항을 설명하고 청원서를 제출한 뒤 곧바로 해산해 평화롭게 물러나야 한다.

제6조. 이때 군중이 해산하지 않으면 시정부 관리가 그들에게 평화적으로 해산해 집으로 돌아가라고 세 번 명령한다. 첫 번째 명령은 "계엄령을 선포한다. 이제 모든 군중집회는 범죄행위로 간주하고 발포할 테니 선량한 시민들은 해산하라"는 형식을 따른다. 두 번째와 세 번째 명령은 단순히 "해산하지 않으면 발포할 테니 선량한 시민들은 해산하라"고 말한다. 시정부 관리는 명령을 내릴 때, 그 명령이 첫 번째인지 두 번째인지 세 번째인지 분명히 밝힌다.

제7조. 이 명령을 내리기 전이나 중간에 군중이 폭력을 행사하거나 명령을 내린 뒤에도 군중이 평화적으로 해산하지 않을 경우, 곧바로 폭도에게 무력을 동원하며, 그 결과에 대해 발포의 책임을 지지 않는다.

제8조. 세 번째 명령을 내리기 전이나 직후에 군중이 아무런 폭력을 행사하지 않은 채 물러날 경우, 당국이 파악한 주모자만 추적해 처벌한다. 비무장 군중집회의 경우 주모자에게 3년형을 내리고, 무장한 집회의 주모자에게는 사형을 내린다. 그러나 평화롭게 해산한 다른 사람들에 대해서는 소추하지 않는다.

제9조. 마지막 명령을 듣고도 군중이 폭력을 행사하거나 해산하지 않을 경우, 비록 군사적 행동을 피해 도피했다 할지라도 추적해서 체포한 뒤 처벌한다. 비무장인 경우 1년형, 무장인 경우 3년형, 폭력을 행사한 경우 사형에 처한다. 이 조항에 한해 집회의 주모자와 선동자도 사형에 처한다.

제10조. 국민방위군, 정규군, 기마순찰대의 모든 지휘관, 장교, 사병으로서 군중집회를 부추기거나 선동해 폭동과 반란을 일으키는 자는 모두 국민, 왕, 법에 대한 역적으로 간주하여 사형에 처한다. 시정부 관리들의 요청을 받고서도 응하지 않는 지휘관, 장교, 사병은 계급을 강등하고 3년형에 처한다.

제11조. 군중집회를 진압하고 나서 시정부 관리들은 정확한 보고서를 작성한다.

제12조. 질서를 회복한 뒤 시정부 관리들은 계엄상태를 해제하는 명령을 내리고 붉은 기 대신 흰 기를 일주일 동안 걸어둔다.

서명자 국회의장 프레토Fréteau,

비서 알렉상드르 드 라메트, 페이넬, 뷔로 드 퓌지, 로스탱 후작.

149

이렇게 시청에서는 국회와 보조를 맞춰 며칠 전부터 만지작거리던 계엄령을 17일에 발동할 준비를 갖추고 있었다. 게다가 국회의원 레뇨 드 생장 당젤리Regnaud de Saint-Jean-d'Angely는 왕실비의 혜택을 받는 사람답게 군중집회에 반감을 가졌고, 자신이 발행하는 신문인 『칼레를 지나는 역마차Postillon par Calais』에 청원서와 국회의장의 답변을 날조해서 실었다.* 그는 아주 과격한 말로 쓴 청원서와 거기에 위협적으로 대응하는 국회의장의 말로써 일반인의 위기의식을 드높이고 계엄령으로 가는 길을 닦았던 것이다. 16일부터 대량 살포된 이 신문은 파리의 보수적 부르주아 계층에 겁을 주고, 국민방위군으로 하여금 청원자들을 적대시하게 만들기에 충분했다. 과연 라파예트 지지자들이 경계태세를 강화하고 청원자들에게 공세를 취했지만 민주파는 제대로 대응하지 못했다. 단지 마라의 『인민의 친구』나 프레롱의 『인민의 대변자Orateur du peuple』 같은 신문만이 목소리를 높였다. 마라는 '모티에(라파예트)'를 죽여야 한다고 선동했고, 프레롱은 라파예트가 청원자에게 발포해도 좋다는 명령을 받았지만 겁먹지 말고 맞서라고 선동했다. 프레롱은 심지어 이렇게 썼다.

"죽는 법을 모르는 자, 자유를 누릴 자격이 없다."**

17일 아침에 로베스피에르는 자코뱅 클럽의 위원인 라리비에르La Rivière

---

* "오늘 아침 샹드마르스에 모여 조국의 제단 위에서 파리 시민 4만 명이 서명해서 국회에 보낸 대청원서와 7월 17일 국회의장 샤를 라메트의 답변Grande pétition présentée ce matin à l'Assemblée nationale par 40,000 citoyens de Paris rassemblés au Champ de Mars et signée sur l'autel de la patrie avec la réponse de M. Charles Lameth, président, 16 juillet."

** D'ailleurs, qui ne sait-pas mourir n'est pas digne d'être libre!

의 방문을 받고 청원서가 무효라는 결론을 내렸다. 국회가 루이 16세에 대해 소추하지 않기로 한 이상 청원서 내용이 문제가 되기 때문이다. 로베스피에르와 라리비에르는 각자 자코뱅 클럽과 국회에서 그 문제를 논의하고, 자코뱅 클럽은 17일 청원에 참여하지 않기로 결정했다. 어떤 우애협회는 샹드마르스로 가지 않기로 결정했다. 그러나 자기가 속한 우애협회들이 어떤 결정을 내리는지 모르고 바스티유 터에 모이던 사람들은 국민방위군이 삼엄하게 경비하고 있는 것을 보고 자연스럽게 샹드마르스로 발길을 옮겼다. 11시쯤 국민방위군이 대포를 끌고 샹드마르스에 도착해서 경계태세를 갖추었다. 그 시각 당통의 집에서는 카미유 데물랭, 프레롱, 브륀, 파브르 데글랑틴, 상테르, 모모로, 뒤플랭이 모여서 회의를 하고 있었다. 잠시 후 테아트르 프랑세 구의회 의장인 세르장이 참석했다. 그들은 샹드마르스에서 붙잡힌 노동자 두 명이 살해된 소식을 듣고 잠시 거기에 대해 얘기하다가, 곧 레뇨 드 생장 당젤리가 날조해서 실은 청원서의 의미에 대해 논의했다. 그때 르장드르가 급히 들어왔다. 그는 라메트, 뒤포르, 바르나브의 3인방과 아주 친한 사람 두 명에게서 알렉상드르 드 라메트가 한 말을 전해 들었다고 하면서 당통, 카미유, 프레롱에게 파리를 떠나 하루 종일 나타나지 말라고 알렸다. 세 사람은 즉시 퐁트네에 있는 당통의 장인 집으로 피신했다.

거물급 지도자들이 하루 종일 자취를 감췄지만, 과격파들은 사회동인의 본빌이 인쇄한 청원서를 심지어 국민방위군 부대에까지 뿌리다가 감금되는 일도 있었다. 11시 반쯤, 사람들이 연맹의 장에 모이기 시작했다. 조국의 제단 위에 거의 300명 정도가 올라가 있었다. 악사가 바이올린을 연주하고 사람들은 춤을 췄다. 누군가 아침에 노동자 두 명이 살해된 일을 이야기하면서 과연 춤이나 추고 있을 때냐고 힐난했다. 무더위를 날려줄 소나기가 내리는

데, 사람들이 더욱 늘어났다. 정오가 되니 시위자들과 호기심에서 그들을 뒤따르던 사람들이 몰려들었다. 자코뱅 클럽 대표들을 이끌고 라리비에르가 나타나 제단의 네 귀퉁이에 한 명씩 서더니 자코뱅 클럽은 청원서가 아무런 소용이 없게 되었기 때문에 청원을 포기한다고 말했다. 모두가 크게 실망했다. 코르들리에 클럽의 지도자들인 로베르, 본빌, 페르, 오두앵, 크레티엥, 코피날Coffinhal, 쇼메트, 파트리Patris, 모모로는 현장에서 새로운 청원서를 쓰기로 결정했다. 그들은 이미 전날 밤 시정부에 집회신고를 마쳤고 접수증도 받았기 때문에 청원서를 작성해서 개별적인 서명을 받는다면 전혀 문제가 없다고 생각했다. 사람들은 크게 기뻐했고, 라리비에르도 다른 자코뱅 클럽 대표들과 조국의 제단에 남아 새 청원서에 서명하기로 했다. 그들은 아주 점잖고 합법적인 말로 청원서를 작성하기로 합의했다. 코르들리에 클럽 회원들이 전날처럼 국민방위군 군복을 입은 페르의 주재로 제단 위로 몰려들었고 곧 청원서를 작성할 위원으로 로베르Robert, 페르Peyre, 바샤르Vachard,* 드무아Demoy를 뽑았다.

네 명 가운데 한 명이 펜을 드니 사람들이 그 주위를 둘러싸고 구경했다. 그는 "국회에 드리는 청원서. 1791년 7월 17일, 조국의 제단 위에서 작성함"이라고 써나갔다.** 그렇게 해서 장문의 청원서가 나왔다.

국민의 대표들이여, 여러분은 이제 일을 거의 끝낼 시점에 왔습니다. 곧

---

* 자크 루이 바샤르는 변호사 라브네트La Benette(또는 Labenette)가 발행하던 신문(처음에는 『악마의 신문』이었다가 『인권신문』으로 바꿈)을 팔던 행상인으로서 극빈자 클럽을 이끌었다.
** Pétition à l'assemblée nationale, rédigée sur l'autel de la patrie, le 17 juillet 1791.

인민이 지명한 의원들이 여러분의 뒤를 잇겠지요. 그들은 신성한 평등의 원리들을 적대시할 수밖에 없는 특권층, 종교인과 귀족 의원들이 여러분에게 씌운 방해물이 없는 세상에서 여러분의 발자국을 따라갈 것입니다.*

그러나 중대한 범죄가 있었습니다. 루이 16세가 도주했습니다. 그는 비열하게도 자기의 직책을 포기했습니다. 우리 제국은 거의 무정부상태였습니다. 시민들이 바렌에서 그를 붙잡아 파리로 데려왔습니다. 파리의 인민은 즉시 여러분에게 다른 82개 도민들의 의견을 듣기 전에는 그 죄인의 운명에 대해 아무런 결정도 내리지 말라고 당부했습니다.

여러분의 의견은 우리 뜻과 달랐습니다. 그래서 국회에는 사방에서 청원서가 밀려들었습니다. 국내 모든 곳에서 루이를 재판에 넘겨야 한다고 동시에 요구했습니다. 그러나 여러분은 16일의 법을 제정해 루이는 무죄이며 신성한 존재라고 예단하며, 헌법을 완성하면 그에게 헌장憲章을 바칠 것이라고 의결했습니다. 입법가들이여, 인민이 바라는 것은 그게 아닙니다. 우리는 국회가 일반의지를 실천하는 기관이 되어야만 여러분이 의무만 이행하는 데 그치지 않고 더 큰 영광을 얻을 수 있으리라고 생각했습니다. 여러분은 헌법에 사사건건 저항하는 의원들 때문에 올바로 결정하지 못했음이 분명합니다. 그러나 여러분, 너그러운 인민이 무한히 신뢰하는 대표들이여, 290명이 서명했다고 해서 그들이 국회 전체를 대표할 수 없음을 기억하십시오. 따라서 그들의 영향을 받아 제정한 법은

---

* 제헌의회는 이미 6월 12일부터 입법의회 선거에 대해 준비하고 있었다. 이것은 제2부에서 다룰 예정이다.

형식과 내용에서 모두 무효입니다. 그것은 주권자들의 바람을 거스르기 때문에 내용상 무효이며, 또 아무런 자격도 없는 290명이 개인적으로 서명했기 때문에 형식적으로도 무효입니다.

인민과 그들의 대표들이 조화롭지 못할 때 생기는 무정부상태를 어떻게든 막으려는 절박한 바람으로 우리는 프랑스 전체의 이름으로 다시 한번 여러분이 제정한 법을 철회해달라고 요구합니다. 또 루이 16세의 죄상은 명백하게 증명되었으므로 이 왕은 폐위되었음을 법으로 공표해달라고 요구합니다. 그것만이 전 국민의 행복을 위한 길이라고 생각합니다. 그리고 그를 폐위시킨 뒤 새 헌법에 맞는 단체를 소집해서 진정한 의미로 국가적인 차원에서 죄인의 재판을 맡기고 새로운 행정부를 조직하도록 촉구합니다.

청원서 작성자는 거기에 모인 사람들에게 이 글을 읽어주었다. 청원서에는 공화정이라는 말이 들어 있지 않았다. 작성자들은 그만큼 신중하게 썼다. 그들은 '새로운 행정부를 조직'하라고 촉구하면서 공화국을 암시하는 데 그쳤다. 사람들은 제단을 빙 둘러 일곱이나 여덟 줄로 서서 서명하기 시작했다. 파리와 그 주변 마을의 국민방위군 2,000명 이상과 관리들, 파리 도와 시의 수많은 선거인도 거기에 서명했다. 새 진정서를 작성하고 사람들이 서명하는 동안, 국민방위군과 시위대 사이에 작은 갈등도 있었다. 연맹의 장 둘레에 쌓은 둔덕에 있던 시민들이 3시쯤 군사학교로 들어가려는 국민방위군 사령관의 부관들에게 돌을 던졌다. 라파예트는 그로 카이유 구 쪽에 있던 보병들과 기병들의 분견대에 명령해서 대포 두 문을 연맹의 장 쪽을 향하게 했다. 그러나 군대를 둔덕 넘어 연맹의 장 안으로 들여보내지는 않았다. 그 광경을 본 시민들은 불안해서 술렁거렸다. 청원자들은 대표를 뽑아 왜 군대를 움직이는지 이유를 묻고 자신들의 행위는 법을 어기지 않았으므로 군대를 연맹의 장 안으로 들여보내지 말아달라고 부탁하러 보냈다. 라리비에르는 몇 명과 함께 그로 카이유 쪽을 향해 가다가 마침 연맹의 장으로 들어서는 시정부 관리 세 명을 만났다. 그들은 레뇨Regnault, 아르디Hardy, 르루Le Roux였다. 라리비에르는 그들에게 자신들이 합법적인 활동을 하는데 어째서 군대를 움직이느냐고 항의했다. 관리들은 무엇보다도 아침에 일어난 살인사건을 조사하러 왔으며 시정부는 그동안 군중집회를 금지하는 명령을 내렸다는 사실을 알려준다고 대답하더니 르루가 그 명령을 읽어주었다. 라리비에르는 전날 밤에 집회허가를 받았다는 말을 되풀이하고 나서, 그러므로 자신들이 평화롭게 청원서에 서명하는 한 시정부의 명령은 자신들과 관계없다고 주장했다. 다른 대표가 관리들에게 함께 제단으로 가서 직접 확인하라고 권유했다. 관리들은 대표들과 함께 제단으로 갔고 그곳에 있던 청원자들의 열렬한 환영을 받았다. 그들이 제단 위로 올라가자 누군가 새로 작성한 청원서를 읽어주었다. 관리 한 명이 말했다.

"우리는 여러분의 의향을 파악하게 되어 몹시 기쁩니다. 사실 우리는 여기서 소요사태가 발생했다고 듣고 왔지만 우리가 속았다는 사실을 알았습니다. 우리는 시청으로 돌아가 여기서 본 대로 샹드마르스는 평온하다고 보고할 것입니다. 만일 누군가 여러분이 청원서에 서명하는 것을 방해한다면 우리는 공권력을 써서 여러분을 도와드리겠습니다. 여러분이 우리의 의도를 의심한다면 모든 사람이 서명을 마칠 때까지 기꺼이 여기 남아서 인질 노릇을 하겠습니다."

사람들은 관리들에게 서명하라고 권유했다. 그러나 관리들은 자신들이 청원서에 서명할 위치에 있지 않다면서 양해를 구했다. 누군가 "그래도 당신들은 시민이잖아요?"라고 말하자 그들은 만일 자신들이 공직자로서 정식 임무를 수행하러 온 게 아니라 단지 클럽이나 개별적 모임에 속했다면 양심상 서명했을 테지만 그렇게 하지 못해 유감이라고 대답했다. 그들이 "어떤 의견조차 가질 수 없는 위치"에 있다고 말하자 사람들은 박수로써 격려했다. 사람들은 전날 밤과 그날 붙잡힌 세 사람을 풀어달라고 부탁했다. 관리들은 자신들이 판사가 아니라 행정관리이기 때문에 그렇게 할 수 없다고 대답했다. 사람들이 계속 관리들을 압박했다. 마침내 그 모임을 주재하던 사람이 관리들의 말이 옳다고 하자 거기에 모인 사람들은 관리들에게 다시 박수를 쳤다. '미국인' 푸르니에Charles Fournier 'l'Américain'는 관리들이 시정부로 돌아갈 때 대표들을 보내 붙잡힌 사람들을 풀어줄 것을 요구하자고 제안했다. 사람들은 관리들의 동의를 받았지만 서명을 끝마칠 때까지 기다려달라고 부탁했다. 관리들은 그렇게 하겠다고 약속하면서 그 대신 서명자들도 조용히 물러나라고 말했다. 서명을 마친 사람들은 하나둘 연맹의 장을 떠나기 시작했다. 청원자들이 시정부에 갈 대표들을 뽑는 동안 관리들은 배우인 라리브La Rive 의 집으로 갔다. 그곳에 있던 라파예트는 시민들이 평화롭게 집으로 돌아가니 국민방위군과 대포를 연맹의 장 근처에서 철수해달라는 관리들의 부탁을 들어주었다. 관리들은 급히 시정부에 자신들이 연맹의 장에서 보고 들은 것과 곧 시위자들의 대표단을 데리고 돌아가겠다는 보고서를 적어 보냈다. 때맞춰 비가 왔기 때문에 그들은 조금 늦게 출발했다. 그들은 5시 반쯤 마차를 타고 연맹의 장으로 들어가 코르들리에 클럽 대표단을 맞았다. 대표단도 마차를 타고 그들의 뒤를 따라 시청으로 갔다. 그러나 시정부가 이미 계엄령을 내린 뒤였다.

연맹의 장에서 코르들리에 클럽 대표들을 데리고 시청으로 돌아간 관리 르루는 시장에게 계엄령을 다시 한번 고려해달라고 하면서 오전의 살인자들과 연맹의 장에 모인 코르들리에 클럽 회원들은 전혀 상관이 없으며, 또 그들이 법을 어기는 것을 보지 못했다고 강조했다. 르루는 클럽 대표들을 시정부 회의에 불러 말을 들어보자고 간청했다. 그러나 시정부 관리들은 르루와 함께 갔던 위원들만 남겨두고 회의장을 떠났다. 위원들은 회의를 다시 열어달라고 끈질기게 요청했고 다시 회의가 열렸다. 회의장에 클럽 대표들이 들어가 자신들과 청원자들의 의견을 말할 기회를 얻었지만, 시정부는 계엄령을 철회하지 않겠다고 단호히 말했다. 국민방위군에게 잡혀간 사람들을 풀어달라고 요구하는 청원자 대표들의 말을 들은 시장은 시민 대표에게 말했다. "그들을 풀어줄 수 없소. 내가 직접 샹드마르스로 가서 질서를 잡을 것이오."

회의가 길어지는 사이에 본누벨 구 국민방위군 대대장이 들어오면서 샹드마르스에는 '도적떼'가 날뛰고 있다고 말했다. 군중이 모이면 그중에 반드시 국민방위군이나 공권력을 조롱하고 시비를 거는 사람이 있기 마련인데, 공권력을 집행하는 편에서는 그런 사례를 가지고 선량한 시민을 같은 부류로 몰아가기 일쑤다. 질서를 유지하려는 사람들은 국회에 청원하러 모인 사람들이 모두 아침에 자기 집에서 나온 선량한 주민이었는데도 '도적'으로 보았던 것이다. 그러므로 국회, 파리 시정부, 도 지도부, 국민방위군이 질서를 잡으려고 마음먹을 때 어떤 수단을 쓸 것인지 짐작하기란 쉽다. '도적떼'는 가장 강력한 수단으로 진압할 명분을 주는 범주였고, 계엄령이 그들을 탄압하기 전의 마지막 합법적 절차였던 것이다. 붉은 기는 지배층에게 질서의 신호였지만, 청원자들에게는 학살의 신호였다. 앞서 말했듯이, 시정부 긴급회의에서 5시 반에 계엄령을 선포하기로 결정한 뒤에도 다시 한번 사태를 점검하면서 신중하게 처신했던 것도 역시 학살의 명분을 다시금 확인하려는 의도가 있었기 때문이다. 6시 반에 시정부 관리들은 군사학교로 출발했다. 그곳에 상황실을 설치하고 계엄령을 알리는 기를 게양할 작정이었다. 그들은 관리 네 명만 남겨둔 채 샹드마르스 광장을 향해 출발했다. 파리 국민방위군 대령이 맨 앞에서 붉은 기를 들고 갔다. 생마르셀 대대장 아클로크Acloque는 발포해도 좋다는 명령을 받고 병력을 움직였다. 기병대와 보병대, 대포 두 문이 따라가고 그 뒤에 시정부 관리들이 기병과 보병의 호위를 받으면서 행진했다.

그들이 그로 카이유 거리와 교차하는 길에 도착했을 때, 시청에 갔던 대표들의 기별을 받은 남녀 시민 다수가 샹드마르스에서 나오고 있었다. 아직도 제단 근처에는 청원자들이 서명을 하고 있었다. 그들은 자신들의 행동이 평화적이기 때문에 계엄군이 와도 거리낄 것이 없다고 생각했다. 그리고 발포명령은 세 번째 포고 이후에 내릴 것이기 때문에 처음 포고할 때 '연맹의 장'을 떠나도 늦지 않을 것이라고 믿었다. 시장 바이이가 관리들과 함께 국민방위군 병력을 이끌고 샹드마르스 가까이 갔을 때, 라파예트와 부관인 동시에 제1사단장이자 시정부 관리인 샤르통Charton이 이끄는 부대와 군원호원 근처 생도미니크 거리에서 합류했다. 이들은 낮에 시정부 관리들이 뒤로 물러나게 했던 부대였다. 샤르통이 아클로크와 함께 생마르셀 대대의 지휘를 맡아 앞장섰다. 거리에 나온 근처 주민들은 그들을 보고 환영하거나 반감을 표시했다. 호기심에 찬 젊은이들이 그들을 앞질러 가서 생도미니크 거리에서 샹드마르스로 들어가는 입구의 양쪽 둔덕으로 올라갔다. 그들은 7시 반이 조금 지나 연맹의 장으로 들어가려는 병력을 보고 외쳤다. "붉은 기를 내려라! 총검을 치워라!" 그들은 같은 구호를 계속 외쳤다.

샤르통이 일행에게 멈추라고 명령한 뒤, 뒤에서 붉은 기와 함께 움직이던 라파예트에게 어떻게 할 것인지 물었다. 라파예트는 연맹의 장 안으로 들어가라고 명령했다. 양쪽 둔덕에서 돌을 던지는 가운데 선발대부터 연맹의 장으로 들어갔다. 시정부는 법이 정한 대로 당장 세 번 경고하려고 했다. 그리고 관리 세 명이 계엄법을 손에 들고 앞으로 나아갔다. 그러나 양쪽 둔덕에 있던 사람들과 연맹의 장 안에 있던 사람들은 그들을 계속 모욕하고 도발했다. 오른쪽 둔덕에 있던 사람들은 몽둥이를 보여주면서 돌을 던졌고, 심지어 어떤 사람은 권총을 발사했다. 총알이 시장을 비껴나가 국민방위군에 합류한 용기병의 넓적다리에 맞았다.* 이것이 학살사건을 도발했다. 화가 치민 국민방위군이 허공을 향해 경고사격을 했다. 그리고 누가 쐈는지 모르지만 실제로 시위자들을 세 명이나 쓰러뜨린 사건이 발생했다. 시위자들은 둔덕에서 도망쳤다. 시정부 관리들은 국민방위군을 자제시키느라 애썼고, 이미 연맹의 장 안으로 들어가 있던 총사령관이 시정부 관리들 곁으로 황급히 돌아가 질서를 잡았다. 그들은 모두 연맹의 장 안으로 들어갔다. 조국의 제단에 올라가 있던 사람들은 둔덕 근처에서 일어나는 일에 대해 정확히 파악하지 못한 채 어정쩡한 상태로 머물렀다.

시장과 관리들의 일행은 조국의 제단과 그로 카이유 거리 쪽 둔덕 사이를 지나 군사학교를 향해 이동했다. 그들의 왼쪽 둔덕에 있던 사람들이 돌을 던지고 권총이나 소총까지 쐈다. 그때 국민방위군 부대가 군사학교 앞의 입구

---

* 7월 29일자 『파리 코뮌 회의록』은 이 용기병이 죽었다고 기록한다.

를 통과해 연맹의 장으로 진입하고 있었다. 생마르셀 대대를 지휘한 샤트롱은 병사 몇 명을 제단으로 보내 계엄군에게 도전하는 폭도를 해산하라고 명령했다. 병사들이 제단으로 몰려가니 그제야 청원자들이 정신없이 도망치기 시작했다. 일부는 북쪽 센 강을 향해 도망치고, 일부는 서쪽 그르넬 들판으로 도망쳤다. 시위자들이 폭력을 행사했기 때문에 관리들은 계엄법 제6조(세 번에 걸쳐 해산명령)를 이행할 수 없었다. 그래서 국민방위군은 제7조에서 허용한 권한(군중이 폭력을 행사할 때 무력 동원)을 이용해 무력을 행사했다. 그러므로 조국의 제단과 북쪽 둔덕 사이 중간쯤에서 총격이 시작되었던 것이다. 시정부 관리들은 보고서에서 이 총격으로 11~12명이 죽고, 10~12명 사이의 부상자가 생겼다고 썼다. 그들은 사상자를 육군병원으로 옮기고 부상자를 잘 치료하라고 명령했다. 시정부 관리 피월Filleul은 그로 카이유의 병원에서 시신 13구를 확인했다고 말했다. 라파예트 지지자가 발행하는 신문은 7월 18일에 사망자 10명, 부상자 20명이라고 보도했다. 이렇게 그날의 사상자에 대해서는 정확한 숫자를 파악하기 어렵다.* 국민방위군 장교들이나 병사들은 돌에 맞아 심하게 다쳤다. 장교 가운데 돌에 맞아 말에서 떨어져 다친 사람도 있었다. 국민방위군에 자원한 추격병 두 명이 살해당하기도 했다. 한 명은 혼자 연맹의 장에 들어서다 당했고, 다른 한 명은 자기 초소를 지키다가 당했다. 포병으로 자원한 병사는 칼에 찔렸다. 국민방위군에게 해를 입힌 사

---

* 마티에즈는 몇 가지 사료를 인용해 사망자의 수를 파악하기 어렵다는 사실을 일깨워주고 있다. 예를 들어 마라는 20일 자기 신문에 "척탄병들이 밤에 시체 400구를 몰래 센 강에 버렸다"고 했으며, 코피날은 54명, 쇼메트는 50명이 숨졌다고 증언했다. 한편 청량음료수를 파는 크레티엥은 자기 눈으로 19명이 목숨을 잃는 것을 보았다고 말했다.

람을 대여섯 명 잡아 라포르스 감옥에 가두었다. 이렇게 해서 연맹의 장에서 청원자들을 완전히 몰아냈고, 총사령관은 군인들의 대열을 정비했다. 시정부 관리들은 군인들의 호위를 받으면서 밤 10시에 시청으로 되돌아갔다. 시정부는 관리 세 명을 뽑아 도 지도부에 진압과정을 보고하도록 조치했다. 이것이 시정부 관리들이 작성한 공식문서에 나오는 진압내용이다.

그러나 『파리의 혁명』에서는 공식문서와 다르게 상황을 묘사했다. 수많은 청원자가 이미 연맹의 장에서 떠난 7시 반부터 8시 사이에 국민방위군의 북소리가 샹드마르스에 들리기 시작했다. 아직 남아 있던 청원자들은 영문을 모른 채 서로 얼굴을 쳐다보았다. 애국단체들의 회원들이 한군데 모였다. 그중 어떤 이가 나서서 한마디 했다.

"형제들이여, 어찌해야 합니까? 계엄령이 내렸지만 그것이 우리를 대상으로 하는지 아닌지 아직은 모릅니다. 만일 우리를 대상으로 계엄령을 내리지 않았다면 우리가 도망갈 이유가 어디 있습니까? 그리고 설사 우리를 대상으로 한다 해도 실제로 우리에게 공표할 때까지 기다렸다가 따르면 될 것입니다. 법적으로 세 번 공표한 후에 무력을 동원할 수 있음을 여러분은 잘 알지 않습니까?"

청원자들은 법이 그렇다는 사실을 알고 그 자리에 머물렀다. 멀리서 국민방위군들이 대포를 끌고 나타났다. 모두 세 방향에서 샹드마르스로 접근했다. 한 부대는 군사학교 쪽 출입구로, 다른 부대는 그 옆쪽 출입구로, 나머지 한 부대는 북쪽의 샤이오 대로와 맞닿은 출입구로 들어서고 있었다. 특히 북쪽에서 오는 부대에서 붉은 기가 보였다. 청원자들은 일제히 외쳤다. "붉은 기를 내려라! 총검을 치워라." 남쪽에서 접근한 부대에서 총을 한 방 발사했다. 그 소리를 듣고 청원자들이 우왕좌왕하는데 누군가 외쳤다.

"움직이지 맙시다. 그냥 공포를 쐈어요. 그들은 계엄령을 공표하려고 왔을 뿐이오."

병력이 제단으로 다가서면서 또 한 발 쐈다. 제단 주위에 있던 사람들은 침착하게 병사들을 바라보았다. 곧 세 번째로 발사하는 소리와 함께 몇 사람이 쓰러졌다. 경고 사격은 끝나고 실제 사격이 시작된 것이었다. 청원자들은 놀라서 사방으로 흩어져 도망쳤다. 조국의 제단에는 아직 100여 명이 남아 있었다. 그들은 법을 믿었기 때문에 거기 남아 있다가 총격을 받았다. 수많은 성인 남녀와 아이 한 명이 학살당했다. 전국연맹제를 거행하던 조국의 제단을 시민들의 피로 물들였다. 무장한 시민들(국민방위군)이 비무장 시민들을 '도적떼'로 몰고 있었다. 청원자들은 목숨을 구하려고 가족끼리 손을 잡고 시민 병사들 앞을 지나갔다. 가족의 손을 놓친 사람들이 울부짖으며 남편과 아내와 아이를 애타게 불렀다. 납 탄환이 여기저기서 늙은이, 젊은이, 아이를 가리지 않고 쓰러뜨렸다. 포병들도 포를 쏘고 싶어 명령을 내려달라고 했다. 기병대가 도망치는 사람들을 끝까지 따라다녔다. 국민방위군 가운데 도망치는 사람의 다리를 겨누고 칼을 던진 사람도 있었다. 척탄병들은 그처럼 과도한 행위를 한 사람을 탄압했다. 청원자들은 왕이 자신의 자리를 버리고, 국회에서 일정한 거리 밖으로 나갈 수 없다는 법까지 무시한 채 바렌까지 도주했기 때문에 당연히 왕 자격을 잃었다고 생각했고, 국회가 그를 재판할 절차를 마련해주기 바랐는데도 왕의 신성성을 들먹이면서 무죄라고 선언하는 것을 보고 실망했다. 그래서 그들은 법이 정한 대로 개별적으로 서명한 청원서를 몇 차례 국회에 제출했던 것인데, 국회나 파리 시정부는 그들을 '도적떼'로 보고 무력으로 진압하려 했다.

『파리의 혁명』은 파리 시장 바이이가 선량한 시민들을 악랄하게 중상모략을 했다고 맹렬히 비난했다. 바이이가 폭력을 행사했다고 지목해 학살한 사람들은 얌전한 청원자들이며, 따라서 바이이야말로 비열한 폭도라는 것이다. 만일 바이이가 주장한 대로 청원자들이 폭력을 행사하고 행정관들과 국민방위군에게 총을 쐈다고 계속 주장한다면, 바이이는 국민 앞에서 자신이 근거 없는 주장을 했다는 반증을 보게 될 것이며, 그때도 여전히 그 주장을 되풀이할 수 있을 것인지 물었다. 바이이는 샹드마르스에 모인 시민들이 무장했다고 하는데, 그들은 모두 지팡이도 들지 않았다. 그들 중 국민방위군에게 도발하거나 행정관들에게 권총을 쏜 사람이 있다고 했지만, 그것은 조국의 제단에서 멀리 떨어진 곳, 샹드마르스의 입구에서 발생한 사건이다. 만일 도적떼가 무력도발을 했다면 그들을 상대로 무력을 동원했어야 한다. 그러나 시정부 관리들은 도적떼가 누군지 알면서도 그들을 가만히 놔둔 채, 오히려 국민방위군의 분노를 엉뚱하게도 청원서의 작성자와 서명자들을 향해 맹목적으로 터뜨리도록 이끌었다. 청원서는 모두 6,000여 명의 서명을 받았다. 파리의 모든 구와 인근 마을 소속 국민방위군 2,000명 이상, 파리와 도의 선거인 다수가 서명에 참여했다. 자신들을 탄압하려고 나타난 계엄군을 보고 분노를 터뜨린 일부 시위자들과 평화롭게 서명에 참여한 모든 사람을 싸잡아 폭도로 규정하는 것은 두고두고 논란거리가 된다.

"국회에 드리는 청원서. 1791년 7월 17일, 조국의 제단 위에서 작성함"* 은 서명자들이 많았기 때문에 18~20권이나 되는 명단을 붙여서 하나의 문

---

* Pétition à l'assemblée nationale, rédigée sur l'autel de la patrie, le 17 juillet 1791. 파리 코뮌 기록보관소에 있는 원본에는 '1791년' 대신 '제3년(an 3)', 다시 말해 '자유의 제3년'이라고 쓰여 있었고 작성자 네 명의 이름도 있었다고 한다.

서로 만든 것이다. 『의회의 역사』*의 편찬자는 이 문서가 프랑스 혁명이 남긴 수많은 유물 가운데 아마도 가장 흥미로운 것이라고 말한다. 그 이유는 청원자들의 성격을 가장 잘 보여주기 때문이다. 청원자는 대부분 글을 겨우 쓰는 수준이었다. 십자가를 원으로 두른 형태의 서명이 많았는데, 이것은 문맹자가 다수 참여했다는 증거다. 그리고 수많은 국민방위군이 서명했다. 어떤 쪽은 세로로 세 등분을 해서 서명을 받았고, 잉크를 엎지른 흔적도 남았다. 연필로 쓴 이름도 있었다. 여성과 아이들의 서명도 많았다. 여성 서명자 가운데 생자크 거리 173번지에서 부인복을 판매하는 다비드 양mademoiselle David이 가장 세련된 글씨체로 이름을 남겼다. 국민방위군 불로뉴 대대의 루이 마글루아르는 단순히 서명만 하지 않고 자신의 생각까지 밝혔다.

"나는 왕을 포기한다. 나는 이제 더는 그를 왕으로 원하지 않는다. 불로뉴 대대 소속인 루이 마글루아르 맏이인 나는 조국을 사랑하는 프랑스 시민이다."**

코르들리에 클럽 회원들은 여느 서민들보다 훨씬 읽기 쉽게 정확히 서명했다. 이름을 서서히 날리기 시작하던 쇼메트는 "마자린 거리 9번지의 약학 대학생"이라고 서명했다. 신문 『뒤셴 영감Le père Duchêne』을 발행하고 공포정 시기에 한몫하게 될 에베르J.-R. Hébert와 군인 출신으로 1792년 8월 10일의 '제2의 혁명'과 9월 학살에 참여하고, 1793년 5월 31일과 6월 2일의 국민

---

* *Histoire parlementaire de la révolution française ou Journal de l'Assemblée nationale, depuis 1789 jusqu'à 1815*, par P.-J.-B. Buchez et P.-C. Roux, t. 11.

** Je rénonce (renonce) au roy (roi.) je ne le veux plus le conette (connaître) pour le roy (roi) je suis sitoiien (citoyen) fransay (français) pour la patry (patrie) du bataillon de Boulogne Louis Magloire l'ainé à Boulogne. 〔 〕안은 올바른 철자법이다.

공회 공격을 이끈 앙리오의 이름도 있었다. 자코뱅 클럽에서 그날 연맹의 장으로 보낸 위원들, 생탕투안 문밖에서 맥주양조장을 운영하면서 국민방위군 캥즈뱅 대대장이던 상테르도 서명했다. 청원서를 작성한 위원들의 이름은 페르, 바샤르, 로베르까지 잘 알아볼 수 있지만, 마지막 이름은 청원서를 서명자 명단들과 합칠 때 마침 실로 묶은 부분에 있기 때문에 드무아 정도만 읽을 수 있었다. 이 이름이 맞는다면 그는 생로랑 교회의 사제였다. 나머지 세 위원은 모두 코르들리에 클럽의 지도자였다. 6,000여 명이 서명한 연맹의 장 바깥에서 일어난 크고 작은 시비와 폭력 그리고 총기발사 사건에 대한 대응으로 계엄군이 조국의 제단 근처에 있던 사람들에게 총을 쏜 것은 어디까지 정당한 평가를 받을 수 있을까?

카미유 데물랭은 연맹의 장을 피로 물들인 라파예트에게 "신문 발행인으로서 사표를 제출"*하면서 야유와 비난에 찬 글을 썼다.

우리는 잘못했다. 너무나도 명백한 사실이다. 당신들의 총기가 그 사실을 증명했다. 두 세계의 해방자, 왕실 근위병들의 꽃, 에스파냐 비밀경찰의 불사조, 카페 가문과 귀족과 종교인들의 돈키호테, 백마를 탄 거장이여, 내가 자유의 땅에 처음 선 이 순간을 이용해 나는 신문 발행인과 국립검열관직의 사표를 당신에게 보낸다. 당신은 아주 오래전부터 내게 사표를 요구했다. 나는 사표를 바이이의 발밑과 그의 붉은 기 아래에 놓는다. 당신이 부리는 3만 명의 정보원과 또 그만큼의 부하들이 소란스럽게 떠

---

* Camille Desmoulins envoyant à la Fayette sa démission de journaliste. 그는 라파예트가 언론의 자유를 탄압하고 죽였다고 항의했던 것이다.

들어대면 내 목소리는 너무 작아서 들리지도 않는다. 또 당신들의 400개 북과 대포들이 내는 소리는 얼마나 큰가! 그러므로 오늘 같은 날 신문에 무슨 글을 쓸 수 있겠는가? 나는 지금까지 대부분 라메트, 바르나브, 뒤포르 같은 명예로운 의원들의 글을 근거로 당신의 왕 같은 고귀함을 비방했다. 그들의 뒷받침을 받아, 또 내 지성의 대가로, 나는 당신을 83개 도에 오로지 지배만 바라는 야심가라고 고발했다. 그리고 당신은 신성동맹이 지휘봉을 쥐어준 프랑스의 대원수들, 다시 말해 적자가 되는 길을 찾는 사생아들처럼 왕실의 노예라고 고발했다. 또한 그들과 모든 사실의 뒷받침을 받아 나는 당신을 인민의 적이며 부이예만큼 위험한 역적으로 생각했다.

데물랭은 라파예트의 이중적인 태도를 준엄하게 꾸짖었다. 밤의 태도와 이튿날 아침의 태도가 다른데 어느 것이 본모습인지 물었다. 더욱이 그는 라파예트가 자코뱅 클럽에 왔을 때 마침 연설하던 당통이 너덧 가지 범죄사실을 추궁했지만 단 한 가지도 제대로 변명하지 못한 채 꽁무니를 뺐음을 상기시켰다.* 그럼에도 당통이 라파예트의 목을 치는 대신 오히려 라파예트가 당통을 추방했다고 데물랭은 비판했다. 그는 단 하루 동안 파리의 폭군들이 저지른 대담한 악행에 대해 말했다.

절대다수의 파리 시민은 국회의원들이 사악한 배반자를 프랑스 인민의

---

* 제1장 참조.

우두머리로 끈질기게 인정하고 수많은 거짓의 범죄를 지었기 때문에 집행인 상송Sanson의 도끼로 잘라버려 마땅할 손에 왕홀을 되돌려주는 것을 보고 무척 화가 났다. 그러나 국회 연단에서 알렉상드르 드 라메트는 루이 16세를 폐위하고 처벌해야 마땅하다고 주장하는 사람들의 의견을 소수 도당의 그릇된 의견이라고 주장했다. 라메트에 맞서 그들은 이렇게 대꾸했다. 과연 우리가 한줌의 도당인지 전 국민의 의견을 대변하는지 보자. 법은 우리에게 청원권을 인정했다. 그러니 청원서에 서명하자. 서명자가 얼마나 많은지 세어보라. 브리소는 헌법이 인정하는 대로 위풍당당한 인민의 품격에 어울릴 만큼 반박할 수 없는 청원서를 작성했다. 그것은 2주 안에 1,800만 명 이상의 서명을 받을 만한 청원서다. 거기에 모인 서명자들은 연맹의 장이야말로 인파가 운집하기에 적당한 유일한 장소이며, 조국의 제단이야말로 도당과 나쁜 시민들을 범접하지 못하게 막을 장소라고 생각했다. 그들은 제단의 신성성을 확신했다. 더욱이 그들은 거기에 있으면 안전하다고 생각했다. 그들은 대표 열두 명을 시정부에 보내 집회와 청원에 대해 신고했다. 검찰관은 우리 대표에게 헌법의 절차를 잘 따르고 있으니 법으로 보호해줄 것이라고 말했다. 그러나 그들의 양심은 원로원 의원들,* 시정부 관리들, 총사령관과 모든 역적을 두려움에 떨게 했다. 그래서 이들은 파리 인민이 바라는 것을 토로하면, 곧 프랑스 전체의 바람이 될까봐 겁을 냈다. 다시 말해 파리 인민이 개별적인 국민의 자격으로 샹드마르스의 친림법정에서 내린 판단이 전 국민의

---

* 당시 글에서 국회를 원로원에 비유했던 것은 전국의 코뮌의회나 기초의회보다 상급기관이었음을 뜻한다.

판단이 될까봐 두려워했던 것이다. 그렇다면 어떻게 할 것인가? 계엄령을 내린다? 그러나 무장하지 않고 평화롭게 국회의 명령만 따르는 청원자들을 향해 계엄령을 내리는 방법이 있을까?

데물랭은 여기서 음모가 생겼다고 주장한다. 그는 시정부와 총사령관이 선량한 시민들에게 계엄령을 내리기 위해 사건을 조작했다고 말한다. 조국의 제단 아래서 작업하다 잠든 노동자 두 명과 아침 일찍(새벽 4시라고 한다) 아버지의 허락을 받고 제단 둘레에 새긴 명문을 베끼러 간 젊은이 이야기, 그 때문에 벌어진 노동자의 학살사건에 대해 데물랭은 총사령관을 위해 일하는 경찰 끄나풀이나 잠복 근무자들이 더 큰 사실을 감추려는 목적에서 노동자들의 입을 막기 위해 죽였다고 주장했다. 노동자들을 붙잡아 두 시간 뒤에 죽일 때까지 국민방위군이나 시정부 관리가 한 명도 나타나지 않았음은 음모라는 것이다. 성난 군중이 노동자들의 머리를 창끝에 꿰어가지고 다니는 광경을 본 시민들은 두려움에 떨면서 계엄령이라도 내려서 질서를 회복해주기를 바라는 마음의 준비를 갖추게 만들었기 때문이다. 과연 끔찍한 소문이 금세 시내에 퍼졌고, 영문을 모르는 시민들은 코르들리에 클럽과 자코뱅 클럽을 비방하기 시작했다. 그때가 오전 9시쯤이었다. 벌써 분위기가 무르익었으니 시정부는 쾌재를 부르면서 붉은 기를 흔들 수 있게 되었다. 그렇지만 시정부는 밤에 가서야 기를 흔들었다. 그사이에 무슨 일이 있었는가? 오전 중 국회에서 레뇨 드 생장 당젤리가 뻔뻔스럽게도 폭도가 국민방위군 두 명의 머리를 잘랐다고 거짓말을 늘어놓았으며, 그를 중심으로 동료들이 몹시 흥분해서 모여들었다. 국회의원들은 바이이가 질서를 회복하려는 의지가 약하다고 비판했고, 바이이는 사람들이 별로 모이지 않은 거리와 광장에 몰래 계엄

토마 마리 루아유

장 폴 마라

루이 세바스티엥 메르시에

콩도르세

로베스피에르

바이이

모리 신부

페티옹

탈레랑(2)은 여성으로 표현한 종교(3)를 변호사 타르제(1)에게 넘긴다.
생테티엔(4)은 얼른 단도를 빼든다(작자 미상의 판화, 파리 카르나발레 박물관 소장).
탈레랑은 오텡의 주교이며 생테티엔은 개신교 목사였다.
타르제는 국가가 종교인들에게 공무원처럼 봉급을 주는 체제를 만든 국회를 대표해 "이 정도의 은총이면 충분하다"고 말한다.
탈레랑은 종교인의 손목을 잡아 타르제에게 넘기기 전에 "내게 얼마를 주던 이 여자를 넘기겠소"라고 말한다.
생테티엔은 단도를 들고 "반값에 우리 둘이요"라고 말한다. 타르제, 탈레랑, 생테티엔은 모두 제헌의원이었다.

헌법을 받아들이는 루이 16세(작자 미상의 채색판화, 카르나발레 박물관 소장).
종교인(1)과 귀족(2)은 전혀 새로운 것을 관찰한다.
평민(3)은 "그가 헌법을 지지하는 한, 우리는 완전히 행복하리라"라고 생각한다.
왕(4)은 "그들의 행복은 내 영광이다"라고 생각한다.

'가짜 왕 루이Louis le faux'에 대한 서민들의 분노는 극에 달했다.

"프랑스는 조금씩 깨끗해진다."
폴리냑 공작Jules de Polignac은 이미 벨기에 지방의 스파Spa로 떠났는데,
뤽상부르 공Anne Charles Sigismond de Montmorency-Luxembourg은 칼론이 기다리는 런던으로 출발하려고 배에 오른다.
쥘 드 폴리냑 공작은 군인 정치가였고, 아내 폴라스트롬은 왕비의 최측근이었다.

tôt tôt tôt
battez chaud
tôt tôt tôt
bon Courage
il faut avoir coeur a l'ouvrage.

1791년 헌법(BNF 소장).
세 신분이 함께 '새 헌법'을 만들고 있다.
"빨리, 빨리, 빨리 / 뜨거울 때 내려쳐라. / 빨리, 빨리, 빨리 / 용기를 내서 / 진심을 다해 작품을 만들자."
여기서 '빨리'는 망치질 소리(토^땅)와 비슷하다.

령을 내렸다. 라파예트는 병영에 있는 보병과 기병들을 거나하게 취하도록 했다. 인민을 향해 음모를 꾸민 자들이 일제히 외쳤다. "이제 붉은 기가 펄럭인다. 가장 어려운 일은 지났다."

만일 연맹의 장에서 집회를 해산시키려고 했다면, 오전에 붉은 기를 휘날리면서 국민방위군을 보내 불상사를 일으키지 않고 목적을 달성했을 것이다. 그러나 시정부는 관리들을 그곳으로 보내 청원서가 합법적이므로 조금도 걱정하지 말라고 안심시키며, 심지어 자신들도 서명하고 싶다고 거짓말을 했다. 더욱이 관리들은 학살사건이 일어나기 한 시간 전에 자신들이 기꺼이 인질노릇을 하겠다는 말로 청원자들을 속였다. 더욱이 혁명 전부터 경찰은 수많은 정보원을 두었는데, 혁명이 일어났다고 해서 권력기관의 속성이 크게 달라질 것은 없었다. 데물랭이 말하듯이 라파예트에게는 수많은 정보원과 부하들이 정보를 물어다주었고 여론도 조작했다. 그리고 레뇨 드 생장 당젤리가 실제로 정보에 어두웠는지 아니면 일부러 정보를 왜곡했는지는 몰라도 국회의원이 국회에서 항상 정확한 내용만 보고하지는 않는데, 그의 영향을 받아 법을 통과시킬 때도 있다. 이런 구조 속에서 힘없는 사람들은 권력자인 국회가 제정하고, 시정부나 도 지도부가 집행하던 법을 준수해 청원서에 서명했는데도 엉뚱한 곳에서 일어난 사건(그것도 조작을 의심받을 수 있는 사건)을 빌미로 공권력이 휘두르는 물리력에 가장 먼저 희생되는 것이다. 데물랭이 라파예트를 비판하는 글은 아직도 끝나지 않았다.

이때부터 가장 훌륭한 시민들은 추방되었다. 공권력은 그들을 침대에서 체포하고, 모든 서류를 빼앗고 인쇄기를 부쉈다. 법의 친구들, 온건파는 추방자 명단을 공시하고 서명했으며 브리소, 카라, 본빌, 프레롱, 데물랭 같은 인간을 몰아내 사회를 정화해야 한다고 말한다. 당통, 프레롱, 나〔데물랭〕는 목숨을 노리는 자들을 피해 도망칠 수밖에 없었다. 이제 애국자들이 반란분자가 되었다. 오로지 반박하기 어려운 사실을 얘기했고 진실만 얘기하는 우리는 매수당한 사람이고, 거짓말하는 신문기자들은 아무 대가 없이 진실을 말하는 사람으로 둔갑했다. 사람들은 페티옹, 로베스피에르, 뷔조, 브리소, 당통, 모든 작가를 한때 애국자로 칭송하더니 이제는 외국에 매수된 역적이라고 외친다.

지식인이 합리적인 의심에 대한 확증을 들이댈 힘이 모자랄 때 느끼는 좌절감을 오늘날에도 공감할 수 있다. 데물랭은 울고 싶은 심정을 이렇게 토로했다.

사막에서 외치고, 인권선언문을 수호하고, 켕즈뱅 병원의 장님들에게 무지개를 보여줄 권리를 되찾으려면, 그 대가로 라파예트와 그 동료들의 폭정을 찬양할 정도로 비천해져야 한다. 진실을 얼버무리면 된다.

한국의 독자는 데물랭이 묘사하는 상황을 보면서 아마도 1980년 5월 광주에서 일어난 일과 비슷하다고 느끼리라. 또한 이처럼 시위대를 폭도로 미리 규정하고 공권력을 폭력 수준으로 휘두르는 사례는 21세기 우리에게도 낯익다. 그리고 비밀공작에 가담한 사람을 살해하는 공작정치에 대한 두려움도 결코 낯설지 않다. 이 학살사건은 2세기 이상 역사가들의 추인을 받지 못했다.

13
사태 수습과 질서 회복

7월 18일, 국회는 전날의 사태에 대해 수습 방안을 논의했다. 오전회의에서 파리 시장 바이이가 국민방위군 총사령관 라파예트와 함께 증언대에 섰다. 바이이가 전날의 일에 대해 보고했다.

"파리 시정부는 어제 하루 일어난 사건으로 몹시 애통한 심정입니다. 의원님들이 아시다시피 아침에는 여러 건의 범죄사건이 일어났습니다. 밤에는 법을 집행했습니다. 시정부는 온정주의 행정원칙에 따라 지금까지 법을 온건하게 집행했습니다. 그 누구도 시정부가 가혹했다고 비난하지 못할 것입니다. 그러나 어제 시정부는 반드시 필요한 만큼 법을 집행했음을 의원님들께 감히 말씀드립니다. 공공질서가 완전히 무너지고 조국이 위험해졌기 때문입니다. 조국의 적들이 연합하고 공모했습니다. 우리는 폭동을 진압할 법을 공표했습니다. 우리가 공권력에 둘러싸여 가공할 법을 공표하는 깃발을 앞세우고 연맹의 장으로 들어간 이유는 거기에 모인 사람들에게 질서를 상기시키고 평화와 복종을 가르치기 위해서였습니다. 그러나 선동자들은 도발했습니다. 그들은 행정관들과 국민방위군에게 발포했습니다. 범죄의 책임은 모두 그들의 몫입니다."

바이이는 시정부가 17일 오전 8시부터 시시각각 바스티유 터와 연맹의 장에서 들어오는 급보에 대처하다가 마침내 오후 5시 반에 계엄령을 내려 시위대를 무력으로 진압한 뒤 밤 10시에 시청으로 돌아가기까지의 과정을 낱낱이 보고했다. 그리고 시위대의 경우, 사망자 11~12명, 부상자 10~12명 수준이며, 진압군의 경우 두 명이 숨지고 몇 명이 다쳤으며, 국민방위군을 학대한 시위자 5~6명을 라포르스 감옥에 감금했다고 말했다. 바이이는 밤 10시 30분에 코뮌 회의를 소집해서 결의한 내용을 다음과 같이 보고했다.

1. 시정부는 코뮌의 검사대리의 보고를 받은 뒤 코뮌의 검사에게 오늘 두 사람을 살해한 자를 해당 구의 고소인에게 고발하는 동시에 공모자와 가담자를 색출하는 데 필요한 모든 정보, 관련 문서, 지식을 제공하도록 명령한다.

2. 공공질서를 완전히 회복할 때까지 계엄상태를 지속한다. 따라서 모든 상태가 정상화되어 법에 따라 흰 기를 달게 될 때까지 붉은 기를 시청 중앙 창문에 걸어둔다.

3. 계엄상태가 지속되는 한, 무장집회나 비무장집회를 모두 범죄행위로 규정해 계엄법 제3조에 따라 무력으로 해산시킨다.

4. 국민방위군 총사령관은 계엄법과 이 명령을 철저히 집행한다. 그리고 이 명령을 계엄법과 오늘 내린 모든 결정과 함께 인쇄해 48개 구에 보낸다.

바이이의 보고가 끝나자 국회의장 라메트는 이렇게 화답했다.

"국회는 여러분이 취한 행동과 모든 조치를 승인합니다. 파리의 국민방위군, 자유와 법을 지킨 병사들, 생업에 종사하느라 한결같이 봉사할 수 없는 처지에 있는 시민들은 이번에 일어난 일련의 사태에서 헌법과 법에 충성하는 모습을 두드러지게 보여주었고, 열의와 절제와 충실한 태도를 증명함으로써 국민으로부터 높은 평가와 함께 감사를 받고 있음에 국회는 매우 만족합니다."

곧이어 바르나브가 제안한 명령을 통과시켰다.

"국회는 파리 시장이 읽은 보고서와…… 국회의장의 답변을 인쇄해 파리의 모든 거리에 공고하며, 파리의 모든 법원의 공소인들은 어제 일어난 범법행위를 저지른 자들과 소요사태의 주모자를 즉시 소추하도록 명령한다."

그러고 나서 의원들은 사태를 수습하기 위해 헌법위원회와 형사법위원회가 마련한 안을 청취했다. 페티옹은 제1조의 한 부분이 언론의 자유에 치명적인 독소조항을 품고 있다고 문제를 제기했다. 레뇨 드 생장 당젤리 의원이 수정안을 내놓아 의원들은 다음과 같이 법을 통과시켰다.

제1조. 살인, 방화, 약탈을 자행한 사람 또는 격문이나 벽보를 붙이거나 공개적인 성명을 발표하거나 그러한 글을 소지하여 법에 복종하지 않도록 하거나 공공장소나 집회에서 연설함으로써 법을 어기도록 공식적으로 충고한 사람은 모두 폭도이며 질서를 문란하게 만든 자다. 따라서 경찰관들은 당장 그들을 체포해 재판에 넘겨 법의 심판을 받게 한다.
제2조. 집회나 소요에 참가해 살인을 저지르라고 소리를 지른 사람은 살인이 일어나지 않았다 할지라도 살인의 공모자로 간주해 3년형에 처한다. 모든 시민은 그를 잡는 데 힘을 보탠다.
제3조. 국민방위군이나 공권력을 향해 무장을 해제하도록 외치는 사람은 폭도이며, 2년 이하의 징역형에 처한다.

그날 파리 시정부 회의에서는 코뮌 회의가 전날 일어난 일에 대해 작성한 보고서를 받았다. 시장 바이이가 밤새 튈르리 궁의 마당을 지키느라 고생한 국민방위군을 위해 다과를 제공하라고 참모장에게 명령했다. 시장은 앵발리

드(군원호원) 구위원회가 그로 카이유의 군병원에 안치한 시신들의 매장을 미루면 아주 위험하니 조속히 처리해달라고 부탁하는 편지를 읽었다. 무더운 7월 중순에 총상을 입은 시신은 빨리 썩고 악취를 풍기기 때문이다. 시정부는 당장 제6구 법원의 기소인에게 법이 정한 형식을 갖춰 조치하라고 공문을 보내는 한편, 생활필수품 담당 행정관 피월을 군병원에 파견해 대중이 질서를 지키도록 하고 병원에 안치한 주검들을 옮기는 데 필요한 모든 조치를 취하라고 명령했다. 또 국민방위군 참모장에게 17일 사태에 대해 얻을 수 있는 모든 정보를 파악하는 대로 보고하도록 명령했다. 참모장은 특히 계엄령을 발동하기 위해 징용했던 부대들의 행동과 태도에 대해서도 보고해야 했다. 이튿날인 화요일(19일), 시정부는 코뮌의 검찰관 카이에B.-C. Cahier의 이름으로 48개 구의 모든 위원회와 경찰관들에게 회람을 돌리면서 법에 복종하라는 명령과 파리 치안에 대해 결정한 사항을 인쇄해서 첨부했다.

"파리 시정부는 벽보 부착자, 인쇄물 행상인, 연설가들을 주의 깊게 감시하기 바란다. 특히 민첩하게 행동해서 군중이 모이지 못하게 하고, 집회를 해산시킨 뒤에는 지난 17일에 시청에 설치한 상설위원회에 질서를 유지하는 방안과 함께 정확히 보고하기 바란다. 우리는 모든 공무원이 의지와 행동을 완전히 일치시켜야만 이 난관을 헤쳐나갈 수 있다."

『파리의 혁명』(107호)은 이렇게 전한다. 파리 시정부의 긴급회의와 코뮌의회가 결정한 대로 17일 밤부터 그동안의 시위를 조직하고 공권력에 맞선 사람들에 대한 체포와 수색이 벌어지기 시작했다. 고발, 봉인장, 체포와 구금, 문서 압수, 인쇄기와 활자 몰수, 투표명부 말소가 시작되었고, 옛날 적들의 피로 물든 깃발을 자랑스럽게 걸었던 시청에는 오랫동안 무고한 시민들의 피로 물든 깃발을 침울하게 걸어놓았다. 권력에 매수당한 자들은 이를 두

고 "나라를 구하는 일"이라고 주장하지만, 결코 그렇지 않다. 나라를 구하
는 일은 헌법을 올바로 지키고, 국민의 대표들이 위임자들의 이익을 위해 일
할 때만 가능하기 때문이다. 무엇보다도 언론의 자유를 속박하는 일이 가
장 애석했다. 마라는 이미 인쇄기를 빼앗겼기 때문에 콜롱브 양mademoiselle
Colombe의 인쇄기를 빌려서 신문을 발행했다. 17일 이후 인쇄소의 모든 장비
를 압수해서 시청으로 향하는 마차행렬을 볼 수 있었다. 국민방위군의 총검
이 그 행렬을 호위했다. 그들과 함께 온갖 모욕을 받으면서 관련자들이 끌려
가고, 마지막으로 인쇄물 행상인들도 여럿 끌려갔다. 그리고 당통, 프레롱,
카미유 데물랭, 르장드르 같은 사람들을 체포하라는 명령을 내렸다. 그러나
그들은 17일 아침에 벌써 자신들에게 불리한 상황을 귀띔받고 시골로 도피
했으니 안전했다. 『뒤셴 영감』의 발행인 에베르가 잡혔다가 차후 좀더 신중
하게 처신하라는 훈계를 듣고 곧 석방되었다. 왕당파 작가이며 『사도행전les
Actes des Apôtres』의 발행인 쉴로François-Louis Suleau와 『왕의 친구L'ami du roi』
의 발행인 루아유Thomas-Marie Royou 신부도 똑같은 취급을 받았다. 이를 두고
『파리의 혁명』에서 프뤼돔은 입헌파가 민중으로 하여금 열렬한 혁명투사들
과 가장 맹렬한 귀족주의 작가들을 혼동하게 만들려는 수작이라고 해석했다.

샹드마르스의 학살사건이 일어난 뒤, 혁명 초에는 아주 진보적으로 보였
던 입헌왕정주의자들이 이제는 보수적인 모습으로 보이는 일이 계속 일어났
다. 프뤼돔이 전하는 말로는 그들은 모든 계층의 사람을 가리지 않고 체포했
다가 풀어주었다. 외국인도 예외는 아니었다. 그것은 애국자들을 위축시키
려는 목적을 그럴듯한 구실로 감춘 행위였다. 영어, 이탈리아어, 라틴어 교
수였던 '이탈리아인' 로통도Rottondo 'l'italien'는 실제로 연맹의 장에 가지도 않
았고, 국민방위군을 지휘하던 상테르와 함께 있다가 집으로 돌아가려고 퐁

뇌프 다리를 지나다가 붙잡혀 욕보고 풀려났다. 그는 라파예트에게 권총을 쐈다는 혐의를 받았다고 툴툴댔다. 유대인 에프라임이나 이름 모를 독일 남작부인도 체포되었다가 곧 풀려났다. 이들은 아마 외국의 첩자거나 망명귀족의 돈을 가지고 군중집회에서 반정부 활동을 했다는 혐의를 뒤집어썼을 가능성이 있다. 코르들리에 클럽이 주축이 되어 청원서에 서명을 받던 7월 17일에 학살사건이 일어난 뒤 정신적으로 고통을 받다가 스스로 목숨을 끊은 사람도 있었다. 생니콜라 대대의 포병 중대 소위인 프로방Provant은 코르들리에 클럽 회원이었다. 그는 머리에 총을 쏘기 직전 "나는 자유롭게 살지 못하면 죽기로 맹세했다. 자유를 잃었으니 죽겠다"고 말했다.

왕의 도주 이후에 일어나는 사태를 지켜본 프뤼돔은 당시 정국의 주도권을 쥔 국회의원들의 변화를 이렇게 묘사했다. 루이 16세가 도주하기 전에는 애국파patriotes, 내각파ministériels, 검은 사람들noirs의 세 부류가 있었다. 프뤼돔은 내각파를 '남녀추니 같은 존재'라고 불렀다. 필요에 따라 여기 붙었다 저기 붙었다 한다는 이유였다. 애국파는 항상 올바른 길을 가면서 나머지 두 파를 모두 경멸했다. 그리하여 라메트, 뒤포르, 바르나브의 3인방은 바이이, 뒤케누아Duquesnoi, 라파예트 같은 내각파는 물론 모리, 카잘레스, 푸코 드 라르디말리Louis, marquis de Foucauld de Lardimalie* 같은 검은 사람들을 악착같이 공격했다. 그런데 왕이 붙잡혀 온 뒤 오로지 로베스피에르, 페티옹, 뷔조와 그 주변의 소수만 애국파로 남고 나머지가 연합했다. 검은 사람들에 속한 말루에가 한 달 전만 해도 애국파에 속했던 바르나브를 칭찬하고 라파예

---

* 에노Hainaut의 추격부대장 출신으로 페리고르 세네쇼세에서 귀족 대표로 전국신분회에 진출했다.

트와 라메트가 친구가 되었다. 샤플리에, 당드레, 데뫼니에 같은 의원들에게 말을 거는 것조차 부끄러워하던 사람들이 이제는 아무렇지도 않게 협력하게 되었다. 이 같은 모습은 이미 6월 26일에 뒤포르가 헌법위원회에 법안을 제출할 때 나타났다. 국회는 위원 세 명을 뽑아 왕과 왕비의 진술을 듣게 하자는 안에 대해 로베스피에르는 왕이 법 위에 있느냐, 그도 시민인데 왜 특별대우를 하느냐고 반발했다. 그러나 뒤포르는 왕은 시민이 아니라 권력이라고 맞섰고, 말루에는 그는 단순한 권력이 아니라 신성한 권력이라고 대답했다.

국회의원들은 2년 동안 헌법을 만드는 고통스러운 작업이 거의 끝나는 시점에 빨리 입법의회를 구성해서 짐을 벗어버리고 싶었을 것이다. 그 때문인지 원칙을 중시하는 소수의 애국파와 달리 대다수는 타협과 안정을 추구하는 길을 선택했고 이미 직업적 정치가의 길로 들어서 있었다. 이처럼 다수의 국회의원이 왕을 감싸면서 헌법을 마무리하는 과정을 지켜보는 프뤼돔은 『파리의 혁명』(108호)에서 루이 16세가 다시 한번 도주할 것이라고 예언했다. 그는 지난번에 실패했기 때문에 이번에는 왕비의 시녀로 변장하고 도주할 것이며, 화가 치민 사람들은 라파예트에게 달려가 따질 것이라고 말했다. 그러면 라파예트는 모자를 벗고 겸손하게 대중을 설득한 뒤 여느 때처럼 시청에 가서 연설하고, 국회로 달려가 자기 머리를 바치겠다고 말할 것이다. 또 의원들은 감동해서 왕을 제대로 지키지 못한 죄를 더는 묻지 않을 것이며, 대중도 라파예트의 행위에 감동해서 그 일을 잊어버릴 거라고 프뤼돔은 예언했다. 프뤼돔은 먹고사는 일로 바쁜 대중이 한 가지 문제를 끈질기게 물고 늘어지기 어려운 대신, 전문적으로 정치를 하는 사람들은 시간을 끌면서 대중의 관심을 다른 데로 돌리고 자신들이 원하는 대로 정국을 요리한다고 경고했던 것이다. 유권자가 생업에 종사하면서도 계속 정치에 신경 쓰지 않으면 직업 정치인들을 이길 수 없음은 오늘날에도 우리가 늘 겪는 현실이다. 그래서 언론이라도 '사회의 목탁'으로 살아 있기를 바라는데, '목탁'이 일부 기득권을 대변하느라 아주 탁한 소리를 내는 경우가 많다.

14
푀이양파

데물랭은 푀이양파가 생기는 과정에 대해 이렇게 말했다.

> 국회는 푀이양 클럽으로 자리를 옮겼고, 그렇게 해서 자코뱅 클럽과 결별했다. 그러나 페티옹과 로베스피에르를 비롯해 국민을 섬기는 의원들만 자코뱅 클럽에 남았다. 소수를 제외한 나머지는 사제, 귀족, 모사꾼, 정부 지지자, 반혁명가나 얼간이들로서 반국민적 모임이다. 로베스피에르, 뷔조, 페티옹, 뢰데레, 프리외르, 그레구아르, 루아예 같은 사람들은 어째서 의원직을 사퇴하지 않는지, 단지 인민을 향한 음모가들의 집회에서 물러나는지 나로서는 잘 모르겠다. 그러나 아마도 다른 사람들은 이 소수의 정의파가 뒤로 빠진 뒤에 일어날 일이 두려운 나머지 그들을 자신들 품에 붙잡아두고, 몇 가지 착한 법령을 통과시켜 자신들이 야심차게 꾸미는 국민말살 정책을 호도하는 방안을 모색하고 있을지도 모른다.

1791년 7월 16일 밤의 일이다. 자코뱅 클럽에서 그동안 운영상의 불만을 품었던 국회의원 회원들이 결국 따로 나가서 푀이양 수도원 자리에 둥지를 틀었던 것이다. 그들은 자코뱅 클럽이 초기의 창설자들이 생각하던 방향과 점점 멀어지는 것에 불만이었다. 무엇보다도 회원이 되는 방법이 너무 쉬워졌다. 그래서 새로 가입하는 일반 시민들은 수적으로 늘었고, 의결에 영향력을 행사하기 시작했다. 신입회원들이 늘어가면서 토론은 더욱 대담해졌다. 그러나 자코뱅 클럽이 왕의 세습을 인정하는 대의제와 공화정의 두 가지 형태를 놓고 토론을 했을 때 공화파는 아직 소수였다. 이런 상황에서 로베스피에르는 제헌의원들이 입법의회에 진출하지 못하게 하자는 안을 내놓았고, 이 때문에 자코뱅 클럽을 드나드는 국회의원들이 분열하면서 당연히 지지자들도 분열했다. 로베스피에르는 국회에서 입법부에 관한 법안을 논의하는 5월 16일에 헌법위원회의 투레Jacques Guillaume Thouret가 제안한 안에 반대했던 것이다.

"요컨대 나는 명확한 말로 발의하겠습니다. 지금까지 입법부에 대해 제기한 모든 문제 가운데 그 무엇에 관해 논의하기 전에, 현 국회의원들은 차기 입법부의 의원이 될 수 없다고 의결해야 합니다."

제헌의원의 '재선 가능성rééligibilité'에 대해 로베스피에르가 반대한다고 하자 일부 의원들은 열렬히 환영했지만, 대다수 의원은 자리에서 벌떡 일어나 큰 소리로 표결하자고 외쳤다. 로베스피에르의 안은 뜻밖에 우파 의원들이 지지해줘서 통과되었다.* 이 문제로 의견의 차이를 확인한 의원들은 자코뱅 클럽에서 계속 부딪쳤고, 마침내 7월 16일 밤 회의를 끝으로 수많은 의원이 푀이양 수도원으로 자리를 옮겼던 것이다. 프뤼돔은 푀이양 클럽으로 옮

---

* 이 제안을 둘러싼 토론은 제2부에서 다룬다(AP. 26, p. 111).

긴 바르나브, 뒤포르 같은 의원들은 이제 '반혁명의 친구들 협회la société des amis de la contre-révolution'를 구성했으며, 이 푀이양파의 회람을 83개 도에 뿌리는 특별파발꾼을 고용하는 돈은 내무대신 르사르가 냈다고 말했다.

급진파 자코뱅 의원들과 온건파 자코뱅 의원들은 오래전부터 서로 공격하면서 분열의 싹을 키우다가 마침내 로베스피에르가 제안하고 통과시킨 '재선 가능성' 문제로 사이가 더욱 벌어졌다. 로베스피에르, 뷔조, 페티옹 같은 진정한 애국파 의원들은 입법의회에 의원으로 출마하지 않는 동시에 앞으로 4년 동안 대신직에 취임하지 않는다는 원칙을 내세웠다. 라메트, 뒤포르, 바르나브, 브로이 같은 사람들은 국회의원이 되지 못할 뿐 아니라 앞으로 4년 동안 아무런 대신직도 맡지 못한다는 안에 불만이 많았다. 그동안 좌파 행세를 하던 의원들이 반발했지만, 뜻밖에 우파 의원들이 로베스피에르 안을 지지해주었다. 수많은 좌파 의원에게 품었던 원한을 그런 식으로 갚았던 것일까? 아무튼 로베스피에르와 그를 지지한 우파 의원들의 속내는 달랐음을 쉽게 추론할 수 있다. 그 뒤 급진파 의원들에 대해 중도좌파 성향의 의원들이 노골적으로 거리를 두기 시작했다. 그리고 왕의 도주사건 이후 나타난 심각하고 중대한 상황이 더욱 분란을 일으켰다. 6월 29일, 자코뱅 클럽에서 로렌의 제3신분 변호사 출신 국회의원인 앙투안F.-P.-N. Anthoine은 모든 공무원이 헌법을 위반했을 때 해임시키는 것이 가혹하다기보다 가장 약한 벌이며, 루이 16세가 파리에서 도주하면서 헌법에 전쟁을 선포했다고 말했다. 샤를 드 라메트가 그의 말을 막은 뒤 "앙투안의 말은 우애협회의 성격에 맞지 않는다"고 비판했다. 그는 앙투안이 자코뱅 클럽에 피신하러 오는 사람들이 있다고 말하는데, 그가 누구를 그렇게 보는지 분명히 밝혀야 한다고 말했다. 앙투안은 귀족과 군인들이 동맹을 맺었다는 사실에 주목하라고 대답했다.

"그들은 우리에게 애국심을 부추기거나 평등에 대한 지식이나 교훈을 얻으려는 것이 아니라 다른 목적을 가지고 이곳에 드나드는 것이 아닐까요? 그들이 한 일을 보십시오. 그들이 입법의회의 의원이 되려는 희망이 꺾인 뒤 얼마나 화가 났는지 보십시오. 모든 악덕 가운데 소수가 지배하는 과두정이 가장 나쁜 것입니다. 분열을 들먹이면서 우리를 겁박하는 자들을 멸시합시다. 자유의 진정한 친구라면 반드시 모사꾼들과 헤어져야 합니다. 우리는 특히 조국을 단념하지 말아야겠습니다."

앙투안은 라메트 같은 군인 출신과 귀족이 자코뱅 클럽의 일원임을 과시하려는 목적만 가지고 클럽을 드나든다며 비판하고 그들을 몰아내야 한다고 에둘러 주장했던 것이다. 그리고 7월 1일 클럽에서 회의를 주재하던 부슈는 비요 바렌이 공화정과 군주정 가운데 어느 것이 더 좋으냐고 문제를 제기하자 발언권을 빼앗았으며, 곧 투표로 비요 바렌을 제명 처분했다. 7월 6일, 콜로 데르부아J.-M. Collot d'Herbois가 자코뱅 클럽에 낭시의 잔인한 기억을 되살렸다.* 콜로 데르부아는 리옹에서 배우이자 극단장으로 활동하다가 혁명이 나자 파리에 정착한 뒤 자코뱅 클럽에 드나들었다. 그는 총기병 30명에 대해 보고했다. 이들은 오랫동안 감금되었다가 부이예 장군의 명령으로 해고되었으며, 국회의 법으로 완전한 자유를 회복했지만 특별 군법회의를 열어 다시 재판을 해달라고 요구하고 있었다. 이들 중 스물한 명은 파리의 군원호원에 살면서 자신들은 억울하니 재판으로 복권해주고 군대에 복귀시켜달라고

---

* "당시 사건 이후 부이예 장군의 명령으로 부당한 대우를 받은 총기병 30명에 대한 보고Rapport pour trente carabiniers victimes d'une grande injustice ordonnée par le général Bouillé à la suite de l'affaire de Nancy"를 가리킨다.

주장했다. 나머지 아홉 명은 자신들이 받은 부당한 대우에 넌더리가 나서 모든 권리를 파리에 머무는 동료 스물한 명에게 맡겼다는 것이다.* 8~10일에는 왕을 어떻게 다루어야 하는지를 놓고 알랑송의 제3신분 출신 구피 프레펠른G.-F.-Ch. Goupil-Préfelne이 계속 왕의 신성성을 주장하는 발언으로 청중석을 웅성거리게 만들었다. 그리고 10일에는 앞에서 보았듯이 브리소가 공화정을 옹호하는 연설을 했고, 자코뱅 클럽은 그의 연설문을 인쇄해 자매협회에 보내기로 결정했다. 구피는 15일 국회에서 브리소의 연설을 고발했다. 이렇게 해서 자코뱅 클럽의 온건파가 떠날 때가 되었다.

　7월 17일 자코뱅 클럽의 회의에서 페티옹은 자코뱅 클럽의 분열에 대해 자기 나름의 진단을 내렸다. 그는 클럽을 떠나 쾨이양 수도원으로 간 국회의원들은 근본적으로 훌륭한 애국자가 분명하지만,** 국가를 위해서는 반드시 막아야 했던 분열이 필요하다고 믿었으며, 그들 중 일부는 자코뱅 클럽 안에서 자신들을 거칠게 비난하기 때문에 화가 났다고 말했다. 또 일부는 자코뱅 클럽 회원들 다수와 다른 의견을 마음대로 표현할 자유를 억압당해서 원통해한다고 말했다. 페티옹은 긴 연설을 끝낼 즈음 이렇게 말했다.

　"이 순간 우리는 이미 확정된 것 같은 분열을 막을 의지가 있는지 없는지 여부를 결정하는 것이 무엇보다 필요합니다. 어제 나는 쾨이양 클럽에서 그들의 분리계획을 온 힘을 다해 논박했습니다. 나는 우리 클럽이 잘못한 일도 많지만 그 잘잘못을 따질 때가 아니라고 설득했습니다. 그러나 그들이 자매

---

*　낭시의 군사반란에 대해서는 제4권 참조.
**　이제 헌우회가 둘로 쪼개진 뒤 회원들은 두 곳의 명칭을 당분간 '파리 자코뱅 수도원의 헌우회'와 '쾨이양 수도원의 헌우회'로 구별했다.

협회에 보낼 통지문을 준비한다는 사실을 알고 나는 유감스러웠습니다. 나는 거기에 모인 국회의원들에게 일부 당파가 사용하는 수단에 기대는 것이 국가에 얼마나 도움이 되겠느냐고 설득했지만 허사였습니다. 수많은 사람이 내게 말했습니다. '자코뱅 클럽이 처음 조직할 때로 돌아가고, 초창기 규칙을 따르고, 토론의 자유를 누릴 수 있다면, 다시 합칠 수 있습니다.'"

페티옹은 평화와 단결의 이름으로 자코뱅 클럽이 초창기 모습을 되찾아야 한다고 말했다. 그리고 그 사실을 알리는 글을 작성해서 다음 날까지 그들과 모든 자매협회에 보내자고 제안했다. 데물랭은 어떤 회람을 작성하더라도 자코뱅 클럽이 국회와 분리되었다고 써서는 안 된다고 말했다. 그리고 로베스피에르와 페티옹이 자코뱅 클럽에 남아 있는 한 국회와 분리된 것이 아니라고 못 박았다. 게다가 지난 6주 동안 마르세유에서는 국회의 공용우편물 표시를 찍지 않고 발송한 회람을 하나도 받아보지 못했지만, 자신이 우체국에서 그 표시를 받아서 발송한 우편물 1,200여 통은 모두 무사히 도착했다고 말했다. 어떤 회원은 푀이양 클럽에 대표단을 파견하자고 제안했고 회원들은 토론을 거쳐 부결했다. 샹드마르스를 비롯한 파리 곳곳에서 일어난 일을 파악하라고 내보냈던 위원들이 돌아와 시내 사정을 보고했다. 회원들은 우울한 소식을 전해 듣고 시시각각 변하는 상황을 더 정확히 파악할 위원들을 다시 내보낸 뒤 다음과 같이 결의문을 작성해 자매협회들에 발송하기로 의견을 모았다.

헌우회는 국가의 적들이 현 상황을 이용해서 오로지 조국을 위해 꾸준히 헌신하는 시민들을 중상비방하는 사례가 급증하는 사태를 우려한다. 또 우리 협회를 공격하기 위해 완전히 그릇되거나 기만적으로 날조한 인쇄물을 대량으로 퍼뜨리는 현실을 보면서 이처럼 중상모략으로 가득 찬 소문과 인쇄물을 공식적으로 거부한다. 그리고 우리 회원들은 헌우회라는 이름을 충실히 지키려고 노력하는 동시에 온 힘을 다해 헌법을 수호하겠다는 의지를 다시 한번 만천하에 천명한다. 우리 회원들은 언제나 그랬듯이 국회가 제정한 법에도 늘 복종할 것이다. 따라서 헌우회는 이 선언문을 모든 자매협회에 발송하는 동시에 모든 신문과 합법적인 경로를 이용해 널리 알릴 것임을 만장일치로 결의했다.

18일 회의에서는 로베스피에르의 발의로 온갖 중상비방을 막아야 한다는 취지에서 "파리의 자코뱅 수도원의 헌우회가 국회에 드리는 말씀"*을 작성하기로 결정했다.

"사람들이 국회에서 우리를 중상모략합니다. 평화와 공익을 생각하는 우리는 여전히 행동하면서 명성을 순수하게 지키고 있습니다. 우리는 국회에 우리의 원칙과 애정을 담아 정중한 감사의 뜻을 표시하면서 우리를 중상하는 사람들에게 다음과 같이 답변합니다.

우리가 계속 보급하고 경건하게 준수하는 원칙은 바로 법에 복종하고, 모든 사람에게 속한 신성한 권리를 실천함으로써 법을 완성하고 개선하는 데 이바지하는 것입니다. 그리고 그 신성한 권리란 우리의 헌법의 원칙에 부합하는 모든 수단을 통해 인류애라는 가장 중요한 이익에 대해 자신의 생각을 교류할 권리를 뜻합니다."

---

* Adresse à l'assemblée nationale, par la société des Amis de la constitution, séante aux Jacobins à Paris.

한마디로 자코뱅 클럽의 헌우회는 자신들과 다른 의견을 탄압한 사실이 없음을 길게 해명했다. 자신들은 국회가 제정한 법을 조금도 어기지 않았다는 것이다. 그들은 전혀 당파심이 없는 사람들이기 때문에 자신들이 품은 자유에 대한 사랑을 범죄로 엮지 말아달라고 한 뒤, 마지막으로 국회의원들에게 호소했다.

"모든 도당의 활동을 처벌하는 것은 의원들의 몫입니다. 헌법의 진정한 원리를 조금도 훼손하지 않는 방법으로 국가를 수호하는 것도 의원들의 몫입니다. 여러분이 자유의 친구들을 온갖 학대와 개인적 자유에 대한 공격에서 보호해주셔야 합니다."

20일 회의에서 루아예 신부는 분열상태를 해소하게 만들 유일한 방안은 위원들을 임명해서 대화하는 것이며 자신을 뽑아달라고 말했다. 망두즈가 그의 발의를 안으로 작성했다.

"푀이양 헌우회 회원들을 자코뱅으로 돌아오게 만들기 위해 위원 30명을 임명하는데, 그중 14명은 국회의원으로 구성해 헌우회 내부 규정을 개혁하도록 한다."

이 제안을 통과시킨 뒤 망두즈와 케르생*을 푀이양으로 보냈지만, 푀이양 헌우회는 그들을 냉정하게 맞이했다. 푀이양의 회의를 주재하던 구피는 자코뱅의 제안을 다음 회의에서 다루고 대답해주겠다고 말했다.

---

* 케르생 백작Guy-Armand Simon de Coëtnempren de Kersaint은 해군장교, 문필가 출신으로 혁명기 파리 선거인이 되었으며, 자코뱅 클럽에서 활동하다가 나중에 푀이양 클럽에 가담하고 보궐선거로 입법의회 의원이 된다. 지롱드파로 분류할 수 있는 성향의 정치인으로 국민공회에서 숙청되어 단두대에 올랐다.

7월 21일, 국회의 소식을 전하는 『모니퇴르』 신문을 포함한 여러 신문의 편집자들은 편지를 두 통 받았다. 하나는 부슈가 보낸 편지였다. 부슈는 헌우회에서 17일에 작성한 결의문에 들어간 '의장 부슈'의 서명은 가짜라고 말했다. 자신이 7월 초부터 헌우회의 의장직을 수행한 것은 맞지만, 이제는 다수의 회원과 함께 푀이양 클럽으로 옮겨갔으며, 거기서 의장직을 수행하기 때문이라고 말했다. 그는 자기 서명을 위조한 사람들을 끝까지 추적해서 밝히겠다고 하면서 신문에서도 그 사실을 널리 알려 선량한 시민들이 진실을 알도록 해달라고 주문했다. 다른 하나는 부슈의 말을 부정하는 편지로서 자코뱅 클럽의 의장 대리 뒤푸르니L.-V. Dufourny와 비서들이 썼다. 뒤푸르니는 부슈가 자기 이름을 쓴 자료를 가짜로 취급하고 그것을 쓴 사람들을 뻔뻔스러운 위조자로 폄훼한다고 운을 뗐다. 그는 부슈가 푀이양 클럽의 헌우회 의장임을 강조했지만, 그의 비난이 얼마나 정당하고 사실이며 온건한지 대중에게 밝히겠다고 말했다. 그러나 분열된 헌우회를 하나로 합치기 위해 어떤 희생이라도 감수해야 할 순간이므로 그를 비난하려는 뜻은 전혀 없으며, 단지 사실을 증명할 만한 내용만 가감 없이 말하겠노라고 했다. 부슈가 7월 1일부터 자코뱅 클럽의 헌우회 의장, 살Salles과 앙투안Antoine이 비서가 되었는데, 13일 수요일에 부슈가 회의를 진행했으며, 15일 금요일에는 결석했기 때문에 앙투안이 대신 사회를 봤다. 17일 일요일에 부슈와 앙투안이 모두 결석했기 때문에 살이 의장 대신 회의를 주재했다. 회의에서 결정한 사항에는 그달의 의장과 비서들의 이름을 넣는 것이 관행이므로 그대로 했을 뿐이다. 그런데 국회의원 일부가 푀이양 수도원에 모여 또 하나의 헌우회를 만들었다는 사실을 알게 되었지만 부슈, 살, 앙투안이 모두 그곳으로 옮겨가 원래 자코뱅 클럽에서 얻은 직책을 수행했는지는 파악하지 못했다. 그들이 버리고 간 형제와 친구들에게 자신들의 탈퇴를 미리 알려주기만 했더라도, 자코뱅 클럽의 헌우회는 부슈의 이름을 쓰지 않았을 것이다. 더욱이 17일 오전에도 부슈는 제3사분기의 회원증 200장을 직접 서명해서 금전출납인 데피외Deffieux에게 보냈다. 우리는 부슈의 말도 옳고 뒤푸르니의 말도 옳다고 판단한다.

22일, 자코뱅 헌우회는 다시 한번 푀이양 헌우회를 되돌아오게 만들려고 대표단을 보내자고 논의했지만, 상테르를 비롯하여 몇몇 회원이 반대했다. 24일, 푀이양 헌우회는 지난번에 약속한 대로 자코뱅 헌우회에 대답했다. 로베스피에르는 그 대답을 읽기 전에 먼저 자코뱅 헌우회가 진정한 헌우회임을 선언하자고 제안했고 만장일치의 동의를 얻었다. 그러고 나서 푀이양 헌우회의 의장 구피 프레펠른의 편지를 읽었다. 한마디로 자코뱅 헌우회의 제안을 거절한 뒤, 만일 자신들이 지난 회의에서 결의한 사항을 무조건 받아들인다면 다시 뭉칠 수 있다고 말했다. 그들의 결정에서 가장 핵심적인 부분은 "푀이양 헌우회는 오직 능동시민만 회원으로 받아들인다"라는 조항이었다. 이 문제에 대해 자코뱅 헌우회는 토론을 했지만 별다른 결론을 얻지 못했다.

25일, 자코뱅 헌우회는 페티옹을 의장으로 뽑았다. 페티옹은 헌우회 회원 명부를 열람하여 회원 현황을 파악하고, 자코뱅에 계속 남을 의지가 확고한 사람들을 새로 받아들인 뒤, 헌우회의 입회식을 거치게 하자고 제안했다. 이렇게 회원 명부를 재정비하기로 한 뒤, 다음과 같이 결정했다.

1. 회원 여섯 명을 투표로 뽑아 회원으로 남아 있는 국회의원 여섯 명과 함께 임시로 추천위원회le comité de présentation를 구성하게 한다.
2. 위원회는 현 3사분기의 회원 명단에서 우리 협회의 핵심 인물 60명을 추린다.

3. 위원회는 그 외의 인사들도 계속 추린다.

4. 명단 정화작업에서 탈락하는 회원은 재심을 요청할 수 있다.

5. 정화작업을 통과한 뒤에 회원으로 남고 싶어하지 않는 사람은 명단에서 지우고, 어떤 경우에도 다시 회원이 될 수 없다.

6. 명부를 두 부 작성하는데, 하나는 새로운 협회의 모든 회원을 등록하고, 다른 하나는 심사에서 탈락한 회원, 그리고 기존 협회의 이탈자들의 주장에 동조한 회원을 등록하며, 이 명부에 오른 사람은 앞으로 헌우회의 회원이 될 수 없다. 자코뱅 헌우회 정화작업은 8월 3일까지 마치기로 한다.

이렇게 해서 자코뱅 헌우회와 푀이양 헌우회는 완전히 분리했다. 헌우회가 분열한 뒤 자코뱅 헌우회는 지방의 자매협회들에 통신문을 보냈다. 헌우회가 운영하던 통신위원회의 구성원 서른 명이 클럽 간행물을 발간해 자매협회들에 보냈는데, 그중 스물다섯 명이 푀이양 헌우회로 넘어갔다. 그러니까 이 통신문은 나머지 다섯 명(주요 인사는 피에르 쇼데를로 드 라클로Pierre Choderlos de Laclos였다)이 작성한 것이다. 그 요지는 다음과 같다.

이제 헌법의 모든 적을 진압하고 국회도 위대한 업적을 마무리할 단계에 도달했는데 아주 가슴 아픈 일이 일어났다. 프랑스의 모든 애국단체의 소망을 한 몸에 받아 안으면서 혁명을 악착같이 수호하던 사람들이 둘로 나뉘었다. 국회는 헌우회가 옹호하는 원리와 다른 법을 제정했다. 그럼에도 헌우회는 국회의 결정을 존중했다. 그러나 헌우회에서 영향력을 잃은 것에 실망한 사람들은 국회법에 불복하는 전례 없는 행동을 하면서 헌우회에 헌신적인 국회의원들을 겁박했고, 푀이양에서 회의를 열어 결정적으로 헌우회를 분열시켰다. 그들 때문에 마음이 아프지만 용기를 잃지 않았다. 이 분열은 뜻밖에 일어난 잘못이다. 더욱이 이 잘못은 아주 일시적인 것일 뿐이다. 국회에는 진지하게 헌법을 원하는 덕망 높은 애국자들이 많다. 선동에 속아 자코뱅을 떠난 의원들은 여전히 헌법의 친구들이며, 원래 그들의 보금자리로 머지않아 다시 돌아올 것이다. 우리 형제들은 지금까지 애국심의 놀라운 증거를 보여준 헌우회가 일순간에 그들을 지우고, 헌우회가 이룬 업적을 갈기갈기 찢어버릴 것이라고 믿지 않을 것이다. 비록 국가의 적들이 헌우회의 분열을 보면서 온갖 희망을 품고 있다 할지라도 자코뱅 헌우회는 이럴 때일수록 반드시 소통이 필요하다고 생각하면서 계속 자매협회들과 통신을 유지하겠다.

푀이양 헌우회도 자매협회들에 다음과 같은 요지의 통신문을 보냈다.

창립의원들은 헌우회를 창설하면 수많은 이점이 있다고 생각했다. 헌우회가 국회에서 법안을 준비할 때 모든 문제를 표결에 의존하지 않고 깊이 있게 무제한 토론하여 결론을 도출한다면 그 결과로 나온 법을 존중할 수 있다. 헌우회는 수많은 정보를 널리 확산시킬 수 있으며, 헌법에 대한 의견을 교환하는 중심지 역할을 할 수 있기 때문에 전국에서 이 단체를 본받을 수 있었다. 그러나 회원을 무분별하게 받아들여 회원 수가 급증한 뒤에는 창립 당시부터 지킨 원칙들을 저버리게 되었다. 국회의원이면서 헌우회를 창립한 사람들은 의무에 충실하고 헌법의 친구라는 칭호에 걸맞은 활동을 하기 위해 국회 근처의 푀이양 수도원에 따로 자리를 잡았다. 그리고 자코뱅 클럽에서 투표로써 의장이 된 의원이 푀이양 헌우회에서 회의를 주재한다. 또한 푀이양 헌우회는 비서들과 통신위원회 위원들이 전국 자매협회들과 계속 연락할 것이다.

자코뱅 헌우회가 분열을 일시적으로 생각하면서 자매협회들의 이탈을 막고자 했다면, 푀이양 헌우회는 정통성을 더 많이 확보했음을 강조했다. 푀이양에는 창립회원이 더 많이 참여했으며, 그중에는 분열하기 전에 투표로 의장이 된 부슈와 비서들(살, 앙투안), 그리고 통신위원회 위원의 절대다수가 있다는 것이다. 지방의 자매협회들은 어떻게 되었을까? 파리의 헌우회 본부가 둘로 나뉜 이상, 당분간 자코뱅과 푀이양이 합치기를 바라는 것, 자코뱅 헌우회의 편으로 남는 것, 푀이양 헌우회에 가담하는 것의 세 방향 가운데 하나를 택할 수밖에 없었음을 밝혀둔다.

제헌의회의
입헌군주제 혁명 완성

제 2 부

1
제헌의원의 재선문제와
입법의회 선거법

1791년 5월 16일 월요일, 국회에서는 입법의회의 구성에 대해 논의하기 시작했다. 제3신분 출신으로 노르망디 고등법원 변호사로 일하다가 국회의원이 된 투레가 헌법위원회의 제안자로서 입법의회에 대한 안을 읽었다. 모두 99개조로 이루어진 법안은 '입법의회의 조직, 그 기능, 그리고 왕과의 관계'를 규정하는 것이었지만, 로베스피에르가 투레의 말을 끊고 중대한 문제를 제안했다. 그는 제헌의원은 "초대 입법의회 의원이 될 수 없다"고 선언해야 한다고 주장했다. 의원들은 그날의 오전회의가 끝나는 3시 30분까지 계속 토론을 하다가 마침내 표결을 거쳐 "현 국회의원들은 다음 입법부의 의원이 될 수 없다"는 법을 거의 만장일치로 통과시켰다. 그러므로 프랑스 역사상 최초의 민주적 투표로 뽑을 입법의회 의원은 모두 새 얼굴이 될 터였다. 99개조의 첫 5개조는 이미 1789년 9월에 정한 대로였다.

제1조. 입법권은 국회에 있고 국회가 행사한다.

제2조. 국회는 상설기구다.

제3조. 국회는 단원제다.

제4조. 입법의원의 임기는 2년이다.

제5조. 입법의원의 임기가 끝날 때 전원 교체한다.

제6조. 헌법이 정한 조건에 맞는 모든 시민은 어떠한 지위, 직업, 공직에

있다 할지라도 의원으로 뽑힐 수 있다.

제7조. 입법의원은 재선 가능하다.

여기서 제6조의 조건은 '마르크 법marc d'argent'을 의미한다. 1마르크
(51~52리브르)를 세금으로 낼 수 있는 사람에게 입법의원에 뽑힐 수 있는 자
격을 주는 것이었다.

5월 17일, 이번에는 '초대 입법의원이 다음 선거에 출마할 수 있는가'라는
문제를 놓고 토론을 벌였다. 이튿날에도 수많은 발언과 토론이 이어졌고, 마
침내 의장이 "헌법위원회의 안에 맡긴다"라는 안을 가지고 의견을 물어 통과
시켰다. 이렇게 해서 투레의 안대로 입법의원은 아무런 제약을 받지 않고 여
러 번 출마할 수 있었다. 그리고 6조와 8조를 차례로 통과시킨 뒤 9조와 31조
를 한꺼번에 처리했다. 종합하면 임기 2년의 의원은 왕이 소집하지 않더라도
의원직을 수행하고, 의원의 임기는 선거를 치른 뒤 5월 첫 월요일부터 시작
되며, 임기를 마친 입법부가 회의를 하던 의사당을 이용한다. 그리고 입법부
는 의사당을 옮길 필요가 있을 경우에 그 장소를 결정할 권한을 갖는다. 5월
20일, 국회는 입법부에 관한 법안 10조부터 차례차례 심의하고 의결했다. 그
렇게 해서 선거인단을 각 도의 디스트릭트 기초의회에서 구성해 입법의원을
뽑으며, 의원들은 5월 첫 월요일 오전 9시에 의사당에 모인다. 첫날 200명 이
하가 모이면 다음 회의를 그다음 월요일에 열며, 200명을 넘겼지만 과반수
인 373명 미만이 모인 경우 최고령자가 국회의장직, 그다음 연장자 두 명이
비서직을 맡는다. 이들은 입법행위를 할 수 없고, 단지 의원의 자격심사와 명
령을 발의할 수 있을 뿐이다. 의원의 과반수인 373명이 모일 때부터 완전한
입법의회의 이름으로 법을 제정한다. 의원의 자격심사를 마친 뒤 일제히 프

랑스 인민의 이름으로 "자유롭게 살지 못한다면 죽음을 택하겠다Vivre libres ou mourir"라고 맹세한다. 그러고 나서 국회의장이 "나는 1789년, 1790년, 1791년에 제헌의회가 제정하고 루이 16세가 받아들인 왕국의 헌법을 온 힘을 다해 보전하고, 입법부에서 헌법을 위반할 수 있는 어떤 것도 제안하거나 승인하지 않겠으며 국민, 법, 왕에게 항상 충성을 다할 것을 맹세합니다"라고 선창하면, 의원들은 한 사람씩 연단에 올라 "나는 맹세합니다"라고 말한다. 회의는 공개하며 방청객은 제반규칙을 따라 질서를 유지해야 한다.

5월 21일에 통과시킨 44조와 45조에서는 국회의원의 임기 중 면책특권을 규정했다. 그러나 형사상 현행범의 경우는 예외로 했다. 또한 국회의원도 일반 시민처럼 민사상 신체와 재산에 법적 제재를 받을 수 있다. 5월 23일, 국회는 48조부터 99조까지 일사천리로 처리했다. 특정위원회의 법안이나 개인이 발의한 안을 상정하고 의결하는 과정을 자세히 다루고, 수정과 재수정을 거친 법안이 세 번째 거부당하면 더는 상정할 수 없다고 했다. 통과된 법의 전문에는 처음 발의한 날짜, 상정한 날짜, 수정과 재수정 날짜를 기록해 왕의 재가를 받는다. 왕은 법이 헌법과 맞지 않을 경우 승인을 거부할 수 있다. 왕이 국회를 방문할 때 회의를 중지하며, 매달 의원 네 명을 임명해서 왕의 재가를 받을 법을 왕에게 제출하도록 한다. 왕이 거부할 경우, 해당 입법의회 임기 중 다시 재가를 요청할 수 없다. 왕이 바뀔 경우, 국회는 왕실비를 다시 책정한다. 왕이 미성년인 경우, 섭정과 경호에 필요한 비용을 따로 정하며, 왕이 성년이 되어 국회에서 절차와 형식에 맞는 맹세를 한 뒤 왕실비를 지급한다. 왕은 입법의회 개회식과 폐회식에 참석한다. 입법부는 국민이 뽑은 대표로, 왕은 국민의 세습적 대표로 모두 똑같은 예우를 받는다. 제헌의회 의원들은 자신들의 뒤를 이어 법을 제정할 입법의회의 기능과 지위에 관한 사항을 결정했다. 마지막으로 99조는 왕과 국회의장의 관계를 설정했다.

"왕과 입법부가 함께 행진할 때, 국회의장은 왕의 오른쪽 바로 곁에서 걷는다. 또 왕, 국회의장, 국회의원들 사이에는 그 누구도 끼어들 수 없다."

왕과 국회의장이 대등한 관계가 되었음을 보여주는 표시는 곧 국회의사당에서도 나타날 것이다. 예를 들어 왕이 국회를 방문할 때 그의 자리는 의장석과 같은 높이의 의자로 한정했다. 그리고 제헌의원들은 계속해서 5월 27일과 28일에 '입법의회 소집'에 관해 모두 2개 장, 28개조의 법을 제정했다. 그 법에 따르면 6월 12일부터 25일까지 각 도의 능동시민이 기초의회에 모여 새로운 선거인단을 뽑고, 선거인단의 임기는 1793년 3월까지로 하며, 능동시민의 수와 직접세 납세 비중을 고려해 각 도의 입법의원 수를 할당하여 모두 745명을 뽑는다. 그리고 입법의회 의원 선거가 끝나자마자 국회는 제헌의회의 임기를 마치는 날과 입법의회가 개원하는 날을 결정하고, 새로 구성할 초대 입법의회의 임기는 1793년 5월 1일에 끝난다. 이 법에 따라 입법의원 선거를 치러야 하는 시민들은 국회에 '마르크 법'을 개혁해달라고 여기저기서 청원했다. 납세액을 가지고 능동시민과 수동시민을 가르고, 더욱이 고액의 직접세를 낼 수 있는 사람이 의원직에 출마할 수 있다는 이 법은 평등한 사회를 만드는 이상과 어울리지 않는다는 것이었다. 6월 20일, 국회는 사방에서 들어온 청원서를 읽지도 않고 헌법위원회가 검토하도록 했다. 그중에서 파리의 애국시민 단체 13개가 연합해서 제출한 청원서를 읽어보면 그들의 분노를 느낄 수 있다.

기초의회가 열리는 날은 모든 희망을 빼앗기는 사람들이 일제히 항의하는 날이 될 것이다. 조국의 아버지들이여! 자기가 만들지 않고 승인하지도 않은 법에 복종하는 사람들은 노예일 뿐이다. 여러분은 법이란 일반 의지의 표현이어야 한다고 선언했지만, 시민의 절반 이상에게 수동시민 이라는 이상한 이름이 붙었다. 모든 시민이 함께 법을 승인하는 날을 정하지 않는다면, 또 '마르크 법'으로 형제인 인민들에게 여러분이 그은 잔인한 경계선을 없애지 않는다면, 또 여러분이 제정한 인권선언을 보란 듯이 해치는 다단계 피선거권을 영원히 폐지하지 않는다면, 조국은 위험하다. 1789년 7월 14일, 파리 시는 무장한 남성 30만 명을 가지고 있었다. 시정부가 발행한 현재 명부는 겨우 4만 8,000명의 시민만 기록하고 있다. 두 상황을 비교하고 판단해보라.

6월 10일 일요일, 파리의 선거인들은 위의 법에 따라 형사법원 재판장에 뒤포르, 검사에 로베스피에르를 선출했다. 6월 12일자 『프랑스 애국자』(673호)에서 브리소는 뒤포르가 다른 경쟁자들보다 형사재판의 업적이 두드러졌기 때문에, 그리고 로베스피에르가 변함없는 애국심으로 어떤 지위의 중죄인도 틀림없이 기소할 것이기 때문에 뽑혔다고 평가했다. 기초의회가 모이기 시작하는 이날, 브리소는 같은 신문에 어떤 여성 정기구독자une Abonnée의 제언을 실었다. 그 구독자는 "누구를 뽑아야 할까?Qui faut-il élire?"라는 질문을 던진 뒤, 이것은 "입법의회가 무슨 일을 할 것인가?Que devra faire la prochine législature?"를 해결하면 자연스럽게 해답을 알 수 있다고 말했다. 지난 2년 동안 일어난 수많은 사건과 현재 상황을 일별해보면, 전국신분회 대표를 뽑을 때만큼 새 의원을 뽑는 일이 무척 중요하다는 사실을 알 수 있다고 말한다.

지난 2년 동안 국민이 힘을 합쳐 대대적인 개혁을 단행해 온갖 폐단과 폭정의 과거와 단절하면서 헌법을 만들었다. 그렇게 해서 자유의 수호신이 깨어나고, 인권선언이 완성되었으며, 이제 프랑스인들은 헌법을 갖추었다. 그러나 우리의 모든 병폐 가운데 으뜸의 것은 고질적인 재정적 혼란이며, 그 때문에 혁명이 일어났다. 그 분야는 아직도 다스리기 어렵고 불투명하다. 따라서 입법의회는 재정 분야를 가장 중점적으로 감독해야 한다. 그것을 제대로 하지 못하면 헌법이 제대로 뿌리를 내리지 못하게 될 것이다.

『프랑스 애국자』를 정기 구독하는 여성의 말은 오늘날에도 국회의원을 뽑을 때 통할 법한 처방이다. 입법의회에는 재정 분야를 투명하게 운영할 수 있는 의원들이 모여야 한다. 그들은 박식하고 청렴하며, 국민의 돈을 꼭 필요한 곳에 쓸 수 있는 사람이어야 한다. 정직하다 할지라도 정의롭지 못하고 또 단호하지 못한 사람은 충분한 자격이 없다. 용기와 경험을 가지고 속임수와 능란한 음모에 대비해야 하지만, 그렇지 못한 사람은 제아무리 선량한 사람이라 할지라도 쉽게 권력을 남용하거나 협박을 당한다. 그러므로 유약하거나 취미 또는 편견 때문에 자신의 의무와 엄격한 원칙을 어길 가능성이 있는 사람들을 조심스럽게 가려내 멀리해야 한다. 사치와 쾌락을 일삼는 사람들, 자기 직업을 재산을 불리는 데 이용하는 자들은 공공재산을 관리하고 지출하는 사람에게 필요한 준엄한 행동원칙을 갖추지 못하기 때문에 온갖 실수와 사기가 쉽게 끼어들 수 있는 결제, 세금징수와 할당을 책임질 수 없다. 박식, 청렴, 정직, 이것이 가장 먼저 갖춰야 할 덕목이다. 단순히 재정적인 혼란을 막기 위해 슬기로운 법을 집행하는 데 그쳐서는 안 되며, 엄격한 근검절약 정신으로 부패의 뿌리와 폐단을 없애야 하기 때문이다.

만일 우둔한 법을 마구 남발해 우리가 겨우 회복한 권리를 훼손할지도 모르는 대표들을 뽑아서는 안 된다. 우리에게는 진정으로 자유를 사랑하는 사람이 필요하다. 그는 정치와 사회적 행복의 원칙을 숙지하려고 전념하는 사람이다. 그러므로 사람을 유혹하는 가면을 쓴 채 질서를 가르치지만 무정부 상태로 이끌어가면서 사람들을 사슬에 묶고 막무가내로 행동할 구실만 찾는 사람은 피해야 한다. 우리는 재정문제에 정통한 사람만 필요하지 않다. 슬기롭지만 단순하고 많지 않은 법률로 헌법의 기초를 강화할 수 있는 사람, 인간 능력을 계발할 수 있는 사람, 언론의 자유를 지켜주는 청렴한 사람, 사회의 모든 계급, 특히 얼마 전까지 하층민peuple이라고 불리던 계급이 쉽게 교육받을 수 있는 제도를 만들 사람, 법을 준수하는 공공정신을 가장 능동적으로 함양하고 불타오르게 만들 사람이 필요하다. 그가 만드는 제도는 인간으로 하여금 공통의 권리와 보편적인 우애가 모든 국민의 행복을 보장해준다는 사실을 엄숙하고 감동적인 방식으로 상기시켜줄 것이다. 따라서 야망과 허영심 때문에 예전의 잘못을 되풀이하고, 헌법의 원리에 헌신하는 마음을 솔직히 털어놓지 못하거나 그 원리를 온전히 보전할 만한 지식이나 힘이 없는 사람들을 뽑아서는 안 된다.

6월 13일, 국회는 104개 조항의 '입법부의 조직'에 관한 법을 통과시켰다. 이것은 거의 한 달 전부터 심의해서 통과시켰던 99개조의 법을 좀더 구체화한 것이었다. 여기서 눈에 띄는 것만 살펴보자. 우선 입법의원은 계속 출마할 수 있고 시장, 시 행정관이나 사법관 그리고 국민방위군 사령관은 의원을 겸직할 수 없으며, 의원이 된 군인이 군사적 임무를 수행할 때는 입법부의 허락을 받아야 하고, 선거인단을 구성할 기초의회는 2월 15일까지 소집일을 공고해 3월 첫 월요일에 모여야 하며, 그때부터 의원 선거를 실시해 5월 첫 월요일 오전 9시에 지난 국회가 모이던 장소에서 회의를 해야 한다. 그날 200명 미만이 모이면 다음 월요일에 다시 모이지만 과반수인 373명이 모이지 않을 경우 최고령자가 의장, 그다음 연장자 두 명이 비서가 되어 '임시회의'를 진행하면서 의원 자격심사부터 해야 한다. 373명 이상 모일 때부터 정식으로 '입법의회'를 시작할 수 있다. 만일 5월 31일까지 과반수 의원이 모이지 못하면 '임시회의'를 정식회의로 전환해 참석의원들이 불참의원들에 대한 사항을 의결한다. 의원들은 다음과 같이 맹세한다.

"나는 1789년, 1790년, 1791년에 제헌의회가 제정하고 루이 16세가 승인한 헌법을 온 힘을 다해 보전하겠으며, 또한 입법의회 회기 중 헌법을 해칠 수 있는 것은 하나도 제안하거나 승인하지 않겠으며 또한 국민, 법, 왕에게 충성하겠다고 맹세합니다."

이 맹세를 국회의장이 한 뒤 의원은 한 명씩 연단에 올라 "나는 맹세합니다"라고 말해야 한다. 입법의회가 완전히 구성되면 개별투표로 의장과 비서들을 뽑고, 왕은 의회를 해산할 수 없다. 왕이 새로 즉위할 때 휴회 중의 의회는 즉시 모이며, 왕은 국가의 안위가 걸린 내우외환의 경우에 휴회 중의 의회를 소집할 수 있다. 의원은 임기 중, 그리고 임기가 끝난 뒤 한 달이 지날 때까지 면책특권을 누린다. 의원이 국회 밖에서 행한 일로 현행범이나 체포영장으로 체포할 수 있지만, 국회에서 결정한 결과에 따른다. 위원회가 마련한 법안이나 의원의 발의는 거부당하거나 토론에 부쳐 수정안을 다시 상정할 수 있으며, 이때 다시 거부당할 수 있다. 그러나 최소 8일의 간격을 두고 원안, 수정안, 재수정안을 상정해 가부를 결정한다. 국회가 통과시킨 법은 의장과 비서가 서명한 뒤 두 부를 왕에게 제출하며, 왕의 거부권은 차차기 입법의회 말(이번 임기에 4년 더한 뒤)까지 효력을 갖는다.* 새로운 관직이나 직·간접세를 신설할 때 반드시 국회가 법을 마련하고 왕이 승인해야 한다. 왕실비는 왕이 형식에 맞게 맹세한 뒤에 지급하며, 새로운 왕이 등극하면 왕실비 지급을 중지한 뒤 새로 정한다. 이 법이 나온 뒤 기초의회를 소집하기 시작했다.

'인민의 친구' 마라는 기초의회에서 선거인을 뽑을 때 사기꾼을 가려내는 일에 앞장섰다. 사기꾼끼리 힘을 합치면 그나마 지금까지 달려온 개혁의 바퀴를 역회전시킬 수 있기 때문이다. 그렇다. 가장 급진적인 마라의 눈에는 혁명은 아직 일어나지 않았다. 그런데 최초의 민주적 선거로 뽑는 입법의원 선거의 선거인단을 소홀히 할 수는 없었다. 물론 마라가 나쁘게 묘사한 사람들은 그 나름대로 억울하다고 호소했을 것이다. 그럼에도 마라의 고발만 자료로 남아 있다.

> 르루 페르(아버지 르루), 옛날 카피타시옹 세금 독촉장 배달인, 음모가들인 바이이와 모티에(라파예트)에게 충성하는 망나니. 르 그랑, 완벽한 위선자. 포마조Pommageot, 품행이나 정직성을 기대할 수 없음. 보발레, 지독한 악당. (……)

마라의 명단은 악당의 집합소였다. "무능한 변호사", "번드르르한 말로 돈을 버는 변호사, 천박하고 부패하고 부정不貞한 귀족주의자", "뻔뻔한 바람둥이", "귀족주의로 썩어 문드러진 변호사", "모티에(라파예트)의 충실한 정보원", "무능한 건달, 동성애에 빠짐", "사이비 독신자篤信者", "언제나 혁

---

* 왕이 법을 승인할 때 "왕은 동의하며 집행시킬 것이다le roi consent & fera exécuter"라고 쓰며, 한시적 거부권을 행사할 때 "왕은 검토할 것이다le roi examinera"라고 쓴다.

명을 헐뜯는 밧줄 제조업자", "살기 위해 무엇이든 하는 자", "카페를 전전
하면서 사는 자", "어떤 악당을 위해 일하는 정보원", "파산자", "그 동네 모
든 악당이 묵는 여인숙 주인", "창녀의 기둥서방". 이들과 함께 약사, 청량음
료수 상인, 파산한 종이장수, 보석상, 시계방 주인같이 직업만 명시한 악당도
마라의 명단에 등장했다. 그런데 이들은 단지 노트르담 구에 사는 주민이었
다. 마라는 테아트르 프랑세 구의 악당들, 라파예트 클럽에 드나드는 악당들,
캥즈뱅 구의 악당들의 명단을 보여주면서 낙선운동을 펼쳤다.

6월 19일, 로베스피에르는 아침에 국회에서 선거에 관한 지침을 작성하
라는 명령을 받았다. 그는 부랴부랴 지침을 작성했지만 국회에서 보고하기
전에 자코뱅 클럽에서 미리 선보이기로 했다. 오늘날의 유권자들에게도 유
익한 내용이 있으니 그의 연설을 들어보자.

> 시민 여러분, 여러분이 해야 할 선거가 얼마나 중요한지 설명하는 것은
> 귀중한 시간을 낭비하는 일입니다. 잘 아시다시피 여러분이 뽑을 선거인
> 들은 여러분의 행복이나 불행을 책임질 국회의원들을 뽑을 것입니다. 그
> 러므로 기초의회에 반드시 참석하시기 바랍니다. 특히 압제를 두려워하
> 는 여러분은 반드시 참석하십시오. 거기서 여러분이 가장 소중히 여기는
> 이익을 토론할 것이기 때문에 이번 선거인 선거에 대해 명백히 아는 일
> 은 매우 중요합니다. 여러분이 희생한다 할지라도 이성, 정의, 공공의 이
> 익으로 보상받을 것입니다.
> 여러분은 덕과 재능을 고려해서 선택하겠지만, 둘 중에서 덕이 더욱 소
> 중한 것임을 잊지 마시기 바랍니다. 재능이 없어도 덕이 있는 사람은 유
> 익한 사람이 될 수 있습니다만, 덕이 없이 재능만 갖춘 사람은 재앙이 될

수도 있습니다. (박수) 그리고 사실상 인민의 대표들에게 재능이 필요할 텐데, 덕이 그것을 줄 수 있거나 둘을 겸비한 사람이 있습니다. 우리가 정의와 진리를 사랑할 때 시민들의 권리를 사랑하며 열렬히 수호합니다. 그러니 번드르르한 겉모습에 속지 마십시오. 자유의 친구와 적은 똑같은 겉모습과 말로 여러분을 상대하기 때문입니다. 일부 시민들의 정서에 대해 확신하고자 한다면, 여러분이 오늘날의 모습을 갖추기 시작할 때로 거슬러 올라가십시오. 인간은 자신의 모든 감정을 형성해준 선입견을 일시에 떼어버리지 못합니다. 일순간이라도 사악하거나 가차 없는 모습을 보여주는 사람이 있다면 그를 뽑지 마십시오. 창피를 무릅쓰고 대신이나 여성의 발꿈치를 따라서 기어 다니는 사람들을 거부하십시오. 그들은 금세 행동방법을 바꾸지만 본심은 그대로입니다. (박수)

그들은 옛날에 온갖 압제자에게 아첨했듯이 오늘은 동료 시민들에게 [표를 달라고] 아첨합니다. 사람들은 하루아침에 사악한 아첨꾼, 비겁한 추종자, 자유의 영웅이 될 수 없습니다. (박수)

그러나 여러분이 만일 무고한 사람들의 편에 서서 평생을 바치는 사람들을 알거나 아주 당당하고 명민하면서도 동료 시민들의 불행에 눈물을 흘릴 줄 아는 사람을 안다면, 그가 은퇴했다 하더라도 끝까지 찾아내서 모셔오기 바랍니다. 질서와 평화의 가면을 쓴 믿지 못할 인간들이, 자유의 철천지원수들이 인민을 해치지 못하게 막아주는 명예롭고 힘든 일을 맡길 만하기 때문입니다. 그들은 어떠한 체제라도 조정해서 질서를 바로잡습니다. 그들은 말없는 시체와 고요한 무덤을 평화의 이름으로 장식합니다. 여러분이 가장 경계해야 할 사람들은 몹시 중도적인 사람입니다. 혁명의 철천지원수들보다 더 위험한 사람이기 때문입니다. 그들은 기초의회에서 인민을 온갖 방식으로 부추겨 결국 인민을 합법적으로 탄압할 권리를 얻어내고 맙니다. 그들의 덫에 걸리지 마십시오. 그래야 조국을 구할 수 있습니다. 그들이 여러분을 속일 수 있었다면 우리에게는 오로지 자유의 기치 아래 모여 '자유가 아니면 죽음이다'라는 좌우명을 실천하는 일만 남았습니다.

민주주의의 꽃은 뭐니 뭐니 해도 선거다. 유권자는 자기가 지지하는 사람에게 투표하고, 그가 당선되면 세상이 자기가 원하는 대로 좋은 모습을 갖출 것을 기대한다. 다른 사람의 지배를 받지 않으려면 자기가 직접 나서는 것이 가장 바람직하겠지만, 자신이 당선되었다 해도 수많은 당선자와 경쟁하고 자기 뜻을 관철시켜야 하는 과정이 매우 어렵다. 직접 나설 수 없는 사람들은 자기의 대표를 뽑으면서 미래를 건다. 그러나 여러 차례 경험을 한 뒤에는 실망하고 냉담해지는 경우도 생긴다. 그나마 현명한 사람은 최선이 아니라 가장 덜 나쁜 사람을 가려내려고 노력한다. 최다 득표자가 가장 훌륭한 사람은 아니며 오히려 가장 사기꾼일 가능성이 더 높다. 일시적으로 선심이나 쓰고 애처롭게 호소하면서 기꺼이 종노릇을 하겠다고 나서던 사람이 일단 당선되면 주인행세를 하면서 평생 그렇게 살려고 온갖 술수를 쓴다. 장 자크 루소도 유권자는 투표할 때만 주인이고 그 뒤에는 노예가 된다고 하지 않았던가! 민주주의가 제아무리 좋은 제도라 할지라도 그것의 장점을 살릴 유권자와 피선거권자들이 합심해 지켜나가야 할 까닭이 이것이다. 민주주의란 평범한 사람도 다른 사람들의 도움(여론의 도움)을 받아 잘못을 최소화할 수 있는 제도라는 것이 장점이다. 그러나 민주주의 제도를 악용하는 패거리가 정치적 권력과 금권력을 장악해 제멋대로 자기 주머니를 불리고 더 나아가 자기 자손의 번영에 국가를 이용하는 경우는 모든 나라에서 겪을 수 있다. 늘 경계해야 할 일이다. 우리나라의 현실에서 다행인지 불행인지 모르겠으나, 2016년까지 '제왕무치(왕은 염치를 모른다)'한 대통령들이 국고를 사유화하고서도 대한민국을 완전히 망치지 못한 것도 그나마 국민이 여론을 형성하고 저항할 수 있는 길이 남아 있었기 때문이다. 국민이 사기꾼 패거리가 만든 '신화'에 속았음을 뒤늦게나마 깨닫고 평화적인 시위축제를 벌였던 것이 천만다행이다. 부디 좋은 사람을 올바로 선택하는 유권자가 되기를 바라는 마음이 1791년 프랑스 혁명기 언론인들의 마음과 같아서 한편으로는 서글프기도 하다. 또한 로베스피에르가 '몹시 중도적인 사람(극중주의자)'을 경계하라는 대목에서 2017년의 우리나라 어느 정치인이나 자칭 '비판적 지지자들'의 행태가 생각나 씁쓸하다. '극중'은 '순수'처럼 관념으로만 존재할 뿐이다.

2
파리의 입법의원 선거*

5월 27일과 28일의 법('입법의회 소집'에 관한 28개조의 법, 왕은 29일 승인)에 따라 왕국의 모든 능동시민은 6월 12일부터 15일까지 기초의회에 모여 새로운 선거인들을 뽑았다. 파리의 선거인단도

---

* Assemblée électorale de Paris 26 août 1791~12 août 1792. Procès-verbaux de l'élection des députés à l'Assemblée législative, des hauts jurés, des administrateurs, ……, par Etienne Charavay, Paris, 1894. 이 부분은 고문서 학자인 에티엔 샤라베가 분석한 '서문Préface'을 정리한 것이다.

입법의회 의원, 대법관과 행정관들을 뽑는 임무를 띠었다. 전국 83개 도는 인구와 직접세를 고려해 의원수를 할당받았는데, 24명을 뽑는 파리는 2위의 센앵페리외르보다 8명이나 더 뽑을 수 있게 되었다. 론 에 루아르는 15명, 센 에 우아즈는 14명을 뽑아야 했다. 10명 이상의 의원을 뽑는 곳이 모두 27개 도, 9명 이하의 의원을 뽑는 곳이 56개 도였는데 로제르, 피레네 조리앙탈, 오트잘프가 각각 5명으로 가장 적은 의원을 뽑았다. 선거인단은 국회의원과 대법관들뿐만 아니라 도와 디스트릭트의 각급 구성원 가운데 절반도 뽑았다. 6월 7일, 파리 코뮌의 검찰관이 도내의 모든 능동시민을 6월 16일에 파리의 48개 구와 16개 캉통의 기초의회에 소집했다. 각 구와 캉통에 소환명령을 방으로 붙이고 나서 거리에 나팔을 불어 소환사실을 널리 알렸다. 과연 6월 16일 아침 8시에서 9시 사이에 48개 구의 모든 기초의회가 모였다.

첫날 각 구에서 능동시민들은 5월 27일의 법*이 정한 대로 단순명단 3차 투표로 의장과 세 명의 비서를 뽑았다. 단순명단 투표란 모든 선거인이 피선 거권자의 명단에서 선거구에 할당된 만큼의 이름을 기입한다. 이렇게 해서 모든 선거인의 투표 결과를 모아 과반수를 넘긴 후보를 제외하고 2차 투표와 필요한 경우 3차 투표까지 실시한다. 100여 명의 능동시민이 선거인 한 명을 지명할 권리를 가졌다. 선출하는 시간은 지명해야 할 선거인의 수에 따라 차이가 있었다. 어떤 구에서는 3~4일이 걸렸고, 또 어떤 구에서는 7월까지 넘어갔다. 그사이 왕의 도주사건이 일어나 기초의회의 활동에 영향을 끼쳤다. 왕을 바렌에서 파리로 호송할 때까지 활동을 정지한 구도 있었다. 더욱이 첫 투

---

* 제2장 제4조. 선거인들은 단순명단의 3회 투표제로 의원을 뽑는다. 어떤 경우에도 복수명단 투표는 없다.

표에서 모든 선거인이 과반수를 넘는 경우가 드물었다. 많은 경우, 3차 투표를 거쳐야 과반수의 표를 얻었다. 특히 시민들의 참여도가 낮아서 평균 10분의 1 정도가 모여서 투표했다. 포팽쿠르 구의 경우 첫 회의에는 1,268명 가운데 46명만 모였다. 그러나 2차, 3차 투표에는 투표자 수가 늘어나기도 했다.*

---

* 구 이름, 의장, 능동시민/투표자는 다음과 같다.

1. 튈르리, 비세, ?/168
2. 샹젤리제, ?, 873/?
3. 부트, 라몽, 1289/123
4. 팔레 루아얄, 비에이야르, 2395/?
5. 플라스 방돔, 르옥Le Hoc, 1030/473
6. 비블리오테크, 레쿠르 드 빌리에르, 1517/320~367
7. 그랑주 바틀리에, 튈리에, 856/164~168
8. 루브르, 발레, 2023/159
9. 오라투아르, 부르시에, 1902/135~207
10. 알 오 블레, 샹봉, 1870/120~283
11. 포스트, 지로, 1809/136~265
12. 플라스 드 루이 14, 브뤼노, 2394/100~236
13. 퐁텐 드 몽모랑시, 모테, 1087/112~209
14. 본누벨, 몰라르, 1607/78~211
15. 퐁소, 도뱅, 2304/119~162
16. 모콩세이, 카우르, 1708/188~213
17. 마르셰 데지노상, 카르트르메르, 1072/69~169
18. 롱바르, 토마, 2504/96~244
19. 아르시스, 시몽, 1753/89~197
20. 포부르 몽마르트르, 드라르브르, 687/145~155
21. 푸아소니에르, 드 보디숑, 834/103~149
22. 봉디, 사르트르, 1439/121~146
23. 탕플, 기샤르, 1162/116~132
24. 포팽쿠르, 1268/46~73
25. 뤼 드 몽트뢰이, 기봉, 1478/93~160
26. 캥즈뱅, 브세, 1958/138~216
27. 그라빌리에, 셀리에, 3305/215~266
28. 포부르 생드니, 르무안, 1330/93~144
29. 뤼 보부르, 르베르디에, 2285/129~257
30. 앙팡 루주, 브루소네, 1784/236~245
31. 루아 드 시실, 기예, 1811/102~327
32. 오텔 드 빌, 부알캥, 1729/54~201
33. 플라스 루아얄, 브로슐라르, 1883/120~206
34. 아르스날, 프랑세, 1407/137~229
35. 일 생루이, 뱅상동, 1032/166~192
36. 노트르담, 샤프, 1657/61~259
37. 앙리 4세, 에스티엔 드 라리비에르, 883/191
38. 앵발리드, 롤랑, 1100/90~117
39. 퐁텐 드 그르넬, 트로티뇽, 2100/115~259
40. 카트르 나시옹, 르고뇌르, 3900/131~360
41. 테아트르 프랑세, 세르장, 2600/126~378
42. 크루아 루주, 보베, 1551/173~203
43. 뤽상부르, 르페브르, 2100/276~300
44. 테름 드 쥘리엥, 베우르, 2000/61~207
45. 생트주느비에브, 루셰르, 2762/106~311
46. 옵세르바투르, 보스키용, 1700/70~197
47. 자르댕 데 플랑트, 라세페드, 2178/91~177
48. 고블랭, 토리옹, 1200/93~183

모콩세이 구와 아르시스 구를 제외한 46개 구 기초의회 의장은 모두 선거인에 뽑혔다.

기초의회가 어떻게 활동했는지 구체적인 사례로 알아볼 필요가 있다. 혁명에서 아주 중요한 역할을 한 테아트르 프랑세 구의 사례가 적합할 것이다. 6월 16일 오전 10시, 테아트르 프랑세 구의 기초의회는 코르들리에 수도원에 모였다. 그때 능동시민 2,600명 가운데 170명만 의장 선거에 투표했다. 판각사graveur 세르장이 99표를 얻어 의장이 되었다. 그다음으로 인쇄업자 모모로는 투표자 113명 가운데 58표를 얻어 2위를 차지했다. 낮에 회의를 마친 뒤 저녁 6시에 다시 회의를 열었을 때, 국회에 '마르크 법'에 대해 청원서를 제출하자는 안이 나왔다. 그러나 기초의회의 목적과 다른 행동은 개별적으로 서명하는 것이 옳다고 의결하고 당통, 가랑 드 쿨롱, 본빌, 카미유 데물랭에게 청원서를 작성하는 일을 맡겼다. 그러고 나서 개표참관인으로 부셰르 생소뵈르, 라발 레퀴예, 가티에르 드 레스탕, 참관대리인으로 베르제르, 뒤프레, 그라빌을 뽑았다. 이튿날인 17일 오전회의에서는 인구를 고려해 선거인들을 뽑아야 한다는 점을 요구하자고 결정했다. 저녁회의에는 청원권에 대해 협의하러 온 고블랭 구의 대표단을 맞이했고, 선거인으로 26명을 뽑기로 결정했다. 18일 아침에 투표자들이 회의장 입구에서 자신의 능동시민증을 제시하고 신분을 확인시킨 후 차례로 입장했다.

9시에 의장이 투표를 시작하겠다고 선언했다. 곧 투표함을 열어 완전히 비어 있음을 확인시킨 후 봉했다. 투표자는 투표함과 등기부가 놓인 책상 앞으로 한 명씩 나가 국민, 법, 왕에게 충성하며, 온 힘을 다해 헌법을 지키고, 양심에 따라 공공의 믿음을 저버리지 않을 시민들을 뽑겠다고 맹세했다. 또한 자신이 국민방위군에 등록되었거나 아니면 투표참관인이 작성한 등기부에 등록했음을 선언했다. 의장이 주는 투표용지에는 구의 도장을 찍은 증지를 붙였다. 용지를 받은 시민은 선거인들이 보는 앞에서 투표를 하도록 했다. 밤 9시, 투표를 마친 뒤 선거인 회의에서 뽑은 위원 세 명이 구의 능동시민 명단을 가지고 투표자를 확인한 뒤 이 투표자 명단을 투표함 위에 놓고 투표함을 봉인했다. 명단과 투표함을 코르들리에 회의장에 있는 금고에 넣고 11시에 헤어졌다. 일요일인 19일 오전 10시에 투표함을 가져다 책상 위에 놓고 봉인에 이상이 없는지 확인했다. 봉인을 열고 투표지를 세어보니 모두 378표였다. 책상 세 개에서 378표를 철저히 분류하고 검표하고 집계했다. 정오쯤 표를 투표함에 다시 넣고 봉인한 뒤 점심을 먹으러 갔다. 오후 5시에 투표함을 다시 열고 밤 10시까지 투표자의 수와 투표수, 개인별 득표수를 철저히 검토하고 다시 투표함에 넣고 봉인한 뒤 헤어졌다.

20일 오전 9시에 다시 한번 검표를 철저히 한 뒤, 과반수 190표 이상 얻은 가랑 드 쿨롱(231표), 당통(228표), 세르장(213표)을 선거인으로 선포했다. 아직 뽑아야 할 사람은 23명이나 남았다. 왕의 도주사건 때문에 어수선한 가운데 6월 24일에 국회는 헌법위원회가 제안한 대로 선거인 선거를 연기하라고 명령했다. 그래서 테아트르 프랑세 구의 2차 투표는 6월 30일에 있었다. 그날 투표인 수에 비해 베르제르가 153표, 부셰르 생소뵈르, 갈리에르 드 레스탕, 라발 레퀴예가 137표씩 얻어 과반수를 달성한 선거인이 되었다. 이제 19명을 7월 1일의 3차 투표에서 뽑아야 했다. 투표가 끝나고 검표를 하니 모두 294명이 투표에 참여했다. 이튿날까지 검표를 거듭하여 나머지 19명을 추릴 수 있었다.* 7월 4일, 의장은 26명의 선거인 이름을 공고하고 자격심사에 맡겼다. 7월 7일까지 자격에 대해 이의가 없었기 때문에 26명의 선거인을 확정 발표할 수 있었다. 이들은 엄숙히 맹세했고 기초의회는 해산했다. 파리의 모든 구가 테아트르 프랑세 구와 같은 방식으로 선거인을 뽑고 그 과정을 기록한 보고서를 남겼다. 어떤 보고서에는 유권자가 글을 쓰지 못하는 경우,

그가 보는 앞에서 참관인이 대신 써주었다는 사실도 적었다. 파리의 경우에는 능동시민의 수에 비해 투표율이 저조했지만, 그래도 다른 지역보다는 투표참가율이 높았다.

1791년 여름의 프랑스에서도 '인민의 친구' 마라는 유권자를 교육하려고 노력하면서 사기꾼을 뽑아서는 안 된다고 경고했다. 마라가 경계했던 종류의 사람들이 전국적으로 얼마나 선거인단에 뽑혔는지 확인하기란 어렵다. 양심세력이 제아무리 빛 좋은 개살구에 속지 말라고 호소해도, 선거 결과는 그들이 바라는 결과를 만들어내지 못한다. 그것이 민주주의의 장점인 동시에 단점이다. 나라가 크고 인구가 많은 나라에서 수많은 이해관계가 얽히고설켰으며, 게다가 현대 민주주의 국가에서도 그렇듯이 선거에는 돈이 들기 때문에 재산형성 과정이 불투명하거나 깨끗하지 못한 인물이 표를 돈으로 살 수 있는 기회가 생기게 마련이다. 그래서 그랬는지 어떻게든 정치에 물든 사람보다는 새로운 사람을 뽑아야 한다는 주장도 나왔다. 로베스피에르는 입법의원들을 완전히 새 얼굴로 뽑아야 한다는 주장을 관철시켰다. 정치에 때 묻은 사람들보다 새로운 사람들로 제헌의원들의 뒤를 잇게 하려는 뜻은 수긍할 만하다. 그럼에도 1791년 6～7월 파리의 사례에서 보듯이, 선거가 정치생활에 활력을 불어넣고 희망을 주었다 해도, 또 새로운 인물이 새 국회에 들어갈 수 있게 되었다 해도, 그들은 이미 자기 구역이나 정치 클럽에서

---

* 퐁스 드 베르퇴 148표, 로이에Lohier 130표, 브륀 126표, 모모로 124표, 투리용 118표, 카미유 데물랭 116표, 로브리 114표, 뒤플랭 111표, 마이유베 드 라마르슈 108표, 르클레르 생토뱅 105표, 빌Wille 105표, 브로셰 100표, 푸르니에 라메리켕 99표, 본빌 96표, 뒤바이 94표, 클로스 91표, 카이이에Cailliez 87표, 프레롱 82표, 들로르 르죈 80표.

영향력을 행사하던 사람들이었으니 하늘 아래 완전히 새로운 것이란 없다는 말이 사실이다.

입법의회 선거를 진행하는 동안 왕을 지지하는 신문들도 열심히 선전전에 참여했다. 6월 18일자 『가납사니, 팔레 루아얄과 튈르리 궁의 신문Le Babillard; journal du Palais-Royal et des Tuileries』에서는 파리의 주민들이 얼마나 선거에 관심이 많은지 보여주었다. "모든 사람이 기초의회와 그 결과에 대해 의견을 나누며, 모든 당파의 시민들은 저마다 자기가 바라는 것을 표현한다." 6월 19일자 『궁정과 파리 시의 신문Journal de la Cour et de la Ville』에는 그라빌리에 구의 기초의회에 대해 악의에 찬 기사를 실었다. 실제로 유권자 3,305명 가운데 215~266명이 투표에 참가했음에도 유권자 7,000명 가운데 182명이 투표에 참가했으며, 게다가 읽고 쓸 줄 아는 사람이 20명을 넘지 못했다고 했다. 과연 이런 사람들이 어떻게 올바른 선거를 할 수 있겠느냐는 뜻을 감추고, 더 나아가 민주주의의 폐단을 암시하는 기사다.

파리 도는 옛날 식으로 파리 시의 48개 구와 도의 캉통들이 각자 기초의회를 구성해서 자신들에게 할당된 선거인들을 뽑았다. 파리 시에서 827명, 캉통들에서 137명, 모두 964명을 뽑아 1790년의 913명보다 51명이나 더 뽑았다. 파리 도의 인구가 그만큼 늘었다는 뜻이다. 1790년의 선거인 가운데 파리 시의 385명과 캉통들의 46명만이 선거에서 살아남았다. 따라서 1791년 선거인은 절반 이상인 533명이 새 얼굴이었다. 극작가, 아카데미 회원, 대학장, 인문학자, 농학자, 고고학자, 시인, 신문 발행인(브리소, 본빌, 카미유 데물랭, 프레롱, 그루벨, 세루티), 경제학자, 제헌의원, 해군장교, 변호사(당통), 법학자, 과학자(몽주), 의사, 기계공학자, 화가(다비드), 건축가, 인쇄업자, 서적상, 공증인, 파리 도 행정관, 종교인 등이 선거인이 되었는데, 이들은 대체로 교양과 학식이 있는 전문인이었다. 앞으로 혁명이 더욱 급진화할 때 이름을 날릴 사람들도 눈에 띄었다. 맥주 제조업자 상테르와 함께 샤퐁 샤토티에리는 장차 장군감이다. 인쇄업자 브륀은 제국 시기에 원수가 되며, 사비에 오두앵, 빌랭 도비뉴는 모두 전쟁부 관료가 된다. 인쇄업자 모모로, 푸르니에 라메리캥, 부세르 생소뵈르, 푸주한 르장드, 소송대리인 오슬랭, 라프롱 뒤 트루이에, 장 루소, 토마는 모두 국민공회에 파리를 대표하는 의원이 된다. 파리 시와 주변의 캉통들에서 선거인에 뽑힌 사람들 중 변호사와 도매상인이 각각 83명씩 제일 많았고, 그다음으로 종교인 39명, 식료품상 30명, 치안판사 28명, 금은세공인 19명, 공증인 18명, 소매상인 15명, 의사 14명의 순이었다.

국회는 전국의 모든 도의 선거인 회의를 8월 5일부터 9월 5일까지 소집하라고 명령했다. 파리 도의 선거인 의회는 8월 26일 금요일 오전 10시에 노트르담 대성당 주교 고벨의 배려로 주교청에서 모였다. 고블랭의 벽걸이 양탄자 공장 경영자인 코제트Cozette가 최고령자였기 때문에 의장이 되었다. 그의 나이는 77세를 반년이나 넘겼다. 그는 투표참관인 세 명을 임명하고, 변호사 구니우Gouniou를 임시비서로 맞이한 뒤 선거인 자격심사를 시작했다. 그는 선거인의 앞날을 축복하기 위해 27일에 노트르담 대성당에서 미사를 올리기로 했다. 이튿날인 27일 오전 9시 선거인들은 노트르담 성당에 들어가 주교 고벨이 집전하는 미사에 참석하고, 다시 주교청 회의실로 돌아가 자격심사를 계속했다. 이때 선거인에 뽑히지 못한 사람들의 항의와 고발로 회의가 늦춰지기도 했다. 그리고 선거인단 회의록을 발간할 인쇄업자를 선정할 때 아홉 명이나 참가했기 때문에 추첨으로 한 명을 선택하기로 했다. 그러고 나서 선거인 회의 의장을 뽑았다. 2차 투표를 치르고서 비로소 과반수를 얻은 박물학자 라세페드가 의장에 당선되었다. 28일 구니우는 수석비서

가 되었고, 박물학자 브루소네와 변호사 빌코크의 보조를 받게 되었다. 29일
에는 프레오, 루아종, 갈망을 개표참관인으로, 케르생, 브리소 드 와르빌,*
가랑 드 쿨롱을 대리인으로 뽑아 선거인 회의의 임원진을 구성했다. 이날 회
의가 시작되자마자 수많은 민중협회가 행진을 하면서 선거인들을 압박했다.
왕당파 신문이나 민주파 신문은 모두 엄정하게 선거를 치러 헌법과 법을 수
호할 양심과 덕을 갖춘 인물을 뽑아달라고 부탁했다. 그날의 선거 결과를 본
자코뱅 클럽과 푀이양 클럽은 모두 원만한 구성이라고 만족했다. 의장 라세
페드는 푀이양파였지만 자코뱅파에도 친구를 가진 인물이었다. 이처럼 민주
주의 방식을 도입하면 어떻게든 유권자들의 뜻이 균형을 이루는 모습을 볼
수 있다.

30일에는 선거인 회의에서 이른바 좌파와 우파의 불화가 나타나기 시작
했다. 먼저 공평하게 추첨으로 인쇄업자를 선정한다는 27일의 결정을 철회
하고, 이익과 명예를 동시에 안겨줄 인쇄업자의 자리에 선거인 프로 드 생마
르탱Prault de Saint-Martin을 임명했다. 이 사람은 1743년 이전에 로랑 프랑수
아 프로 1세의 아들로 태어나 가업을 이어 1783년 4월 11일 서적상 면허를
받았다. 아버지처럼 법과 행정에 관한 서적을 전문으로 발간했다. 이 사람을
임명하고 나서 입후보자가 보낸 편지를 읽을 때부터 양측 의견이 삐걱거리
기 시작했다. 변호사이자 신문 발행인 라크르텔이 입후보자로서 보낸 편지
를 회의록에 올리자는 좌파와 반대하는 우파가 맞섰고, 결국 그 문제를 의제

---

* 브리소의 이름에서 'Warville'을 통상적인 프랑스어 발음으로 '바르빌'로 읽지 말아야 한다. 브리
소 자신이 오해를 피하기 위해 'Brissot de Ouarville'로 표기하여 '우아르빌' 또는 '와르빌'로 읽
어달라고 주문했기 때문이다.

로 다루기로 합의했다. 또한 선거인들 가운데 여러 명이 7월 17일 연맹의 장학살사건에 연루되어 붙잡혀 감금되었거나 심리 중이었기 때문에 선거인 회의에 참석하지 못했다. 그 결과는 왕당파와 입헌파에게 유리했다. 우파 신문 『수탉의 노래Le Chant du coq』는 "당통, 데물랭, 프레롱, 그 밖의 유명 인사들이 도주해서 참 안타깝다. 그들이 있다면 남성다운 연설로 이 소란스러운 소수를 구원해줄 수 있으련만"이라고 빈정댔다. 카미유 데물랭은 8월 26일 선거인 회의 의장에게 자신과 함께 도피 중에 테아트르 프랑세 구의 선거인이 된 사람들이 7월 18일의 명령으로 활동의 제약을 받고 있다고 하소연하면서 자신들을 대신해서 국회에 중재를 해달라고 요청하는 편지를 보냈다. 의장이 이 편지를 읽어주자 선거인들이 웅성거렸지만, 우파 선거인들이 의사일정대로 회의를 진행하자고 밀어붙였다. 이것은 선거인들이 대부분 온건하거나 우파 성향이었음을 증명해주는 일화다.

8월 31일에는 지난 연맹의 장 학살사건에 연루되어 개인적인 소환명령을 받은 모모로와 증언하라는 명령을 받았던 브륀이 자유를 되찾았다. 이 두 사람은 모두 테아트르 프랑세 구의 선거인이었으며, 이로써 자유롭게 회의에 참여할 수 있게 되었다. 그날 선거인 회의는 논란이 있는 선거 결과를 재검토하는 동시에 의원 선거를 관리할 위원들을 지명했다. 회의가 끝났을 때 선거인들은 주교청의 다른 방에서 따로 모여 후보자들의 자격에 대해 토론했다. 이 모임을 '주교청 클럽'이라고 불렀다. 그들이 뽑은 후보자는 2차, 3차 투표에 진출할 기회를 가졌다. 9월 1일 월요일, 선거인 회의가 본격적으로 제 임무를 수행하기 시작했다. 먼저 파기법원tribunal de cassation의 재판장이며 테아트르 프랑세 구의 선거인 장 필리프 가랑 드 쿨롱을 파리의 첫 의원으로 뽑았다. 생멕스 출신으로 42세의 좌파 인사인 가랑 드 쿨롱은 라세페드와 2차 투표에서 441대 330으로 이겼다. 9월 2일에는 자르댕 데 플랑트 구의 선거인이며 선거인 회의 의장인 라세페드를 두 번째 의원으로 뽑았다. 그는 1차 투표에서 브리소에게 487대 130으로 이겼다. 대부분의 신문에서 이 두 사람이 의원이 된 것을 긍정적으로 다루었지만 마라는 불만이었다. 그는 9월 6일자 『인민의 친구』에서 두 사람에 대해 이렇게 혹평했다.

> 파리 도는 라세페드와 가랑을 뽑았다. 라세페드는 옛날 왕실의 추종자이며 오늘날 왕실비를 받아먹는 자로서 언제나 저급한 음모를 꾸미는 왕실의 종복들 가운데 가장 비천한 자다. 그는 혁명에는 조금도 이바지한 적도 없이 언제나 돈벌이 궁리만 한다. 유약하고 수줍은 가랑은 시정부의 조사위원회 소속으로서 샤틀레 재판소의 부패한 판사들을 박살낼 수단을 가지고 있었으면서도 샤틀레가 10월 5일과 6일의 봉기에 참여한 무고한 사람들을 가두고 목 졸라 죽이는 것을 아무 말 없이 지켜보기만 했다.

9월 3일, 선거인 회의에서는 체포되었거나 체포명령이 떨어진 선거인들을 의원 선거에 부칠지 말지 해결해야 했다. 이 경우에 해당하는 상테르와 카미유 데물랭은 인권선언이 모든 시민이 유죄선고를 받을 때까지 무죄라고 했다고 주장하면서 추적 대상인 선거인들에 대해 심사할 이유가 없다고 주장했다. 그러나 대다수 선거인은 법의 집행을 막을 수는 없다고 주장하면서 의제를 다루자고 밀어붙였다. 여러 당파는 내무대신 르사르가 선거인 회의를 존중하지 않는 듯한 태도를 보여주었기 때문에 강력하게 규탄하자고 합의했다. 그리고 나서 곧 세 번째 의원을 뽑기 시작했다. 결국 2차 투표에서 파리 도의 검찰총장이며 샹젤리제 구의 선거인인 에마뉘엘 파스토레

E. Pastoret가 브리소에게 458대 179로 이겼다. 브리소는 벌써 두 번이나 2등이었지만 아직 의원직을 차지할 만큼 지지자를 얻지 못했다. 9월 4일도 브리소에게는 안타까운 하루였다. 이탈리아 출신으로 신문을 발행하면서 파리도 행정관으로 일하다가 그랑주 바틀리에르 구 선거인으로 뽑힌 조아킴 세루티에게 의원직이 돌아갔기 때문이다. 미라보 백작의 친구로서 52세의 세루티는 2차 투표에서 453표를 얻었고, 브리소는 겨우 138표를 얻었다. 9월 5일에도 브리소는 후보에 올라 2차 투표를 치렀지만, 크루아 루주 구의 선거인인 의사, 치안판사 샤를 니콜라 보베 드 프레오에게 498대 82로 참패했다. 브리소를 이기고 먼저 의원이 된 사람들보다 브리소가 더 많이 활약했다는 사실을 아는 우리는 과연 언제 브리소가 의원이 될지에 더 관심이 많다.

9월 6일의 선거에서는 브리소 이름이 나타나지 않았다. 그 대신 당통이 등장했다. 43세의 렌 출신이며 튈르리 구의 선거인인 판사 비고 드 프레아므뇌Bigot de Préameneu가 2차 투표에서 브루소네를 387대 36으로 제치고 여섯 번째 의원이 되었다. 이날 영국에 머물던 당통은 겨우 세 표를 얻었다. 당통은 8월 4일 체포명령이 떨어진 뒤 피신했는데, 6일이나 그 직후 귀국한 것 같다. 아홉 번째 의원을 뽑는 투표에서 오귀스트 브루소네와 국민방위군 총사령관 라파예트의 부관참모인 장 바티스트 구비옹 사이에 과반수 득표자가 없어서 선거는 다음 날로 넘어갔다. 7일에는 툴에서 태어난 44세의 구비옹이 브루소네에게 365대 329로 이겨 일곱 번째 의원이 되었다. 선거인단에 속하지 않은 인물로서는 처음 있는 일이었다. 곧이어 실시한 선거의 2차 투표에서 브루소네가 라몽을 414대 133으로 이겨 여덟 번째 의원이 되었다. 라몽은 몽펠리에 출신으로 과학아카데미 회원인 31세의 젊은이로서 앙팡 루주 구의 선거인이었다. 8일에는 선거인 회의 임원진을 바꾸었고, 9일에 다시

의원을 뽑는 선거를 치렀다. 53세의 프랑수아 크레테 드 팔뤼엘은 생드니 근처의 뒤니에서 농사를 지으면서 파리 도의 행정관으로 일했는데 브리소에게 447대 305로 이기고 아홉 번째 의원이 되었다. 이렇게 해서 파리 도에 속한 캉통들은 처음으로 의원을 배출했다. 브리소는 왜 이렇게 운이 없었을까? 그가 언론인으로 왕당파를 비판했던 만큼 왕당파 언론인들의 드센 공격을 받았기 때문이다. 왕당파는 브리소를 철천지원수로 생각했고 어떻게든 그를 폄훼해 의원직을 얻지 못하게 방해했다. 그럼에도 브리소의 이름은 꾸준히 등장했다.

당통은 9월 9일 선거인 회의에 나타나기 시작했다. 10일에 그는 자신의 검거명령이 살아 있지만 선거인 자격으로 활동해도 되는지 물었다. 어떤 회원은 아무도 이것을 문제 삼지 않았다고 말했다. 그리고 투표를 진행해 열 번째 의원을 뽑았다. 43세의 프랑수아 구그로F. Gouguereau는 부르주에서 태어난 판사로서 루아 드 시실 구 선거인이었는데 브리소에게 506대 263으로 승리했다. 11일인 일요일에는 그동안 열여섯 번의 회의를 이끈 라세페드 대신 파스토레를 의장으로 뽑았다. 구니우, 브루소네, 빌코크는 비서직에 다시 뽑혔다. 갈망, 루아종, 보베 드 프레오도 선거참관인직을 유지했다. 보조참관인으로 브리소가 유임되고, 케르생과 가랑 드 쿨롱 대신 고다르와 트뢴덴이 뽑혔다. 12일에는 비서 구니우가 샤르트르 헌우회에서 보낸 편지를 읽었다. 샤르트르 사람들은 브리소가 악담에 시달리고 제대로 평가를 받지 못하는 데 대해 분노했다. 9월 7일자 『궁정과 파리 시의 신문』에서는 브리소를 "감옥을 두려워하는 사기꾼이며 한편으로 '도둑이야!'라고 외치면서 남의 돈을 훔치는 자"라고 혹평했지만, 샤르트르 사람들은 브리소의 정직함, 솔직함, 충성심을 찬양하면서 파리 선거인 회의가 그를 의원으로 뽑아주기 바랐다. 그 뒤 투표를 했을 때 브리소와 파리 도 행정관인 제르맹 가르니에가 맞붙었다. 그러나 검표과정에서 가르니에의 이름을 혼동해서 득표수가 달라지는 혼선을 빚고 논란 끝에 이튿날로 투표를 연기했다. 그리하여 13일 투표에서 브리소가 약진했지만, 결국 고블랭 구 선거인인 49세의 치안판사 앙투안 조제프 토리용이 405대 352로 브리소를 이겨 파리의 열한 번째 의원이 되었다.

그리고 다시 투표를 진행하는 동안 법원의 집행관 다미엥이 선거인 회의장에 들어와 책상 앞에 앉더니 의장에게 쪽지를 써서 전달했다. 그는 선거인 당통을 체포하러 왔던 것이다. 선거인들은 의원 선거를 하는 도중에 집행관이 어떻게 감히 방해를 할 수 있느냐고 극렬히 항의했다. 선거인들은 "선거인 회의의 자유와 위엄에 대한 심각한 도전"이며 "신성한 선거를 방해하는 행위"라고 하면서 집행관과 집행관보를 붙잡아 심문했다. 그리고 한편으로 투표를 했고, 브리소가 다수표를 얻었지만 과반수를 넘기지 못해 의원에 뽑히지 못한 채 자정이 넘어서 그날의 투표를 끝냈다. 14일 선거인 회의는 24명을 대표단으로 꾸려 국회로 보내기로 했다. 그러나 국회의장 투레의 편지가 먼저 도착했다. 투레는 국회의원들이 할 일이 많아서 대표단을 받을 수 없으며, 선거인 회의에서 보낸 글을 헌법위원회에 이첩했다고 알려주었다. 선거인 회의는 크게 실망했지만, 본연의 임무를 수행하기로 했다. 마침내 샤르트르에서 태어나 파리에서 언론인으로 활약하다가 라비블리오테크 구 선거인이 된 37세의 브리소가 국고출납관 뒤프렌을 409대 232로 누르고 열두 번째 의원이 되었다. 그의 고향 헌우회 회원들의 지원과 당통을 체포하러 온 법원집행관 다미엥이 선거 분위기를 브리소에게 유리하도록 만들어주었던 것 같다.

브리소가 다수표를 얻은 13일 자정 이후와 마침내 의원으로 뽑힌 14일은 프랑스 혁명사에서 아주 특별한 날이기도 했다. 13일에 제헌의회는 2년 이상 고생해서 만든 헌법을 왕에게 승인받았다. 그리고 브리소가 의원에 당선된 14일에는 왕이 국회를 방문해서 헌법에 맹세하는 날이었기 때문이다. 헌법 승인에 대한 문제는 제4장에서 다루기로 하고, 여기서는 파리의 의원 선거를 빨리 마무리 짓기로 하자. 이제 신문들은 또 한 번 떠들썩했다. 브리소가 의원으로 당선된 것을 가지고 왕당파 신문은 낙담한 뜻을, 애국파 신문은 환영의 뜻을 밝혔다. 게다가 선거인들이 분열하는 계기가 되었다. 주교청 클럽에 맞서 일부 선거인들이 인쇄업자 프로의 집에서 회의를 열고 의원 선거에서 주도권을 잡을 방법을 연구했다. 그들은 9월 22일부터 더 넓은 회의장을 찾아 생트샤펠(성스러운 예배당)로 장소를 옮겼고, 그때부터 주교청 클럽과 생트샤펠 클럽이 경쟁했다. 이렇게 브리소의 선출은 장안을 무척 떠들썩하게 만든 사건이었다.

9월 15일에는 열세 번째 의원으로 자크 조제프 필라시에J.-J. Fillassier를 뽑았다. 46세의 필라시에는 노르 도에서 태어나 부르 라렌 디스트릭트의 검찰관으로 일하다가 이시d'Issy 캉통의 선거인으로 뽑힌 뒤 영예를 안은 것이다. 이튿날 열네 번째 의원으로 마리 장 에로 드 세셸M.-J. Hérault de Séchelles을 뽑았다. 31세의 이 젊은이는 파기법원의 판사였고, 파리 출신으로는 최초로 의원이 되었다. 17일에 파리 시장 바이이는 선거인 회의를 헌법 선포식에 초대했다. 19일 월요일, 파리 태생으로 42세인 프랑수아 발랑탱 뮐로가 열다섯 번째 의원에 뽑혔다. 그는 생빅토르 성당 참사회원인 종교인 출신으로 시정부 관리로 일하다가 자르댕 데 플랑트 구의 선거인이 되었고 파리 출신의 두 번째 의원으로 당선된 것이다. 이날 당통은 40표를 얻었다. 20일에는 스뮈르 출신의 29세 법률가로서 앙팡 루주 구 선거인인 자크 고다르가 콩도르세

Marie-Jean-Antoine-Nicolas de Caritat, marquis de Condorcet를 제치고 열여섯 번째 의원이 되었다. 이날 계몽사상가의 마지막 세대 철학자인 47세의 콩도르세가 후보로 떠오른 것이 눈여겨볼 만한 일이다. 콩도르세는 21일 열일곱 번째 의원을 뽑는 선거에서 45세의 상인으로 그라빌리에르 구 선거인인 장 마리 보스카르에게 졌다. 파리 출신으로 탕플 구 선거인인 36세 카트르메르 드 켕시가 콩도르세와 같은 표를 얻은 진기록을 세운 뒤 2차 투표에서 열여덟 번째 의원이 되었다.

22일에 스트라스부르 출신의 의사이며 지리학자로 룰 구 선거인인 36세의 루이 라몽이 콩도르세를 이기고 열아홉 번째 의원이 되었다. 23일에도 콩도르세는 운이 없었다. 앙굴렘 출신의 법률가로 보부르 구 선거인인 레오나르 로뱅이 스무 번째 의원이 되었다. 24일, 파리 도 행정관으로 라비블리오테크 구 선거인인 66세의 장바티스트 드 브리도 콩도르세를 이기고 스물한 번째 의원이 되었다. 그때까지 뽑힌 의원들은 대체로 생트샤펠 클럽의 작품이었다. 25일 일요일에 주교청 클럽은 자신들이 미는 콩도르세가 날마다 지는 것을 보고 화가 나서 141명이 서명한 호소문을 도내의 모든 캉통에 보냈다. 그들은 생트샤펠 클럽이 은밀하게 회동해 분열을 조장한다고 비판했다. 26일에 마침내 콩도르세가 스물두 번째 의원이 되었다. 겨우 네 표 차이로 힘겹게 이겼다. 그만큼 선거인들은 진보나 개혁 성향을 받아들이기를 주저했던 것이다. 그와는 달리 애국파 신문들은 콩도르세의 당선을 대대적으로 축하했다. 브리소나 고르사스는 공화주의자가 의원이 되었음을 대서특필하면서 기뻐했지만, 왕당파 신문인 『가납사니』는 왕에게 아주 치명적인 글을 쓰는 사람이 당선된 것을 애석해했다. 그리고 27일에는 에로 지방 생퐁스 출신으로 파리 도 행정관이며 빌쥐프 캉통 선거인인 37세의 토마 프랑수아 트

렐 파르델랑Th.-F. Treil-Pardailhan, 28일에는 36세의 상인 오귀스탱 모느롱을 각각 스물세 번째와 마지막 스물네 번째 의원으로 뽑았다.

이렇게 파리 도의 의원 24명 가운데 선거인이 아닌 외부인사는 모두 5명으로 구비옹, 크레테 드 팔뤼엘, 에로 드 세셸, 콩도르세, 모느롱이었다. 나머지 19명은 파리 시 선거인에서 17명, 캉통 선거인에서 2명이 각각 뽑혔다. 이들을 뽑는 선거에 투표자 수는 들쑥날쑥했다. 모두 964명의 선거인 가운데 의원 선거에는 평균 600여 명이 참가했지만, 임원진 선거에는 200명도 참가하지 않은 사례를 남겼다. 첫 번째 의원을 뽑는 2차 투표에는 모두 합쳐 32회의 선거에서 가장 많은 821명이 참가했고, 점점 투표율이 낮아져 9월 24일의 투표에는 겨우 524명이 참가했다. 그래도 첫 의장 라세페드와 두 번째 의장 파스토레를 뽑을 때 참여했던 376명과 345명보다는 많다. 게다가 9월 11일 선거참관인을 뽑을 때는 겨우 166명이 투표했다. 선거인 회의는 9월 29일부터 10월 7일까지 8명의 예비의원을 뽑았다. 이렇게 해서 입법의회의 의원을 뽑는 선거는 모두 끝났다. 이제 선거인 회의는 열흘 동안 쉬고 17일에는 파리 도의 대법관으로 파리 출신의 법학자이며 제헌의원이었던 66세의 트롱셰François-Denis Tronchet를 뽑았다. 18일에 2차 투표에서 유명한 변호사이며 제헌의원이었던 58세의 타르제Guy-Jean-Baptiste Target를 두 번째 대법관으로 뽑았다. 선거인 회의는 18명의 행정관을 차례로 뽑았으며, 이듬해에도 계속해서 법원에 대한 선거를 해나갔다. 지금까지 우리는 입법의회 의원 선거에만 초점을 맞추었다. 그리고 혁명을 주도하는 파리에서도 되도록 온건한 사람을 뽑으려 했음을 보았다.

3
제헌의회가 본 국가 재정

1791년 9월, 제헌의회는 헌법을 만드는 막바지 단계에 접어들었고 전국에서는 입법의회의 의원 선거, 대법관과 지방정부 행정관들을 뽑는 선거를 진행하고 있었다. 9일, 파리 귀족 출신 의원 몽테스키우Anne-Pierre Montesquiou Fezensac가 재정위원회의 이름으로 세 시간 동안 『왕국의 재정에 대한 보고서Mémoires sur les finances du royaume』를 읽었다. 그것은 1. 국회 이전의 재정 2. 국회가 생긴 이후의 재정 3. 제헌의회 이후의 재정으로 구성되었다. 그 보고서는 1789년 재정위기를 극복하려고 전국신분회가 모인 뒤부터 1791년까지 제헌의회가 재정의 구체제를 타파하고 새로운 재원을 발굴하면서 새 시대 정신에 맞게 모든 자료를 공개하고 투명하게 처리하여 나라 빚을 청산해나가는 과정을 자세히 묘사했다. 혁명의 소용돌이에서 국가 수입은 예상보다 늘 부족했지만, 구체제의 특권과 함께 거기에 따라다니던 금리와 은급을 함께 정리함으로써 절약한 돈을 인민의 삶을 개선하는 데 쓸 수 있다는 희망을 가질 수 있었다는 것이다. 자화자찬처럼 들리지만, 제헌의원들은 반혁명적 난관을 극복하면서도 자신들의 소임을 다했다는 자부심을 가졌다. 보고서의 내용을 따라가보자.

1789년 5월 1일 전국신분회가 모였을 때, 국고에는 겨우 5,300만 리브르가 남아 있었다. 낡은 정부기관은 온전히 남아 있었고 인민은 불안한 나날을 보내는데, 어떤 후속조치도 할 수 없는 상태였다. 국가의 수입은 그때까지 돈을 당겨쓰던 사람들의 손으로 차질 없이 들어갔다. 거의 언제나 그들이 돈을 받으면 그것을 다시 국가에 빌려주어 다음 해까지 살림을 꾸리도록 하는 구조였다. 네케르가 돌아오기 전부터 그 뒤까지 랑그도크, 브르타뉴, 프로방스, 아르투아 같은 곳에서 크고 작은 국채를 발행했는데, 그 국채들이 국고에 가끔 부담을 안겨주었다. 이자 지불은 계속 늦었고 현실적인 지출도 역시 연체되었다. 국회는 구성된 직후부터 국가가 갚을 빚을 몽땅 물려받았다. 그러나 국민의 명령을 충실히 따르는 국회는 헌법의 기초를 튼튼히 세울 때까지 재정의 검토를 미뤘다.

인민은 왕국의 방방곡곡에서 대대적으로 봉기해 도시를 둘러친 세관 울타리, 지방을 갈라놓은 그 울타리들을 무너뜨렸다. 소금세, 각종 소비세, 담배세, 입시세를 받던 세리들은 쫓겨났다. 사람들은 창고를 약탈했다. 식료품의 밀수가 도처에 성행했고 이성보다 폭력이 세상을 먼저 지배했다. 국회는 차분히 재정문제를 해결하기 위해 시민들에게 질서를 지켜달라고 호소하는 한편, 금지물품에 대해 아주 가혹한 조세법을 완화하고, 가장 부담스러운 세금의 종류를 줄이고, 그 밖의 세금을 임시로 유지했다. 1789년 7월에 대격변이 일어난 뒤 구체제의 불합리하고 부담스러운 세금을 과감히 개혁해 국고수입을 자발적으로 줄이고, 외국에서 곡식을 사들여야 하고, 여느 때 수준의 온갖 지출을 감당했기 때문에 국고가 텅텅 비었다. 재무대신 네케르는 국회에 애국세를 신설하고 9월과 10월을 버틸 돈을 빌리도록 승인해달라고 요청했다. 국회는 승인했다. 그러나 애국세를 신설하기 전에 국민에게 호소할 필요가 있었는데, 이것은 국민을 불안하게 만드는 행위였다. 이자를 많이 주고서 돈을 빌리는 문제도 간단치 않았다. 모든 상황이 나빴기 때문이다. 그 결과 재무대신이 원하던 결과를 얻지 못했다. 게다가 반대파는 상황을 과장해서 더욱 나쁘게 선전했기 때문에 국가는 더욱 신용을 잃을 수밖에 없었다.

할인은행은 언제나 지불유예법의 보호를 받으면서 버텨나갔다. 재무대신은 그것을 대신할 모든 수단을 강구하려 노력했고, 국회는 그러한 수단을 허용했다. 국채가 거의 성공하지 못한 상황에서 어음 8,000만 리브르를 발행해 어떻게든 1789년을 마감해야 했다. 한편 신분사회를 시민사회로 바꾸면서 봉건적 잔재인 각종 특권을 폐지하고, 가톨릭 교단의 재산을 국유화하고 종교인을 일종의 공무원으로 만들어 봉급을 지급하는 체제를 만들었다. 심지어 왕의 영지에서 일부를 팔아 나라 빚을 갚는 일에 썼다. 그 결과가 당장 인민의 삶을 개선해주지 못했다 할지라도 인민을 수많은 굴레에서 벗어나게 만들어주었다. 국회는 불합리한 세제, 구체제의 봉건적 권리, 징세청부업과 전반적인 공영제도의 폭압적인 법을 개선해 인민을 해방시켜주었다. 수많은 단체와 개인이 누리던 특권을 폐지해서 거기에 들어가던 돈을 국고에 넣을 수 있었다.

1790년이 되어 재무대신은 여전히 자본가들의 도움과 국채에 희망을 걸고 있는 데 비해, 국회는 일단 금리와 군인 봉급을 제외한 모든 연체금의 지불을 보류하는 법을 제정했다. 그리고 앞으로 모든 지출을 공개하도록 명령했다. 또한 연체금을 파악하고 입증하여 보고할 특별위원회를 임명했다. 지출 항목을 꼼꼼히 검토하고 되도록 최소화했다. 이미 특별위원회에서 엄밀한 검증을 거치도록 한 은급의 내역도 출판물로 대중에게 소상히 밝혔다. 매달 수입과 지출도 정확히 출판했다. 모든 교단을 폐지하고 종교인의 재산을 몰수하는 한편, 종교인에게 봉급을 지급하면서 재원을 더욱 늘려나갔다. 그럼에도 공공수입은 크게 줄었으므로 다달이 살림살이가 더 어려워졌다. 모든 나라는 안정기보다 역경의 시기에 잘 대처해야 제대로 살아남으며, 경제 활동을 멈추지 않는 것이 가장 중요하다. 프랑스 혁명의 운명도 국고를 채우고 지출을 원활히 해야 국회가 원하는 방향으로 나아갈 수 있었다. 옛날의 프랑스는 오늘날보다 토지 재산의 가치가 더 큰 나라였다. 이미 1789년 12월 국유지를 담보로 4억 리브르의 증권을 발행해서 팔기로 했다. 그렇게 해서 할인은행을 도우려고 했지만 증권은 잘 팔리지 않았다. 사람들은 지폐와 증권을 혼동했기 때문에 '아시냐' 증권이 모든 산업을 마비시키고 경제를 파탄 내지 않을까 겁을 냈던 것이다. 애국세도 많이 걷지 못했다. 그래서 4월이 되기도 전에 벌써 할인은행의 자본 9,000만 리브르를 다 써버렸다. 국회는 새로운 방법을 모색해야 했다. 일단 국회는 소금세를 완전히 폐지하고 철, 가죽, 비누에 대한 관세를 철폐하는 한편 토지세를 보완했다. 여러 위원회를 동시에 가동시켜 각각 세금의 전반적인 제도를 준비하고, 국가 재산을 더욱 빠르게 매각하는 방법을 찾고, 사법부의 모든 관직을 청산하는 데 필요한 자금을 마련하며, 나라 빚을 입증할 모든 문서를 수집하도록 했다. 그리고 이 시기에 전제주의에 호의적이던 옛 사법제도와 함께 가장 부담스러운 십일조를 완전히 폐지했다.

수많은 세금을 폐지하고 끊임없이 소요사태가 발생하는 가운데 수입은 줄었지만 공공사업을 착실히 추진해나갔다. 나라 빚이 과연 얼마인지 정확히 파악할 수 있는 자료를 착실히 모아서 계산했다. 빚의 규모와 예산이 막대했지만 국유지가 든든한 담보를 제공했다. 아시냐를 새로 발행하는 문제를 놓고 격론을 벌였고 결국 8억 리브르를 발행하기로 결정했다. 옛날 식으로 국채에 의존하는 길은 완전히 막았고, 이제는 재정문제를 신용에 바탕을 두고 더욱 쉽게 풀어나갈 수 있는 길을 열었다. 지난 1,000년간 국가 재정을 꾸리면서 거듭한 실수를 완전히 벗어버리고, 이제는 미래를 위한 계획을 안정적으로 세우게 되었다. 아시냐를 발행한 덕에 1790년이 다 가기 전 국유지 매각이 전국적으로 원활하게 진행되었다. 평가액보다 판매액이 거의 두 배였다. 그래서 국회가 관직을 폐지하면서 너그럽게 상환해주고서도 국유지와 종교인들이 소유했던 숲을 건드릴 필요는 없었다. 국회는 1791년 1월 1일부터 이 돈을 가지고 나라살림을 꾸려나가야 했다. 아무튼 1791년은 옛날과 아주 다른 질서 속에서 시작되었다. 더는 크고 작은 금액을 외상으로 할 필요도 없었고, 또 돈을 꾸려고 자본가들에게 간청할 필요도 없었다. 단지 국가의 수입을 회복할 일만 남았다. 새로운 조세제도를 너무 복잡하게 생각할 필요가 없었다. 새로운 세금제도는 1790년의 수확에 정의롭게 부과하면 그만이었기 때문이다. 십일조를 폐지하기로 했지만 실제로 완전히 사라질 때까지 국회는 특별조치를 마련하면서 서두르지 않고 착실하게 나아갈 수 있었다. 국회는 소비세, 담배세, 국내 관세, 입시세, 직업인 단체들을 폐지해나갔다. 법률등록세, 인지세, 면허세, 극빈자 구호세를 신설했다. 국내 관세를 없애는 대신 세관을 국경지대에 설치했다. 타이유세, 5퍼센트세(뱅티엠), 카피타시옹세, 십일조를 폐지한 대신 부동산세contribution foncière와 동산세contribution mobilière를 창설했다. 총괄징세 청부업자의 방대한 조직을 없애고, 적은 봉급을 받는 공무원들이 단순한 체계의 징세업무를 담당하게 만들었다. 이렇게 알뜰살뜰 나라살림을 맡은 제헌의회는 외적의 침략에 맞서기 위한 국방자금으로 1억 5,000만 리브르를 마련할 수 있었다고 자부한다.

1789년 5월 1일 전국신분회를 열 때 네케르는 연수입을 4억 7,527만 4,000리브르라고 했다. 그러므로 1790년 12월 말까지 20개월 동안의 수입을 단순히 계산해보면 7억 9,212만 3,333리브르가 된다. 그러나 혁명과정에서 결손이 생겨 실제 수입은 6억 502만 4,293리브르였다. 따라서 그 차액인 1억 8,709만 9,040리브르를 특별회계로 충당해야 했다. 네케르가 재무대신직을 물러난 뒤부터 그의 후임자 뒤프렌Dufresne이 예산을 세우고 국회에 보고했는데, 그의 계산으로 1791년 1월 1일부터 6월 말까지 필요한 돈은 2억 9,135만 리브르였지만, 실제 수입은 1억 4,628만 7,453리브르였기 때문에 1억 4,506만 2,547리브르를 충당해야 했다. 거기에 7월 1일까지 개별적인 지출에 2,726만 2,185리브르와 5월 4일의 법으로 군인의 봉급을 매달 59만 6,914리브르씩 마련해야 했기 때문에, 그 첫 달인 6월에는 모두 1억 7,292만 1,646리브르를 특별회계로 마련해야만 했다. 이런 방식으로 1789년 5월 1일부터 1791년 7월 1일까지 총지출을 따져보니 17억 1,954만 332리브르였다. 그렇다면 수입은 얼마였을까? 혁명이 일어난 뒤 국가 수입의 원천이 구체제보다 훨씬 단순해졌지만 그래도 다양한 편이었다. 1789년 5월 1일 이후 1791년 7월 1일까지의 수입을 살펴보자. 1789년 7월 1일에 국고에는 5,853만 9,079리브르가 있었다. 여기에 1789년 5월 1일부터 1791년 1월 1일까지 각종 세금으로 걷은 돈이 6억 502만 4,293리브르였다. 그 뒤 7월 1일까지 수입은 1억 4,628만 7,453리브르였다. 이 세 가지를 합치면 8억 985만 825리브르다. 국내외에서 빌린 돈이 6,092만 362리브르이고, 1789년 말부터 1790년 사이에 증권을 4억 리브르 발행했으며, 1790년 10월부터 각종 목적으로 발행한 아시냐가 모두 4억 8,543만 9,065리브르였다. 1789년 5월 1일부터 1791년 7월 1일까지 총수입은 17억 5,621만 252리브르였다. 따라서 총수입에서 총지출을 빼면 3,666만 9,920리브르를 다음 달 회계로 넘겨줄 수 있었다.

물론 이 금액을 보면서 재정적자에서 완전히 벗어났다고 여기면 안 된다. 1791년 7월에 나라 빚은 각종 목적의 아시냐 4억 8,543만 9,065리브르에 1791년 1월부터 매달 아시냐를 상환할 금액 500만 리브르를 마련해야 하므로 일곱 달치 3,500만 리브르가 필요했으며, 거기에 7월치 군인 봉급 59만 6,914리브르를 마련해야 했다. 따라서 7월에 갚아야 할 빚은 5억 2,103만

5,979리브르였다. 여기서는 단순화시켜서 국회가 나라살림을 꾸려나가는 방법만 이해하고 넘어가자. 국회는 그동안 모두 16억 리브르의 아시냐가 필요하다고 계산했으며, 실제로 13억 리브르의 아시냐를 발행하고, 그중에서 상환한 아시냐를 소각하면서 살림을 꾸려나갔다. 국회의 원칙은 서민의 빈주머니를 더욱 쥐어짜는 강제징수보다는 모든 사람이 평등한 원리에서 고통을 분담하는 방법을 찾는 것이었다. 그렇게 해서 새로운 조세제도를 완전히 수립하기 전에 옛날 제도의 병폐부터 뿌리 뽑았다. 그 결과 국회는 전보다 조세수입이 3억 5,900만 리브르가 줄었지만, 그것은 결국 서민이 그만큼 덜 냈기 때문이라고 자부할 수 있었다. 또한 국회는 지난 2년 동안의 경험을 바탕으로 국가 재정을 예측 가능한 수준에 올려놓았다고 생각했다. 그래서 다가올 입법의회 시기에 프랑스 국민이 부담해야 할 예산을 다음과 같이 제시했다.

먼저 1791년 말까지 창고에 쌓인 소금과 담배를 팔아서 생긴 수입이 1792년에 쓸 돈이다.* 거기에 1792년의 세금을 가지고 나라살림을 꾸린다. 그리고 국유지에서 6,000만 리브르가 들어온다. 이러한 돈으로 만기가 되는 돈이나 연부年賦 상환금을 갚는다. 지불기간이 된 빚은 국유지를 담보로 발행한 아시냐로 갚을 수 있다. 물론 채권자에게는 이자도 지불한다. 아직 팔지 못한 국유재산에서 나오는 수입, 연부 상환금으로 확보한 수입은 빚을 갚을 때까지 이자를 갚는 데 쓸 수 있다. 이런 방식으로 어떻게든 자산과 부채의 균형을 맞출 수 있을 것으로 낙관했다. 일단 모든 지출내역을 확정할 필요가 있기 때문에 모든 도에 위원들을 파견해서 종교인 공무원들에 대한 정확

---

* 그러나 소금은 13솔에서 6솔로 값을 낮췄기 때문에 예전 수입보다 3,000만 리브르나 덜 걷힌다.

한 현황을 파악해야 했다. 다시 말해 주교, 사제 그리고 연금을 받는 수도사와 수녀들의 현황을 파악하면 1792년에 지출내역을 한 가지 확정할 수 있을 것이다. 그 결과를 1791년의 지출에 더하면 일단 3억 5,500여만 리브르가 필요했다. 게다가 왕위계승자의 범위에 들어가는 왕의 첫째 동생Monsieur과 오를레앙 공에 대한 20년치의 보조금(15만 리브르), 은급, 평생금리, 영구금리를 더하면 1791년에는 최소한 5억 3,793만 7,000리브르가 필요한데, 나라살림에는 뜻하지 않은 일이 발생할 수 있으므로 5억 5,000만 리브르를 확보하면 1792년의 살림을 무난하게 꾸릴 것으로 예상할 수 있었다.

그것이 전부가 아니다. 국회는 83개 도의 지출에 대해서도 계획을 세워야 했다. 그것은 국내 행정, 모든 법원과 감옥, 도로, 공공건물, 병원, 지방의 방위와 치안, 구빈원 운영에 필요한 지출계획이었다. 이처럼 다양한 지출에 들어갈 예산은 부동산세와 동산세의 1리브르당 추가액을 걷어서 충당하기로 했다.* 납세자들은 행정과 사법기관들에 돈을 적게 쓸수록 이익이라고 생각할 것이므로 지방비로 충당하기로 결정했다. 지방자치단체마다 행정을 잘 운영하면 이러한 경비를 절감할 수 있을 것이다. 전국적으로 이에 드는 비용을 5,000만~6,000만 리브르로 상정했다. 지방의 모든 도시가 진 빚의 원금과 이자를 갚는 돈도 필요했지만, 입법의회의 사정은 제헌의회보다 나아질 것이었다. 한편으로 빚을 갚아나가지만, 새로운 빚을 얻을 필요가 없을 것이기 때문이다. 도시와 인근 마을들이 제조업에 투자할 돈이 필요하고 경비와 치안에도 힘써야 하기 때문에 주민들의 부담이 가중될 게 분명했다. 그러

---

* 원어로 'sols additionnels aux contributions foncière et mobilière'의 개념은 부동산세 1리브르에 4솔(1/5리브르), 동산세 1리브르에 2솔(1/10리브르) 이상씩 추가하는 세금을 뜻한다.

나 이런저런 사정을 감안해도 재정상태는 혁명 전보다 투명해졌고 개선되었다. 1792년에 총지출을 22억 7,200만 리브르로 계산할 때, 국유지와 나무(잡목림 포함)를 팔면 35억 리브르를 마련할 수 있을 테니 1792년의 재정도 낙관할 수 있었다.

입법의회는 완전히 새로운 얼굴로 구성되었다. 그래서 제헌의원들이 구상했던 세계를 새로 뽑힌 의원들이 그대로 구현하리라고 생각하기란 어렵다. 과연 제헌의회가 생각한 대로 재정문제만큼이라도 낙관할 수 있을까? 현실정치는 살아서 움직이며, 또 혁명기에는 뜻하지 않은 사건도 일어나게 마련이다. 더욱이 아시냐 지폐의 가치는 계속 떨어졌다. 화폐경제에 익숙하지 않은 사람들이 아시냐 지폐를 신용하지 않았기 때문이다. 게다가 1792년 봄부터 프랑스는 대외전쟁에 휩쓸렸고 혁명의 앞에는 더 큰 시련이 기다리고 있었다.

4
헌법의 완성과 왕의 승인

8월 5일 오후 2시, 헌법위원회의 투레는 그동안 기초한 헌법을 발표했다.

"오늘의 회의는 지금까지 제국의 형성에 필요한 주요 원칙들을 모아 웅장한 건물을 짓는 기초공사를 마무리하는 날로 기억해야 할 것입니다. 우리의 위원회는 여러분이 2년간의 임기를 마칠 즈음 지금까지 이룬 업적을 보여드리고자 합니다. 제가 이제부터 읽어드릴 내용에 대해 사전 설명은 필요 없다고 생각합니다. 여러분은 그저 내용을 들으시면서 자유롭게 생각하시기 바랍니다. 그리고 이 업적이 프랑스에 가져올 결과에 대해 감상하시고 건전하게 판단해주시기 바랍니다. 제목은 '프랑스 헌법'입니다. 곧이어 '인간과 시민의 권리선언'이 나오는데, 우리는 거기서 낱말 한 개도 고칠 필요가 없다고 생각했습니다. 그 뒤에 헌법이 나옵니다."

투레는 "제1장 헌법이 보장하는 기본 사항, 제2장 왕국의 분할과 시민권, 제3장 입법권·행정권·사법권, 제4장 국방과 치안,* 제5장 세금, 제6장 외교, 제7장 헌법의 수정"을 차례로 읽었다. 성격에 따라 몹시 세분화한 장도 있었다. 제2장의 경우 5개조로 삼권분립을 설명한 뒤 제1관chapitre premier 입법의회를 5개조로 규정하고, 다시 제1항section première 국회의원의 수와 선출원칙을 5개조로 설명하고 나서 제2항(기초의회에서 선거인 지명)부터 제5항까지 선거인 회의 구성방법을 자세히 다룬 뒤, 제2관 왕권, 섭정, 대신의 행정권을 모두 4장으로 규정하고, 제3관 입법권의 행사를 4항까지 규정했다. 제4관 행정권의 행사는 3개 항 21개조로 규정하고, 제5관 사법권을 모두 27개조로 규정했다. 헌법은 모든 시민이 평등한 단원제 입법부를 채택하며, 세습왕을 인정한 헌법은 왕국이 하나이며 나눌 수 없는 것임과 영토를 83개 도로 나누며, 프랑스 시민의 자격을 얻거나 잃는 조건을 규정했다. 그리고 나서 국민주권은 하나이며 나눌 수 없고 양도할 수 없으며 절대불가침의 권력으로 규정하면서 입법권·행정권·사법권의 원천이라고 못 박았다. 왕이 마음대로 의회를 해산할 수 없으며 의원의 임기는 2년으로 1793년 4월 말일까지였다.

---

* "Titre IV De la force publique"를 좀더 명확히 규정하려고 이렇게 옮겼다. 참고로 프랑스 헌법 원문의 분류체계Titre-Chapitre-Section를 우리 식으로 장章-관款-항項-목目-절節에 맞춰 옮겼다. 그리고 장, 관, 항의 'article'을 조條로 옮겼다.

745명의 의원은 83개 도에서 뽑으며 각 도는 지리, 인구, 직접세를 근거로 의원수를 할당받았다. 예를 들어 247명은 각 도에서 골고루 세 명씩, 단 파리는 한 명만 뽑고 249명은 각 도의 인구에 따라 뽑았다. 전국의 능동시민의 수를 249로 나눈 것을 기초로 각 도의 능동시민 수에 적용했다. 249명은 직접세 납부액을 기준으로 할당했다. 전국의 직접세 총액을 249로 나눠 의원 한 명이 대표하는 세액을 정한 뒤, 각 도가 낸 직접세와 비교해서 의원을 할당하는 방법이었다.

국회의원은 면책특권을 가지고 왕은 '프랑스인의 왕'으로 신성불가침의 존재였다. 그러나 프랑스에는 법 위에 아무도 없으므로 왕은 오로지 법에 의해서만 통치하고 법의 이름으로 복종을 요구할 수 있었다. 사법권은 입법부나 왕의 간섭을 받지 않고 독립했다. 법관은 인민이 뽑아 왕이 임명장을 주고 일정 기간 봉사토록 했다. 재판은 무료였다. 그 누구도 인쇄출판물로 인해 민형사상 재판을 받지 않는다. 법원에 고발된 글에서 범죄행위를 인정할 근거가 있는 경우 또는 기소된 사람이 범죄를 인정받을 경우는 예외다. 왕국에 파기법원을 단 하나 설치한다. 법무대신은 판사들이 권한을 남용해서 내린 판결을 파기법원에 고발하여 무효화를 요구할 수 있다. 국가 최고법원Haute Cour nationale은 파기법원 판사들과 대법관들hauts jurés로 구성하며 입법부가 기소를 명령한 사안에 대해 다룬다. 그 내용은 행정부 대신들과 주요 관리들의 범법행위, 국가의 안보를 해칠 만한 범죄다. 국방과 치안은 해군과 육군, 국내 치안을 위해 공권력을 집행할 수 있는 부대가 담당한다.* 투레가 헌법을 낭독한 뒤, 라파예트는 헌법위원회가 헌법을 완전한 형태로 반포하여 프랑스 인민의 이름으로 왕에게 제출해서 왕이 독자적으로 검토하고 자유롭게 받아들이도록 할 수 있는 형식에 대한 명령을 발의할 준비를 갖추라고 제안

"이제는 밀기울도 없으니 죽어야겠어."(작자 미상의 수채화, BNF 소장)
종교인을 돼지에 비유했다. 돼지치기는 돼지에게 더는 먹이를 줄 수 없기 때문에 잡아야겠다고 말한다.
의자에 앉은 여성은 "여기 계약서가 있소"라는 문서를 보여준다.

"아침에 내 수염을 밀면, 저녁에 결혼한다."(작자 미상의 판화, BNF 소장)
수도원을 해산한 뒤 수도사와 수녀들이 속세로 돌아가는 모습을 풍자했다.

환기장치 또는 똥통(작자 미상의 수채화, BNF 소장).
"우리는 돼지를 맑은 물로 기름지게 만들지 않지."
종교인에 대한 반감을 표현했다.

Je t'avais bien dit mon ami,
Qu'ils nous feraient tout rendre,

"친구여, 그들이 우리에게 모두 돌려줄 것이라고 말했지?"(작자 미상의 수채화, BNF 소장)
종교인이 그동안 착복한 재물을 쏟아내게 만들려고 평민이 관장약을 넣는다.

액면가 400리브르의 아시냐(가토^{Gatteaux}의 도안, 타르디외^{Tardieu}의 판각, BNF 소장).

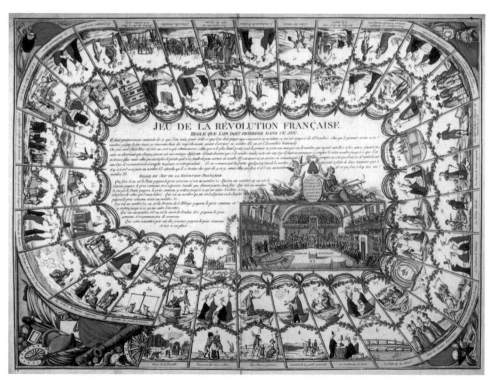

프랑스 혁명의 놀이: '바스티유 정복'에서 출발해 '왕의 헌법 승인'으로 끝난다.

하고 법안을 상정했다. 의원들은 그의 안을 통과시켰다. 의원들은 남은 기간 동안 그 안을 가지고 세세한 부분을 수정해서 확정할 것이다.

8월 8일, 국회의 의제는 '프랑스 헌법 안에 대한 토론'이었다. 투레는 헌법을 구성하는 각 장의 성격을 전반적으로 설명하고 의견을 물었다. 이에 대해 여러 의원이 의견을 발표하고 토론했다. 그들은 전반적인 문제 또는 인권 선언 문제 또는 헌법의 구체적 내용에 대한 문제를 거론했다. 말루에가 헌법의 전반적인 문제를 비판했다. 그는 주권의 원리가 인민에게 있다고 말한 것은 정당한 생각이긴 해도 그 원리를 즉시 대표들에게 넘길 수 있다고 하지 않았기 때문에 문제라고 말했다. 인민에게 주권이 있다고 하면서 오직 권력만 대표에게 넘긴다고 한다면 인민주권의 원리를 선포하는 것도 위험하고 잘못된 것이라고 주장했다. 말루에는 기초의회들은 국회가 그들에게 속했다고 선언한 것이 무엇인지 하나도 파악할 수 없을 것이며, 심지어 그들이 심의하는 행위조차 금지당했다고 비판했다. 르 샤플리에가 말루에의 말이 끝나자 반론을 제기했다. 지금으로서는 긴 토론을 거친 헌법의 조항들을 가장 분명하고 체계적으로 제시하는 일만 남았는데, 어떤 낱말을 붙잡고 비판하는 것은 바람직하지 않으니 바로 헌법을 표결에 부치거나 말루에처럼 전반적인 문제를 비판하는 것을 금지하자고 제안했다. 좌파들은 그의 말에 동조했다. 말루에는 굽히지 않았다. 그는 헌법을 전체적으로 읽어준 일이 지금까지 처음인데, 의원이 조문에 담긴 의미에 대해 한마디도 하지 못하게 하는 것이 과

---

* 헌법 안에는 헌법위원회 소속 타르제, 브리우아 드 보메스, 투레, 아드리엥 뒤포르, 바르나브, 르 샤플리에, 알렉상드르 드 라메트, 탈레랑 페리고르, 데뫼니에, 로바, 데마뉘엘 시에예스, 페티옹, 뷔조가 서명하고, 스타니슬라스 클레르몽 토네르는 휴가 중이라 서명하지 못했다.

연 올바른 일이냐고 따졌다. 뷔조는 말루에가 발언권을 제한당했다고 믿지만 그것은 잘못이라고 말했다. 단지 헌법위원회와 기초起草위원회는 국회가 정한 헌법의 조항을 고칠 수 있는 임무를 받지 못했으며, 헌법은 이미 완성되었고, 지금은 조문들을 좀더 명확히 분류하는 데 힘써야 할 때라고 하면서 말루에의 말을 일축했다. 뒤발 데프레메닐Jean-Jacques Duval-Déprémesnil, 모리 신부, 마디에 드 몽조, 푸코 드 라르디말리, 드보드뢰이 같은 우파는 군주정의 성격에 대해 물고 늘어졌고 좌파는 야유로 맞섰다.

수많은 논란 끝에 의원들은 "헌법위원회와 기초위원회가 제시한 자료의 분배에 관해 의견을 듣고 헌법안의 검토와 토론을 즉시 시작하기로 의결"했다. 의장은 방금 통과시킨 명령에 따라 '인권선언'의 모든 조항에 대해 토론을 시작한다고 선언했다. 투레가 인권선언문의 전문과 17개 조항을 모두 읽고 나니 뢰데레가 제17조에 이의를 제기했다. 투레는 뢰데레가 지적한 것은 단순한 오타라고 대답했지만, 여러 사람이 개입해서 토론한 뒤 뢰데레의 안을 수용하여 '인권선언'을 확정했다. 문제가 되었던 것은 '재산권'을 각 개인의 재산을 뜻하는 복수propriétés로 쓰느냐, 개념을 뜻하는 단수propriété로 쓰느냐의 문제였는데, 결국 단수로 표기하기로 했다. 곧이어 투레는 헌법의 전문을 읽었다. 우파 의원들이 앞다투어 발언했다. 예를 들어 그들은 귀족의 명예와 세습적 지위에 대해 그리워했다. 그것은 그동안 일어난 변화를 인정하지 않으려는 마지막 몸부림 같았다. 격론 끝에 전문을 확정지었다. 투레는 '제1장 헌법이 보장하는 기본 사항'을 읽었고 또다시 격론이 일었다. 이처럼 의원들은 헌법의 내용을 낱낱이 검토하면서 확정지어나갔다. 그들은 9월 1일까지 부수적인 일을 꼼꼼하게 규정했고, 투레는 그동안 수정 보완한 내용을 처음부터 다시 의원들에게 읽어주고 승인을 받았다. 마침내 9월 3일, 국회는 2년 이상 매달리던 헌법을 완성하고 의원 60명을 뽑아 왕에게 헌법을 승인해달라고 보냈다.

지난 2년여 동안 프랑스는 참으로 많은 일을 겪었다. 정치적인 혁명의 측면에서 보자면 1789년 6월 17일 제3신분 대표들이 주축이 되어 국민의회를 선포하고, 3일 뒤인 20일에 죄드폼에 모여 프랑스에 헌법을 제정해주기 전에는 헤어지지 않겠다고 약속했다. 그들은 또 3일 뒤인 23일에 루이 16세가 절대군주로서 내리는 명령을 거부한 뒤 2년 동안 헌법을 제정하는 일을 하면서도 복잡한 정국을 수습하면서 달려왔다. 그러나 두 달 반쯤 전인 6월 20일에 루이 16세는 프랑스 역사상 처음으로 국경 근처까지 야반도주했다. 왕을 부정하는 여론이 들끓고 결국 연맹의 장 학살사건까지 일어났다. 그럼에도 제헌의원들은 어떻게든 입헌군주제 헌법을 완성했고, 그것을 왕에게 가져가 승인해달라고 요청했다. 과연 이것이 혁명을 무난히 끝낼 수 있는 길이었을까? 우리는 1791년 이후의 과정을 알기 때문에 이것이 새로운 혁명을 시작하는 과정임을 알지만 당시 사람들은 어땠을까? 이제 헌법을 만들어 왕의 손에 넘겨준 제헌의원들이나 그것을 흔쾌히 승인한 왕은 희망을 보았을 것이 분명하다. 특히 왕은 절대군주의 지위를 잃었지만 헌법이 세습적인 왕을 인정해주고, 또 지난 2년 동안 그랬듯이 행정부를 이끌 수 있기 때문에 혁명으로 새 세상이 오기를 고대하던 사람들보다는 만족할 만한 결과를 얻었다. 그가 직접 쓴 편지를 읽으면 이 같은 사실을 알 수 있다.

9월 13일, 왕은 국회에 편지를 보냈다. 도주에 실패한 뒤 왕권을 정지당했던 왕이 헌법을 받아들이는 조건으로 왕권을 회복할 기회를 맞이했음을 생각하면서 편지를 읽어보자.

의원 여러분, 나는 여러분이 승인해달라고 보내준 헌법을 주의 깊게 검토했습니다. 나는 헌법을 받아들이며 집행하도록 승인합니다. 날을 따로 잡아 정식으로 선언하겠습니다만, 오늘은 단지 국민의 관심에 부응하는 뜻에서 내가 헌법을 승인하는 동기를 알려드리겠습니다.

내 치세 초기부터 나는 모든 폐단을 개혁하기를 바랐습니다. 정부가 어떤 행위를 할 때 나는 언제나 여론을 청취하고 결정하는 것을 규칙으로 삼았습니다. 내가 즉위했을 때 재정문제가 심각했습니다. 오랫동안 증세하지 않고 명예롭게 전쟁을 치렀지만, 거기에 막대한 비용을 쏟았기 때문에 국가 수입과 지출에 상당히 큰 불균형을 이루었습니다.

나는 왕국의 병이 무척 크다는 사실에 충격을 받았고, 그것을 치료하는 수단을 찾는 동시에 병이 도지지 않게 만들어야겠다고 생각했습니다. 나는 인민의 행복을 확고한 기반 위에 놓고, 내가 권한을 행사할 때 항상 같은 규칙을 적용하겠다는 계획을 세웠습니다. 나는 그 계획을 실천하도록 내 주위에 국민을 불러 모았습니다.*

혁명의 수많은 사건이 일어나는 과정에서도 내 의지는 조금도 흔들리지 않았습니다. 여러분이 옛 제도를 혁파하고 나서 원하는 일을 시작했을 때, 나는 여러분이 헌법 전체를 내게 보내서 동의를 구하리라고는 기대하지 못했습니다. 그동안 나는 헌법의 부분들을 결정하는 일을 도와주었습니다. 그리고 혁명의 거의 모든 시기에 무질서상태가 일어날 때마다 내 가슴이 무너져 내렸지만 새로운 권력은 법을 통해 힘을 얻을 수 있게

---

* 전국신분회를 소집했다는 뜻이다.

되기를 바랐습니다. 또 여러분이 맡은 과업을 거의 끝낼 즈음, 만일 법이 없다면 인민에게 자유나 행복도 없으리라고 생각하면서 사람들이 날마다 법을 존중해주기를 바랐습니다. 나는 오랫동안 이런 바람을 고수했지만, 그 희망이 나를 저버리는 순간에 내 결심을 바꿨습니다. 모든 사람은 내가 파리에서 떠났던 순간을 기억할 것입니다. 헌법이 거의 완성되었을 때였습니다. 그러나 법의 권위는 날마다 약해지는 것 같았습니다. 여론은 확고하게 형성되기는커녕 수없이 분열되었습니다. 사람들은 오직 가장 허황된 의견을 좋아하는 것처럼 보였습니다. 도를 넘은 글이 마구 쏟아져 나왔으며 어떤 권력도 존중받지 못했습니다.

모든 곳에서 법이 힘을 발휘하지 못하고 또 제대로 집행되지 않는 것을 보았습니다. 그러한 법에서 일반의지를 찾아낼 수 없었습니다. 그래서 나는 반드시 이 점을 분명히 말해야 합니다. 설사 여러분이 내게 헌법을 제출한다 할지라도 나는 (언제나 내 행동의 유일한 지침인) 인민의 이익을 생각하면서 그것을 받아들일 수 있으리라고 믿지 못했을 것입니다. 나는 오직 하나만 생각했습니다. 나는 오직 한 가지 계획만 세웠습니다. 나는 모든 당파와 상관하지 않고 국민이 진정 바라는 것이 무엇인지 알고자 했습니다.

내가 과거에 가졌던 동기는 이제는 사라졌습니다. 그때부터 여러분은 내가 겪던 불편함과 폐단을 겪었습니다. 여러분은 질서를 세우려는 의지를 보여주었고, 군대의 기강이 무너진 것에 주목했으며, 언론의 병폐를 없앨 필요를 인식했습니다. 그동안 기초한 수많은 조항을 내게 헌법으로 제출했고, 헌법에 넣어야 할 사항들을 법적인 형태로 기초했습니다. 마침내 나는 인민의 염원을 더는 의심하지 않게 되었습니다. 나는 그 염원이 여러분의 업적과 함께 또 군주정을 유지하는 데 애착을 보여주는 모습에 나타나는 것을 보았습니다.

그래서 나는 헌법을 받아들입니다. 나는 국내에서 헌법을 유지하고, 국외에서 오는 공격에서 그것을 지키고, 그것이 내게 허용하는 모든 권한과 방법을 동원해서 집행하는 데 온 힘을 다할 것입니다.

나는 대다수 인민이 헌법을 지지하는 것을 보면서 이제까지 헌법에 대해 왈가왈부하던 태도를 완전히 버리기로 작정했으며, 내가 오로지 국민에게만 책임을 지는 위치에 있으므로 헌법을 포기한다면 그 무엇에 대해서도 불평할 권리가 없다는 사실을 엄숙히 선언합니다.

국회의장이 왕의 편지를 여기까지 읽었을 때 좌파와 방청석에서 일제히 "왕 만세!"를 외쳤다. 우파 의원들은 헌법을 마뜩지 않게 여겼기 때문에 시큰둥했다.

그러나 만일 내가 집행과 행정의 수단에서 이렇게 큰 제국의 방방곡곡에 통일성을 유지하면서 헌법을 적용하는 데 필요한 힘을 알아차렸다고 말했다면 진실하지 못하다 하겠습니다. 그럼에도 오늘날 이 문제에 대해 의견이 분분하기 때문에 나는 경험만이 유일한 판단의 기준이라는 데 동의합니다. 사람들이 내게 제시한 모든 방법을 공정한 태도로 활용한다면 나는 어떤 비난도 듣지 않을 것입니다. 국민의 이익만 생각한다면 헌법이 국민을 위해 마련해준 수단들만으로도 국민의 의사를 대변할 수 있을 것입니다. (또다시 좌파와 방청객들이 환호했다.)

그러나 여러분, 자유를 확고히 하고 헌법을 안정시키며 모든 프랑스인이 행복하게 하려면, 우리는 모두 협력해서 국민의 이익만을 도모해야 합니다. 그것이 준엄한 의무입니다. 국민의 이익은 법을 준수하고 질서를 회복하고 모든 시민을 단합시키는 것입니다. 오늘 헌법을 완전한 형태로 채택한 이상 똑같은 법 아래 사는 프랑스인은 모두 법을 방해하는 자들을 적으로 생각해야 합니다. 불화와 무정부상태, 이것은 우리가 공통으로 싸워야 할 적입니다.

나는 내 권한을 다해 그것들과 싸우겠습니다. 여러분과 후세들도 전력을 다해 나를 도와주시기 바랍니다. 법은 사상을 지배할 의지가 없지만 행동으로 복종하는 사람들을 골고루 보호해줍니다. 박해와 소란을 두려워하기 때문에 조국을 멀리한 사람들은 조국에 되돌아와 안전하고 평온한 삶을 보장받을 수 있습니다. 증오심을 억누르고 모든 병폐를 없애려면 위대한 혁명이 언제나 그 결과를 이끌어내야 합니다. 오늘부터 법이 완전히 실천될 수 있으려면 모두 합심하여 과거를 잊어야 합니다. (좌파와 방청석에서 요란한 박수소리) 혁명의 사건들이 일으킨 고소와 추격행위를 잊고 모두 화합해야 합니다. 내게 아주 충성스러웠던 사람들에 대해서 하는 말이 아닙니다. 여러분은 그들이 범죄자라고 생각하십니까? 내가 보기에 지나칠 정도로 모욕을 당하고 법의 소추를 받는 사람들에 대해 나는 모든 프랑스인의 왕으로서 안타까운 심정입니다. (새로운 박수)

1791년 9월 13일, 루이 (서명)

추신: 여러분, 나는 헌법을 제정한 장소에 나가 엄숙히 그것을 받아들인다는 의지를 천명하는 것이 옳다고 생각했습니다. 그래서 나는 내일 정오에 국회로 나가겠습니다.

여전히 좌파 의원들과 방청객들이 "왕 만세!"를 외치고 끊임없이 박수쳤다. 라파예트가 곧바로 일어나 한 가지 제안을 했고, 특히 좌파 의원 전원과 일부 우파 의원들 그리고 방청석에서 큰 호응을 얻었다. 국회는 그 안을 받아들여 다음과 같이 의결했다.

1. 왕의 출발(도주)과 관련해서 체포나 고소상태에 있는 모든 사람을 당장 자유 방면하며, 그들에 대한 추적을 멈춘다.
2. 헌법위원회와 형사법위원회는 내일 회의를 시작할 때 혁명의 모든 사건과 관련된 재판을 즉시 폐지하는 법안을 마련한다.
3. 또한 앞으로는 통행증을 사용하지 않는다는 법안을 내일 상정하고, 헌법이 모든 프랑스 시민에게 보장해준 국내외의 자유통행권을 방해하는 일시적 제한을 폐지한다.

구피 프레펠른이 왕에게 60명의 대표단을 파견해 감사의 뜻을 전하자고 제안하자 좌파 의원들은 일제히 "전원이 갑시다!"라고 외쳤다. 그러나 의장이 의원들의 의견을 물어 구피 프레펠른의 안을 채택했다. 특히 좌파 의원들과 방청석에서 이 모든 결과에 만족한다는 표시로 끊임없이 환호하고 박수를 치는 동안, 왕의 편지를 전하러 국회에 왔던 법무대신 뒤포르 뒤테르트르는 회의장을 떠났다. 국회는 그동안의 모든 미움을 지우고 새 시대를 여는 화합의 순간을 맞이했다. 국회는 잠시 아비뇽 합병 문제(제4권 제1부 4장 참조)를 논의하다가 다음 날로 미루고 대표 60명을 지명한 뒤 산회했다. 그때가 겨우 2시를 조금 넘은 때였다. 의원들이 저녁회의도 없이 이런 식으로 여유를 부릴 수 있는 때는 지난 2년 동안 한 번도 없었을 것이다. 이제 보름 정도만 일하면 막중한 임무에서 벗어날 수 있다는 여유, 그것이 의원들에게는 어떤 의미였을까?

14일 수요일 오전 9시에 회의를 시작하자마자 당드레 의원이 긴급히 의사진행 발언을 신청했다. 그는 왕이 국회를 방문할 때 어떤 심의도 할 수 없다고 헌법에서 정했음을 상기시키더니, 따라서 그날 왕이 방문할 때 그 누구에게도 발언권을 주지 말아야 한다고 말했다. 국회는 그가 제안한 안을 받아들였다. 그리고 나서 의원 열두 명을 뽑아 왕을 영접할 준비를 했다.* 이렇게 준비를 갖춘 뒤 국회는 정오까지 종교위원회가 상정한 안을 심의했다. 르 샤플리에가 헌법위원회와 형사법위원회를 대표해 전날 왕이 제안한 사면에 관한 법을 왕에게 전했을 때 왕이 거기에 답한 내용을 보고했다.

"나는 국민의 의지가 무엇인지 알면 그것을 기꺼이 따르는 것을 의무로 삼겠습니다. 나는 국회가 내 뜻을 좇아 관용법을 민첩하게 제정한 것에 감동했습니다.

오늘을 영원히 기억하겠습니다. 나는 관용법이 불화를 끝내고 모든 사람을 화합하게 만들어 하나가 되게 해주기를 바랍니다."

르 샤플리에가 전하는 왕의 말에 의사당이 떠나갈 듯이 모든 사람이 환호했다.

"국회가 오늘[13일] 아침 코르동 블뢰Cordon Bleu와 관련된 법을 상정했다고 들었습니다. 이 기사단은 내게 장식적인 의미 이외의 아무런 보상을 주지

---

* 리앙쿠르Liancourt, 바이이Bailly, 다이이d'Ailly, 트롱셰Tronchet, 르브룅Lebrun, 마르티노Martineau, 구피요Goupilleau, 엑스피이Expilly, 뒤무셸Dumouchel, 소린Saurine, 위토Hutault, 프뤼뇽Prugnon.

249

도 못하기 때문에 나는 거기서 탈퇴하기로 결심했습니다. 내 의지를 국회에 알려주시기 바랍니다."

왕이 가장 전통적인 기사단인 코르동 블뢰, 정식 이름으로 성령기사단 Ordre du Saint-Esprit에서 탈퇴하겠다는 말에 다시 한번 모두가 환호했다. 르 샤플리에는 왕이 이 말을 할 때 왕비가 자녀들을 데리고 왕의 집무실 문간에 나타났다고 보고했다. 왕은 그들을 가리키면서 "왕비와 내 가족도 나와 동감입니다"라고 말했다. 왕비가 국회의원 대표단을 향해 민첩하게 나서면서 "우리는 모두 한걸음에 달려왔습니다. 공주와 왕자 그리고 나는 모든 면에서 왕에게 공감합니다." 이 말을 들은 국회의원들은 다시 한번 환호했다. 의원들은 르 샤플리에의 보고를 회의록에 기록하기로 결의했다. 그때 국회의장은 파리 선거인들이 보낸 대표단이 제출한 청원서를 받았다. 그것은 선거인들이 입법의원을 뽑는 중요한 활동을 하는 회의장에 법원집행관이 들어와 선거인을 체포하려고 했는데, 과연 그것이 정상적인 활동인지 아닌지 판단해달라는 내용이었다. 의원들은 이 문제를 헌법위원회에서 검토하도록 하고 아비뇽과 브네생 공작령Comtat Venaissin을 프랑스에 합병하는 문제로 넘어갔다.

페티옹이 시급히 이들을 프랑스에 합병해야 한다는 취지로 연설했다. 사방에서 의원들이 곧바로 표결에 부치자고 외쳤다. 그러나 우파 의원들은 토론을 계속하기를 바랐다. 특히 말루에는 호명 투표를 제안했다. 한 명씩 이름을 불러 안을 찬성하는지 반대하는지 밝히도록 하는 투표로서, 누가 누구 편인지 확연히 드러나는 방식이었다. 드 므누 의원은 외교위원회와 아비뇽위원회가 마련한 안을 읽었고 의원들은 이 안을 통과시켰다.

"국회는 아비뇽과 브네생 공작령에 대한 프랑스의 권리를 고려하고, 이 두 지역의 코뮌과 시민 대다수가 자유롭고 엄숙하게 프랑스와 합병하기 바라는 염원에 맞춰, 이 두 지역이 이제부터 프랑스제국의 한 부분이 되었음을 선언한다."

이렇게 해서 1790년 3월 이후 아비뇽에서 득세한 부르주아 세력에 대해 6월 10일 반혁명세력이 봉기하면서 시작된 아비뇽과 브네생 공작령 문제는 그곳 주민들이 오랫동안 바라던 대로 1791년 9월 14일에 끝났다. 1789년부터 프랑스 혁명의 인권선언을 걱정 어린 눈으로 보다가 교회재산 국유화와 성직자 시민헌법 때문에 더욱 화가 나서 반혁명에 앞장선 교황 비오 6세는 14세기부터 프랑스 안에 소유하던 영토를 완전히 잃어버렸다. 제헌의원들은 왕이 국회에 나오기 전에 국토 통일과 대화합의 기틀을 마련해놓았다. 대화합의 원칙은 '사면법'으로 완성되었다. 헌법위원회와 형사법위원회를 대표해 브리우아 드 보메스Bon-Albert Briois de Beaumetz가 상정한 법안은 토론을 거치지 않고 그대로 통과되었다. 지금까지 혁명과정에서 일어난 사건으로 체포되었거나 재판을 받는 사람들에 대해 사면하고, 국내외의 통행을 자유롭게 한다는 내용은 혁명을 끝내려는 의지의 표현이었다. 아직 망명객들의 문제가 남아 있었음을 페로Féraud 의원이 상기시켰다. 그것과 함께 맹세의 방법과 대상에 대해 의원들이 의견을 마구 쏟아냈다. 의장인 투레는 왕의 행차를 알리고 영접위원들을 문밖으로 보냈다. 그날 그는 왼쪽에 빈 의자를 놓고 기다렸다. 빈 의자에 맞을 손님은 왕이었다. 왕과 국회의장은 똑같이 백합꽃 문양으로 장식한 의자에 앉을 예정이었다. 사실 전날 의전담당관 샹트렌Chantereine(그는 브레제Brézé의 후임이었다)이 국회에 들러 왕의 의자 위에는 닫집을 설치해달라고 요구했다. 이튿날 닫집이 설치된 것을 본 의원들은 화가 나서 당장 그 오만한 장식을 걷어치우라고 샹트렌에게 요구했다. 샹트렌은 급히 내무대신에게 보고했지만, 내무대신은 의원들의 말을 따라야 한다고 말했다. 그렇게 해서 의원들은 국회의 권위를 드높였던 것이다.

의장은 오른쪽 의자에 자리를 잡고 나서 왕이 국회에서 헌법을 지키겠다고 맹세할 때 의원들이 앉은 채로 맞이하자는 제안이 들어왔다고 발표했다. 말루에는 곧 이의를 제기했다. 대제국의 수장을 그런 식으로 대접하는 것은 격에 맞지 않다는 것이다. 그는 왕이 일어서서 맹세를 할 때 의원들도 일어서서 들어야 한다고 주장했다. 좌파 의원들이 웅성거렸다. 그들 중 누군가 말루에에게 "당신이 원하면 무릎을 꿇고 들으시오"라고 빈정댔다. 당드레는 의장에게 국회가 한 15분 전쯤 그 어떤 종류의 이상한 제안을 듣지 않겠다고 의결했음을 말했고, 말루에는 "왜 당신은 의장의 제안을 듣지 않습니까?"라고 항의했다. 당드레가 대답했다.

"우리는 전국신분회를 개최할 때 이미 보았습니다. 왕이 회의장에 들어설 때 사람들이 일어섰고, 왕이 말할 때 의원들은 모자를 쓴 채 앉아 있었습니다."

이렇게 설전을 벌일 때 의장 투레가 막간을 이용해서 법안을 하나 처리하자고 제안해 봉건위원회의 이름으로 트롱세가 법안을 설명했다. 문지기가 왕의 행차를 알렸다. 왕이 영접위원들의 안내를 받으면서 대신들을 거느리고 회의장에 들어섰다. 의원들이 모두 자리에서 일어나 모자를 썼다. 왕도 모자를 쓴 채 투레의 왼편 의자 앞에 서서 말했다.

"여러분, 나는 내가 헌법을 승인했음을 엄숙히 선언하려고 여기 왔습니다. 따라서 나는 맹세합니다."

이 말이 나오기 무섭게 의원들은 자리에 앉았다. 새 시대가 시작되었음을 보여주는 행동이었다. 인간 사회에서 모든 권력이나 권위는 합의의 산물이다. 불문헌법도 합의의 산물이다. 그런데 프랑스에 성문헌법을 최초로 제정하는 일을 시작하면서 불문헌법을 따르고 절대군주를 존중한다는 합의가 깨졌다. 이제 의원들은 단순히 정부의 수장이 된 왕을 새로운 방식으로 대접하기 시작했다. 왕은 입법부의 수장인 국회의장과 똑같은 크기의 의자에 나란히 앉아서 행사를 치르는 존재가 되었던 것이다.

"나는 국민과 법에 충성하고 제헌의회가 반포한 헌법을 내가 가진 모든 권한으로 보전할 것임을 맹세합니다."

맹세를 끝낸 왕이 의자에 앉았다. 국회소식지인『로고그라프 *Logographe*』(뜻은 역사가, 수사학자)는 왕이 자기만 서 있다는 사실을 알고서는 슬그머니 앉았다고 보도했다. 왕은 앉아서 나머지 부분을 맹세했다.

"그리고 법을 집행할 것입니다."

모든 사람이 "왕 만세!"라고 외쳤다.

"지금 이 위대하고 영원히 기억할 순간이 평화와 통일을 회복하고 인민의 행복과 제국의 번영을 보증해주는 순간이 되기를 바랍니다."

다시 한번 큰 박수와 "왕 만세!" 소리가 회의장 지붕을 들썩거리게 만들었다. 법무대신 뒤포르 뒤테르트르가 왕에게 헌법을 바쳤다. 왕은 헌법의 맨 아래 "나는 승인하며 실행하게 할 것이다"라고 쓴 뒤 서명했다. 이제 법무대신부터 다른 대신들이 차례로 부서한 뒤 국회의장 비서에게 넘겨주었다. 의장 투레가 일어서서 말했다.

"전하, 온갖 병폐가 오랫동안 계속해서 가장 훌륭한 왕들의 선의를 억누르고, 왕의 권위를 끊임없이 무시하고 프랑스를 억압했습니다."

왕은 자리에 앉은 채 의장의 말을 듣고 있었다. 의장도 자리에 앉아서 말을 이었다.

"인민이 염원과 권리와 권능을 맡겨준 국회는 모든 병폐를 파괴함으로써 국가 번영의 기틀을 튼튼하게 회복했습니다. 전하, 국회가 반포한 헌법을 국민이 지지하고 승인해주었습니다. 제국의 방방곡곡에서 이 헌법을 완전히 실행하도록 국민이 동의해주었습니다. 국민의 동의는 오랫동안 지키던 자기 이익을 잃게 되어 불만에 눈이 먼 사람들의 계획을 무산시켰습니다. 전하께서는 이제 프랑스인의 행복을 확실히 바라신다는 사실을 국민의 동의로써 확인할 수 있습니다.

국회는 전하께서 가장 엄숙한 맹세로써 헌법이 보장하는 왕권을 받아들이신 오늘이야말로 영원히 잊지 못할 날이 되기를 바랍니다. 전하는 프랑스인들의 애정과 믿음으로 이 세상에서 가장 아름다운 왕관에 걸맞은 순수하고 존경할 만한 자격을 갖추셨습니다. 이제 전하는 자유롭게 반포된 헌법의 영원한 권위를 확실히 가지게 되셨습니다. 불굴의 힘을 가진 인민은 자유를 누릴 자격이 있습니다. 그만큼 위대한 국민은 언제나 세습군주로부터 자유를 필요로 할 것입니다.

전하께서는 헌법의 실질적 결과가 나오도록 빛을 주실 것임을 우리는 경험으로 잘 알고 있습니다. 전하께서 국내에서 헌법을 보존하고 국외의 공격에서 헌법을 수호하겠다고 약속하셨을 때, 국민은 자신이 가진 정당한 권리는 물론 힘과 용기에 대해 안도하면서 외적의 침략을 결코 두려워하지 않고, 국내 정치를 조용히 신뢰하면서 그것이 즉시 성공하도록 협조할 것입니다.

전하는 우리 눈에 위대하고 우리가 진정 소중히 생각하는 분이십니다. 전하는 프랑스에 시민들을 주고 프랑스인들에게 조국을 주는 이 갱생의 시대에 역사적으로 아주 숭고한 분이십니다. 전하는 왕으로서 위대하고 영광스러운 칭호를 새로 받으셨습니다. 그리고 전하는 인간으로서 행복을 누리고 새록새록 느끼게 만드는 원천이십니다."

6월 21일 이후 군주국가인 프랑스에는 왕이 없었다. 국회 밖에서는 두 달 이상 왕을 부정하고 폐위시키라는 여론이 들끓었음에도, 제헌의회는 입헌군주제 헌법을 마무리했다. 왕이나 국회나 지난 2년을 돌이켜보면서 실로 어렵고 험한 길을 헤쳐왔음을 실감했다. 왕은 모든 것을 잃는 것을 안타까워하면서 헌법에 계속 딴죽을 걸었고, 도저히 헌법을 막지 못한다는 사실에 절망하고 도주했다. 국회는 처음부터 절대군주제에서 입헌군주제 헌법을 만들기로 작정하고 추진해나갔지만 왕이 소문대로 진짜 도주한 뒤 어떻게든 헌법을 마무리하려고 여론을 무시했다. 우파 의원들은 여전히 만족하지 못했지만, 마침내 왕과 타협할 수 있는 형태의 헌법을 만들어 결국 왕의 승인을 받았다. 그리고 국회의장은 왕을 극찬하는 연설을 했다. 겉모습의 변화는 마음속 변화를 반영하지만, 때로는 겉모습의 변화를 마음속 변화가 따라가지 못하기도 한다. 국회의장이 왕과 나란히 앉을 수 있도록 의전을 바꾸었지만, 의장의 마음은 왕과 나란히 앉는 것이 아직 송구스럽다고 말하고 있었다. 『파리의 혁명』에서 꼬집듯이, 투레는 '비굴한 표현expression servile'인 '전하Votre majesté'라는 호칭을 썼다. 게다가 회의장 안에 있는 모든 의원과 방청객들도 왕이 직접 국회에 나와 헌법을 수호하겠다고 맹세해준 것에 감격해서 환호했다. 왕의 맹세와 함께 국민화합이 상징적으로 최고조에 달했음을 알 수 있다. 그러나 최고점은 내리막이 기다리고 있음을 뜻했다. 이제 왕이 자리에서 일어서서 나갈 채비를 했다. 그는 회의장에 들어올 때처럼 앞뒤로 사람들을 거느리고 모든 사람이 "왕 만세!"라고 외치는 소리를 들으면서 회의장을 빠져나갔다. 누군가 긴급동의를 해서 의장은 의원들의 의사를 물었다. 그렇게 해서 모든 의원이 왕의 뒤를 따라 튈르리 궁까지 갔다. 그때가 12시 반이었다.

9월 15일 화요일, 의장 투레가 개회를 선언하고, 비서 타르제가 일어나 왕이 토요일 국회에서 쓴 편지를 헌법과 함께 기록보관실에 넣자고 제안했다. 의원들은 동의했다. 구피 프레펠른은 의사일정을 다루기 전에 할 일이 있다고 말했다. 왕이 공식적으로 헌법을 승인했으므로 이제 헌법을 시급히 인쇄해 공공의 권리의 기초로 삼는 동시에 국가 번영의 영원한 보증으로 삼자고 제안했다. 그는 헌법을 양피지에 기록해 국새를 찍은 뒤 기록보관실에 보관하고, 헌법위원회는 되도록 빨리 인쇄해서 방방곡곡에 보급할 방안을 마련해야 한다고 강조했다. 레뇨 드 생장 당젤리가 구피 프레펠른의 안에서 기록보관소 문제에는 동의하지만, 헌법을 반포하는 행사를 마련해야 한다고 주장했다.

"평화협정을 맺을 때 수도에서는 기수단, 여타 도시에서는 시정부 관리들이 선포합니다. 헌법은 모든 프랑스인과 영도자를 새롭게 묶어주는 것으로서 되도록 엄숙하게 반포해야 합니다. 국회는 혁명의 위대한 순간을 축하하는 공공축제를 열기로 의결했습니다. 바로 그 자리가 헌법을 온 누리에 반포하기에 가장 적합합니다. 따라서 나는 파리와 왕국의 모든 코뮌에서 다음 일요일에 왕이 승인한 헌법을 엄숙하게 선포하고, 테 데움 찬송가를 부르기를 제안합니다."

프레토 생쥐스트는 외국에도 널리 알려야 한다고 덧붙였다. 뒤포르는 젖어미를 고용하고 돈을 내지 못해 옥살이를 하는 사람들을 석방하는 자비를 함께 베풀고, 젖어미에 대한 빚을 국고에서 지불하자고 제안했다. 랑쥐네가 뒤포르의 안을 찬성하면서 파리뿐 아니라 왕국의 모든 코뮌에서 자비로운 일에 동참해야 한다고 말했다. 그러나 거기에 드는 비용을 지방자치단체와 국고 중 어디서 부담하는지 묻고는 자신은 각 지방자치단체가 해결하는 편이 좋겠다고 제안했다. 샤브루는 뒤포르의 안이 명백하지만 랑쥐네의 안은 조금 실천하기 어렵다고 말했다. 그래서 뒤포르의 안을 받아들이는 동시에 랑쥐네의 안은 재정위원회와 구빈위원회가 합동으로 방안을 연구해서 보고하게 하자고 제안했다. 그동안 레뇨는 의원들의 쟁점을 정리해서 안을 상정했고 의원들은 표결을 거쳐 그 안을 통과시켰다.

다음 일요일 수도에서 시정부 관리들이 헌법을 엄숙히 선포한다. 모든 도의 중심지에서도 헌법이 왕의 승인을 받았음을 인지한 날 이후 첫 일요일에 헌법을 엄숙히 선포하고 대중이 대대적으로 축하한다.
파리에서 젖어미 보수를 주지 못해 옥살이를 하는 사람들을 석방하며 그 비용을 국고에서 부담한다. 이 같은 자선행위에 모든 도가 참여하도록 하는 방안은 국회의 재정위원회와 구빈위원회가 마련한다.

제헌의원 가운데 헌법과 왕의 승인에 대해 못마땅하게 생각하는 사람들은 비록 소수였지만 자신들의 의사를 분명히 밝혔다. 귀족과 종교인 의원들 142명과 제3신분 출신 의원 네 명이 9월 15일 국회에 "왕의 헌법 승인에 대한 프랑스 전국신분회 일부 대표들의 성명서"를 제출했다.

"아래에 서명한 세 신분의 의원들은 강제로 궁으로 끌려가서 왕권을 정지당하고 국회의 명령으로 죄수 같은 처지가 된 왕이 헌법을 승인하지 않으면 폐위당할 상태에서 승인한 것을 자유의사로 승인했다고 보기는 어렵다고 선언한다."

서명자 대부분은 단지 이름과 출신지역만 썼지만, 엑스 세네쇼세의 제3신분 출신 포셰F.-J. de Pochet는 "나는 내 권한에 충실하고, 특히 말과 글로써 언제나 프로방스의 (공동통치권 국가로서의) 헌법적 권리를 유지하려는 뜻에 따라 이 성명서에 찬성함"이라고 분명히 의사를 밝혔다. 62세의 고령이었던 그는 사실상 귀족이었지만 제3신분 대표로 전국신분회에 진출했으며 엑스앙프로방스의 '아미티에(우정)' 프리메이슨 단체 회원으로 활동하던 변호사 출신이었다. 이처럼 제헌의원 가운데 거의 15퍼센트가 왕의 처지를 안타까워했던 것이다. 그들은 자신들이 제헌의원이 아니라 전국신분회 대표라고 주장했다. 그들은 혁명의 급류에 휘말리고 있으면서도 그 사실을 인정하지 않은 채 절대주의 국가에 살기를 바라는 사람들이었다. 그러나 모든 일에는 대세가 있게 마련이다. 단 한 사람이 대세를 결정하는 것 같아도 그것은 수많은 사람의 합의를 등에 업은 덕택이다. 하물며 제헌의원 다수가 헌법을 찬성하고 왕의 승인까지 받아냈으니 제아무리 왕이 자유로운 의지로 승인하지 못했다고 주장한들 이미 돌이킬 수 없는 일이 되었다.

5
헌법 선포식

9월 16일 금요일, 파리 코뮌 회의에서는 전날 국회가 통과한 명령을 등기하고 후속조치를 논의했다. 그들은 18일 일요일에 모두 네 군데에서 한 번씩 헌법을 선포하기로 의결했다. 9월 18일 일요일, 코뮌의 집에 모인 시정부 요원들과 파리의 명사들은 예정대로 9시에 시청에서 나왔다. 기병 100명과 그 뒤로 척탄병 분견대가 앞장서서 길을 열었다. 그들의 뒤로 군악대와 시정부의 집행관 여덟 명이 차례로 섰다. 국민방위군과 시 경비대가 양쪽에서 호위하는 가운데 시정부 요원들이 행진했다. 코뮌의 서기장이 삼색 장식을 한 푸른 빌로드 방석에 헌법전을 올려놓고 시장 앞에서 걸어갔다. 행렬은 길게 이어졌다. 그들은 시청 앞 광장을 한 바퀴 돌더니 현관의 층계 앞에 멈췄다. 서기장이 16일에 정한 형식에 따라 헌법을 선포했다. 그리고 행렬은 연맹의 장을 향해 가다가 튈르리 궁 정문 앞, 생토노레 거리의 국회 정문 쪽의 카루젤 광장에서 두 번째로 헌법을 선포했다. 국회 바깥은 이렇게 시끌벅적한데 국회의원들은 11시부터 회의를 열어 의사일정에 매달릴 예정이었다. 그리고 시장의 행렬은 방돔 광장으로 발걸음을 옮겨 세 번째 선포식을 한 뒤 연맹의 장에 도착했다. 두 달 전에 청원자들을 반도로 규정해서 총격하고 학살했던 연맹의 장은 축제의 장이 되었다. 시정부 요원들은 조국의 제단을 세 바퀴 돌고 나서 제단 위로 올라갔다. 정오쯤이었다. 축포소리가 세 번 울리고 나서 시장은 서기장이 건네준 헌법전을 시민들에게 보여준 뒤 이미 시청 앞·카루젤·방돔 광장에서 했던 형식에 맞게 헌법을 선포했다.

국민, 법, 왕.
시민들이여, 제헌의회는 1789년 6월 17일에 시작하여 1790년과 1791년에 걸쳐 헌법을 제정하는 일을 1791년 9월 3일에 원만히 끝마쳤습니다. 왕은 9월 14일에 헌법을 엄숙하게 승인하고 서명했습니다.
제헌의회는 입법부와 왕과 사법부의 충성심, 모든 가장과 부인들, 어머니들의 감시, 젊은 시민들의 애정, 모든 프랑스인의 용기를 믿고 헌법을 맡깁니다.

그리고 나서 시장은 헌법전을 제단 위에 올려놓았다. 군악대가 음악을 연주했다. 가수가 노래도 불렀다. 그날 부른 〈프랑스 송가〉, 〈찬송가〉, 〈칸타타〉

는 볼테르의 유해를 팡테옹에 안장하던 날인 7월 11일에도 불렀다. 이 남성 3중창곡의 가사는 볼테르의 작품 『삼손』에서 나왔고, 고섹이 곡을 붙였다. 선포식에서는 군악대의 반주에 맞춰 왕립 음악아카데미와 페도 거리의 극단 합창단이 노래했다. 군악대는 파리 국민방위군 소속 연주자 78명으로 구성된 악단이며 지휘자는 작곡자인 고섹 자신이었다.

> 인민이여, 깨어나라! 사슬을 끊어라!
> 최초의 위엄을 되찾으라,
> 어느 날, 천상의 하느님이
> 먼지구덩이에서 죽은 자들을 다시 불러 광명을 주듯이,
> 이 세상을 소생시키듯이.
> 인민이여, 깨어나라! 사슬을 끊어라!
> 자유가 그대를 부른다.
> 자랑스러운 인민이여, 그대는 자유를 위해 태어났나니.

> 인민이여, 깨어나라! 사슬을 끊어라!
> 겨울이 꽃과 초원을 죽였도다.
> 그러나 그대의 풍성한 빛은 한낮의 횃불이 되어
> 자연을 되살리리니.
> 자연의 아름다움을 되찾아주리니.
> 끔찍한 예속상태는
> 용기를 말려 죽인다.
> 그러나 자유는

용기의 위세를 되살리고 자부심을 키운다.

자유여, 자유여, 자유여!

그날 국민방위군 총사령관은 시민 병사들에게 되도록 많이 참여하라고 명령했으며, 일반 시민들도 많이 참석했다. 시장이 헌법을 선포하자 병사들은 칼과 소총에 모자를 씌워 공중에 흔들면서 환호했다. 구경꾼들도 그들과 함께 "국민 만세!", "헌법 만세!", "국회 만세!"를 계속 외쳤다. 왕이 선포식에 참가하지 않았기 때문에 "왕 만세!"는 외치지 않았다. 대포 130문이 축포를 쏘아 흥을 더 돋워주었다. 선포식이 끝날 즈음 왕립 음악아카데미 회원들과 왕의 예배당 연주자들이 함께 고섹이 작곡한 〈프랑스 송가〉를 연주했다. 시장과 귀빈들은 한편에 천막을 두 개 치고 그 밑에 점심상을 차려놓은 곳으로 가서 빵, 포도주, 비스킷을 먹었다. 시민들과 병사들도 음식을 조금씩 맛볼 수 있었다.

구경거리가 많은 샹젤리제 거리는 몹시 붐볐다. 파리 주민 절반 이상이 거기에 모인 것 같았다. 오후 6시 조금 전 대포소리가 울렸다. 그 소리를 신호 삼아 시청 토목과는 샹젤리제에서 기구를 띄워 헌법 선포를 축하했다. 남녀노소 가리지 않고 하늘에 뜬 기구를 보고 환호했다. 닭이 날갯짓을 하는 모양의 기구가 갑자기 심한 바람이 불었기 때문에 이브리 들판 위에서 기우뚱했다. 기구를 조종하는 사람은 파리에서 15리외(약 60킬로미터)나 떨어진 가르생 앙 브리에 기구를 겨우 착륙시켰다. 이 사건을 두고 『파리의 혁명』에서는 이렇게 말했다.

"기구가 상징하던 우리의 헌법은 좀더 멀리 움직이기를! 우리의 자유는 이 기구처럼 금세 추락하지 않기를!"

그러나 기구가 안착했다는 소식을 들은 사람들은 "프랑스 혁명이 유럽 전역에 기구처럼 빠른 속도로 전파되기를!"이라고 기원했다. 날이 저물면서 파리의 중요한 건물, 광장, 거리가 수많은 등불로 빛나기 시작했다. 튈르리 궁과 샹젤리제는 아주 화려하게 빛났다. 튈르리 궁의 벽면을 따라 가로로 길게 네 줄에 초롱을 잔뜩 매달아 밝혔다. 바닥에는 피라미드 모형을 여러 개 설치하고 초롱불을 주렁주렁 달았다. 출입로 양쪽에도 피라미드 모형을 설치했다. 루브르, 뤽상부르 궁, 팔레 루아얄, 팔레 부르봉, 푀이양 수도원 둔덕과 강변도 환하게 밝혔다. 특히 빌레트의 저택은 근처 넬 저택보다 훨씬 화려하게 장식해서 사람들을 즐겁게 해주었다. 그 저택은 삼색의 등불로 빛나고 있었는데, 근처에 있는 사마리텐 펌프장의 작은 종들이 일제히 아름다운 소리를 내면서 흥을 돋웠다. 샹젤리제 산책길 양쪽의 출입로는 더욱 기발하게 장식했다. 루이 15세 광장(오늘날의 콩코르드 광장)에서 에투알(별)로 불리는 장소까지 모든 나무를 불의 화환으로 연결했다. 오늘날 연말연시 가로수에 전구를 설치하는 장식의 효시라 볼 수 있다. 예전에 입시세관으로 쓰던 건물 두 채도 환하게 불을 밝혔다. 샹젤리제 산책길도 환하게 밝혀놓고, 여러 군데 층계석을 설치해서 음악을 연주하게 했다. 또한 몸이 날랜 사람들은 여기저기 세운 기둥을 오르내리면서 재주를 부려 구경꾼을 즐겁게 했다. 전년도 7월 14일의 전국연맹제 날처럼 그날도 갑자기 비가 내려 사람들의 흥을 식혔다. 시민들은 흥겹게 춤을 추다가 나무 밑으로 들어가기도 했다. 10시에 라파예트가 참모들을 데리고 나타나 조명장식을 둘러보았다. 곧이어 왕이 가족과 함께 마차를 타고 샹젤리제에 나타났다. 사람들은 마차에 구름같이 몰려들면서 "왕 만세!"를 계속 외쳤다. 가끔 "왕비 만세!"를 외치기도 했지만 "국민 만세!" 또는 "자유 만세!"는 거의 나오지 않았다. 왕과 가족은 대중의 환영을 받고 몹시 만족했다. 파리 곳곳에서 불꽃놀이로 하늘을 훤하게 만들었다.

샹젤리제에 가지 못한 사람들도 파리 곳곳에서 즐길 수 있었다. 코뮌의 집, 도핀 광장, 데지노상 시장*도 시민들이 화려한 조명을 즐길 만한 곳이었다. 이러한 장소마다 악단들이 음악을 연주해서 시민들의 흥을 돋워주었다. 시민들은 어김없이 춤판을 벌였다. 특히 바스티유 터는 굉장히 신경 써서 멋지게 꾸며놓았다. 바스티유 철거작업을 맡았던 사업가 팔루아는 광장의 수많은 출입구에 나뭇가지들을 연결해서 마치 무도장으로 들어가는 입구처럼 꾸몄다. 거기서 수많은 극단의 배우들이 공연했다. 특히 리슐리외 거리의 극장에서 성공했던 연극 〈바스티유의 정복〉도 공연하여 애국심을 북돋우려고 노력했다. 그러나 뜻하지 않은 불상사도 일어났다. 1791년 6월에 부르소 말레르브Boursault-Malherbe가 세운 몰리에르 극단은 시민정신을 고취하는 연극을 공연할 예정이었다. 그러나 극장이 공연 전에 수많은 사람의 공격을 받았고 울타리가 무너졌다. 사람들은 배우들의 물건을 가져가기도 했다. 배우들은 그런 일을 겪었음에도 애국심을 고취하는 극을 공연하려고 노력했지만 성난 군중이 마구 떠드는 바람에 할 수 없이 공연을 중단했다. 이 같은 불상사가 왜 일어났는지 정확히 알 길은 없지만, 대체로 그날 밤 파리 주민들은 곳곳에서 축제 분위기에 흠뻑 젖었다. 이튿날인 19일, 파리 시정부는 전날 헌법 선포식과 축제는 아주 질서 있고 평온하게 마무리되었다고 평가했다.

---

* 원래 생지노상Saints-Innocents 교회와 무덤이 있던 자리다. 혁명 전에 도시 위생 때문에 무덤을 파리 외곽으로 옮기고, 그곳에 시장을 열었다. '이노상Innocents'은 예수 탄생의 예언을 들은 헤롯왕이 내린 명령으로 희생된 순진무구한 아기를 뜻한다.

6
제헌의회가
마지막으로 한 일

　　9월 19일, 이탈리아 극단은 스덴Michel-Jean Sedaine이 극본을 쓰고 벨기에 출신 작곡가 그레트리André Grétry가 작곡한 〈사자심 리처드 왕Richard Coeur de Lion〉을 공연했다. 영국 왕 헨리 2세와 엘레아노르 다키텐의 아들 리처드 1세의 무훈과 모험을 그린 이 작품은 왕에게 바치는 공연이었다. 이 오페라는 1784년 10월 파리에서 초연된 뒤 계속 무대에 올랐다. 혁명기라 해도 보수적인 성향의 사람들이 역시 부자였다. 그들은 극장의 비싼 좌석을 가득 메우고 연극에 환호했다. 그러나 가난한 사람들은 혁명 전처럼 값싼 바닥석에 앉아 공연을 보면서 때로는 야유를 퍼부었다. 법의 이름을 들먹여야 겨우 소란한 장내를 정리할 수 있었다. 보수파는 이 연극의 주인공인 리처드 1세를 루이 16세로 바꿔 개작한 노래를 인쇄해서 마구 뿌렸다.

　　오 루이여, 나의 왕이여!
　　친구들이 그대의 주위에 있네.
　　우리가 사랑으로 그대를 감싸고 있다네.
　　우리의 심정으로는 법이
　　그대에게 충성스럽고,
　　온 세상이 보는 앞에서
　　우리는 그대를 묶은 사슬을 끊으리,

그리고 그대에게 왕관을 돌려주리니.

불행한 왕비여, 아, 당신은

더는 고통으로 슬퍼하지 말라!

아직 친구들이 많으니……

당신의 궁전에서

모든 것이 사랑이고,

충성이며, 의연함이니.

당신을 섬기면 반드시 보상을 받으리라.

20일에 왕은 팔레 루아얄에 있는 오페라(극장)에서 공연하는 라모의 〈카스토르와 폴룩스Castor et Pollux〉를 보러 갔다. 옛날 관행은 왕이 극장에 가는 소식을 벽보로 알렸지만, 혁명기에는 단지 극장 안에서 왕이 도착했다고 알리기만 한다고 합의했다. 길 양편에는 경찰 끄나풀과 왕의 병부兵部 소속 병사들이 쫙 깔렸다. 그들은 왕의 마차를 보면서 환영했다. 한마디로 우호적인 분위기를 연출했던 것이다. 6월 25일, 냉대를 받으면서 파리로 잡혀가던 때와는 사정이 달라졌다. 며칠 전(9월 14일) 그가 국회에 나가 헌법을 승인하고 맹세한 뒤 곧바로 튈르리 궁으로 돌아가지 않고 연맹의 장으로 나가 조국의 제단에 올라 만천하에 헌법을 승인하고 반드시 지키겠다고 맹세했다면, 사람들은 그가 7월 17일에 학살된 영령들을 위로했다고 판단하고 그에 대해 훨씬 우호적으로 평가했을 것이다. 물론 그런 일은 일어나지 않았지만 이제 거리와 극장에서 그의 모습을 보고 정면에서 야유를 퍼붓는 일은 없었다. 더욱이 왕을 증오하는 사람이라 할지라도 미리 길에 풀어놓은 사람들이 분위기를 잡는 데 정면으로 반대하기란 거의 불가능했다. 왕의 마차가 지나갈 때

"왕 만세!"는 물론이고 심지어 "모자를 벗으시오!"라고 외치는 소리도 들렸다. 『파리의 혁명』에서는 이를 두고 다음 주 일요일이면 "무릎 꿇어!"라고 외칠 것이라고 비꼬았다.

25일 일요일, 제헌의회의 임기를 단 엿새 남기고도 의원들은 열심히 일했다. 먼저 카뮈Armand-Gaston Camus가 차기 국회의 회기를 시작하는 날을 확정지을 필요가 있다고 말하고 법안을 상정해 통과시켰다.

"국회는 10월 1일에 초대 입법의회 의원들이 오전 9시 국회의사당에 모이며, 지난 6월 13일에 제정한 법에 따라 호명으로 출석을 확인할 것임을 의결한다."

전쟁대신 뒤포르타이가 회의에 참석해서 발언권을 얻어 『프랑스의 현 상황에 대한 보고서』를 읽었다. 그는 국회가 정치적 현실을 감안해 전쟁대신이 국방에 대한 특단의 조치를 마련하라는 명령을 내렸기 때문에 그 보고서를 작성했다고 설명했다. 그는 공병과 포병 분야의 장교들로 위원회를 구성해 국경지대에서 왕국을 방어하는 데 필요한 모든 사업을 실행하도록 준비했다. 그리고 사업을 좀더 기민하게 추진하기 위해 이 위원회를 다섯 분야로 나누었다. 장교들은 가장 먼저 전쟁이 일어날 가능성이 있는 국경지대부터 방문하고, 필요한 공사에 착수하도록 했다. 공병과 포병의 장교위원회와 지역 사령관들은 주로 북동쪽 국경인 베르그Bergues에서 동쪽 국경인 벨포르까지 모든 지역이 급습을 받지는 않을 것이라고 생각했다. 그리고 모든 곳에 규정에 맞는 진지를 구축해놓을 필요가 있으며, 최전선의 진지는 모두 강력한 저항을 할 수 있다고 믿었다. 또한 사부아 쪽 국경과 피레네 산맥의 국경은 가을부터는 별 걱정을 하지 않아도 좋았다. 3~4주 내로 눈이 오면 산악지방으로 공격하기는 어렵기 때문이었다. 그렇지만 이 방면에서도 경계를 게을리하지는 말아야 하며 필요한 공사를 해두어야 했다. 해안선도 마찬가지였다. 비록 아무런 위험의 징후가 없지만 여느 국경지대처럼 경계를 해야 했다. 모든 지방에서 국회에 보고한 바로는 식량, 꼴(마량), 탄약을 충분히 비축해두었다. 더욱이 뒤포르타이는 더 많이 사들이고 비축해두라고 명령해서 비상사태에 철저히 대비했다. 그동안 무기창이 많이 털렸기 때문에 부족한 무기를 채우느라 무기 제조업자에게 대량 주문했다. 그러나 외국에서 사들여오는 것은 금지했다.

베르그에서 벨포르까지 국경선에는 보병 123개 대대와 기병 146개 중대가 있다. 이들이 정원을 갖춘다면 보병은 9만 2,250명, 기병은 2만 4,820명이다. 그러나 대부분의 연대는 아직 이만한 수준을 갖추지 못했다. 지난 몇 달 동안 병력을 보충하지 못했기 때문이다. 시민들이 자발적으로 조국에 봉사하도록 권유하는 방법을 찾아야 할 테지만, 점점 군인이라는 직업을 좋아하는 사람이 늘어나서 확고한 신념으로 봉사하게 되는 것이 가장 바람직하다. 국회는 전국의 국민방위군 병력을 10만 9,000명으로 정했다. 전쟁대신은 지난 8월 4일에야 모든 도 지도부에 국민방위군에 관한 명령을 내리고, 장군들에게도 도 지도부와 협력해 정원 병력을 유지하도록 힘쓰라고 명령했다. 이들은 서로 협력하면 전쟁대신의 간섭을 받지 않고서도 그 목표를 달성할 수 있을 터였다. 지금까지 60개 이상의 대대가 방위태세를 갖추게 되었다. 이 과정에서 군복이 부족한 게 문제였다. 다행히 국회는 최근에 명령을 내려 그들에게 지급할 봉급에서 공제하는 방식으로 군복을 나눠주게 했고, 실제로 모든 도가 그렇게 하고 있었다. 탄약주머니 같은 따위는 전쟁대신의 소관으로 공급할 예정이었다. 그러나 각 도시 장인들이 원자재를 구하는 일이 어렵기 때문에 이러한 장비를 보급하는 시기는 상당히 늦을 가능성이 있었다.

이러한 조건을 고려해볼 때, 전쟁대신은 당장 덩케르크(베르그)에서 오트알 자스(벨포르)까지 보병과 기병을 최소한 13만~14만을 배치하고, 인구가 많은 변방에서 시민들을 무장시켜 위급한 일에 대비할 수 있을 것이며, 모든 기지는 방어뿐 아니라 군대 기강을 회복하는 데 가장 기본적인 단위라고 생각했다. 장군들이 보기에 병사들은 그동안 규율이 해이해진 것에 대해 지겹게 생각하고 질서를 바라기 시작했다. 이제부터 그들을 훈련시키면 진정 좋은 군대로 거듭날 수 있을 것으로 판단했다.

전쟁대신 뒤포르타이는 그동안 장군, 대령, 중령을 새로 임명하고 대대장 이하 장교들의 물갈이를 시작했는데, 이 과정은 어렵기 때문에 끝내려면 멀었다고 말했다. 그들의 복무기간과 선임자 순서를 일일이 증명하고 비교하는 일이 필요하고, 게다가 대다수가 위치를 바꾸거나 연대를 바꿔야 하기 때문이다. 그렇긴 해도 5~6주면 끝을 볼 수 있고, 그 결과 완전히 군대를 새로 태어나게 할 수 있을 것으로 전쟁대신은 낙관했다.

"헌법을 완성하고 왕이 헌법을 승인하고 보전하겠다고 맹세한 이상, 상호 불신의 풍조를 없애고 헛된 희망에 속지 않으면, 필시 모든 사람이 진정 화합할 수 있습니다."

의원들은 뒤포르타이의 보고서를 인쇄하기로 의결했다. 곧 브르타뉴의 제3신분 출신으로 렌에서 변호사로 활동하던 불레Jean-Pierre Boullé가 국회의 명령을 받고 시찰했던 노르 도의 군대에 대해 보고했다. 노르 도는 벨기에 지방과 맞닿은 곳이기 때문에 오스트리아 군대의 침략을 막는 중요한 지방이었다. 불레가 대체로 긍정적인 보고를 마치고 나자 푸아투 세네쇼세 종교인 출신인 디용Dominique Dillon이 전쟁대신에게 장교들의 휴가제도에 대해 질의했다. 장교들을 새로 임명하기 때문에 그들이 일제히 휴가를 떠나면 심각한 문제가 발생할 수 있다는 일리 있는 지적이었다.

"내 생각에 현재 군대의 상황을 고려해 올해에 휴가를 승낙하는 것은 지극히 현명치 못한 일입니다. 대부분의 장교가 새로 임관했기 때문입니다. 그들은 무엇보다도 자기 임무를 파악해야 합니다. 더욱이 군 기강을 확립하고 군사학교에서 다시 교육을 강화해 잃어버린 시간을 되찾아야 합니다."

이에 대해 뒤포르타이는 한 열흘 전쯤 회람을 돌려 휴가가 없을 것임을 알렸다고 대답했다. 이제 의원들은 1790년 12월 구빈작업장에 1,500만 리브르를 투입하도록 의결한 뒤 쓰고 남은 576만 리브르를 분배하는 방법을 의논했다. 라로슈푸코 리앙쿠르는 구빈, 재정, 농상, 국유지 위원회를 대표해서 보고했다. 1790년 6월 30일의 법은 파리로 몰려든 걸인들을 고향으로 분산시킬 수 있도록 도마다 3만 리브르를 주어 유익한 사업을 할 수 있게 했다. 12월 19일, 국회는 83개 도에 구빈작업장을 설치하는 예산 1,500만 리브르를 통과시키고, 각 도마다 8만 리브르씩 모두 664만 리브르를 할당했다. 지난 6월 16일에는 260만 리브르를 구빈작업장에 쓰도록 의결했다. 그 결과 576만 리브르가 남았다. 그는 이 돈을 83개 도에 필요한 사업의 규모와 내용에 따라 적게는 2만 리브르부터 많게는 18만 리브르까지 나눠주고 내무대신이 3개월마다 보고를 받으면서 감독하는 안을 상정해 통과시켰다. 다음 의제는 공교육이었다. 탈레랑 페리고르가 제안한 안에 대해 여러 의원이 당장 논의하지 말고 입법의회의 사업으로 넘기자고 주장했다.

이제 형법전을 논의할 차례가 되었다. 르펠티에 드 생파르조가 형법위원회를 대표해 이미 제정한 법안을 다시 읽고 나서 한두 가지 추가 조항과 함께 형법전 전체를 상정했다. 제1장 유죄선고, 제1절 형벌에 대해 35개조, 제2절 재범에 대해 2개조, 제3절 궐석 피고인에 대한 판결의 집행 2개조, 제4절 유죄판결의 효력에 대해 8개조, 제5절 유죄 선고자의 나이가 형벌의 성격과 기간에 미치는 영향 7개조, 제6절 공소시효에 대해 3개조, 제7절 복권復權에 대해 13개조, 제2장 범죄와 형벌, 제1절 국가에 대한 범죄와 침해, 제1관 국가의 외적 안전에 대한 범죄 7개조, 제2관 국내 안전에 대한 범죄 5개조, 제3관 헌법에 대한 범죄와 침해 25개조, 제4관 법에 대한 존중과 복종, 그리고 법을 집행하는 헌법기관의 권위를 해치는 개인들의 범죄 10개조, 제5관 공무원의 권한 행사와 관련된 범죄 15개조, 제6관 공공재산에 대한 범죄 8개조, 제2절 개인에 대한 범죄, 제1관 33개조, 제2관 재산에 대한 범죄와 범법행위 48개조, 제3장 공범자에 대해 4개조가 일괄 통과되었다.

24일에 내무대신 르사르는 왕을 대신해 파리 시장 바이이에게 편지를 보냈다. 왕은 지난 18일에 샹젤리제에서 대중이 자신과 가족을 환대한 일에 감사했다.

> 시장님, 전하께서는 수도의 주민들이 보여주신 사랑의 징표에 감동하시고, 대중을 기쁘게 할 새로운 기회를 마련해주고 싶어하십니다. 그래서 전하께서는 다음 일요일 튈르리 궁과 샹젤리제 거리 일원에 조명을 하도록 내게 명령하셨습니다. 전하는 시장께서 질서와 안전을 유지할 조치를 취해주기 바라십니다.
>
> 르사르 드림.

왕실비 감독관 라포르트는 이 '애국적 축제'의 비용을 아끼기 위해 파리 시장에게 지난 18일에 쓰던 조명장치를 빌려달라고 요청했다. 파리 시장은 그 요구를 들어주고 질서와 안전에 대한 조치를 취하라고 명령했다. 그는 이

기회에 시청 건물도 조명으로 밝히는 것이 어떻겠느냐고 의견을 물었지만, 다수는 파리 주민들의 시선을 분산시켜 왕이 열어주는 축제의 의도를 거스를 수 있다고 말했다. 25일에 왕은 예정대로 '애국적 축제'를 열어주었고, 파리 주민들은 밤 시간을 즐겁게 보냈다. 또한 왕은 가난한 사람들을 위해 5만 리브르를 기부했다. 파리 시장은 5만 리브르를 48개 구에 1,401리브르 13수 4드니에씩 나눠주었다. 만일 각 구에 가난한 사람이 2,000명 있다면 한 사람당 10수 5드니에씩 돌아가는 액수다. 겨우 독신자가 하루치 음식을 살 만한 돈이다. 과연 가장이라면 그 돈으로 식구를 하루 먹일 수 있을까? 『파리의 혁명』은 그날 저녁에 호롱불에 지불한 돈을 간단히 계산했다. 한 개 6수짜리 호롱불 100만 개를 준비하고 일손을 고용하는 데 쓴 돈을 48개 구의 모든 빈자 9만 6,000명에게 나눠준다면 그것만으로도 3리브르 10드니에인데, 여기에 10수 5드니에를 합치면 3리브르 11수 3드니에가 된다고 했다. 이것은 9만 6,000명이 일주일에 쓸 수 있는 식비인데, 쓸데없는 잔치를 벌이느라 써버리고 겨우 가장이건 독신이건 가리지 않고 10수 5드니에씩 주면서 생색을 냈다고 비판했다.

제헌의회의 마지막 주간에도 의원들은 법안을 심의하고 통과시키거나 보류하면서 바쁘게 활동했다. 26일 월요일, 의원들은 기존의 공교육 기관을 그대로 유지한다고 하는 한편, 10월부터 모든 대학교 법학부에서 헌법을 가르친다고 의결했다. 27일에도 수많은 법을 통과시켰는데 그중에는 국립도서관에 관한 것도 있었다.

"내무대신은 10만 리브르 이내의 금액으로 모든 개인 소장의 인쇄물과 수서본을 구입해 리슐리외 거리의 국립도서관의 장서로 등록하고 그 내역을 인쇄·출판한다."

프랑스 팡테옹의 공사를 계속하는 예산도 배정했다. 이미 승인한 15만 리브르에 5만 리브르를 얹어서 10월에도 공사를 계속할 수 있게 했다. 구빈위원회가 상정한 법안도 주목할 만하다. 라로슈푸코 리앙쿠르는 18개월 전에 보류했던 문제를 상기시켰다. 국회는 불구자와 업둥이들처럼 불행한 사람들에게도 신성불가침의 권리가 있음을 인정하고, 그들을 구제하는 일은 단지 인도적인 차원뿐 아니라 올바르고 밝은 정치의 의무라고 인식했다. 그리하여 제국의 방방곡곡에서 헌법의 원리를 좇아 그들을 구제해야겠지만, 선행이 자칫 무위도식을 낳아서는 안 되며, 궁극적으로 가난의 원인을 제거하는 데까지 나아가야 한다고 인식했다. 이러한 원칙을 기본으로 구빈위원회는 모두 34개조의 법안을 상정했다. 리옹Riom의 제3신분 출신 앙드리외 César-Pierre Andrieux는 무엇보다도 매년 5,000만 리브르의 예산을 감당하는 문제가 있으니 당장 토론을 하지 말자고 제안했다. 라로슈푸코 리앙쿠르는 제헌의회가 해산하기 전에 "입법의회가 이 중요한 임무를 명예롭게 수행하도록" 의결하자고 제안했고, 의원들은 이 안을 통과시켰다. 브르타뉴 지방 렌의 제3신분 출신 데페르몽Jacques-Joseph Defermon des Chapelières이 군사(육군)위원회와 해군위원회를 대표해 화약과 초석硝石에 대한 법을 상정했다. 제1장 화약과 초석의 제조와 판매에 대해, 제2장 화약과 초석 공사公社의 조직에 대해, 제3장 종업원의 업무, 제4장 종업원의 채용과 진급 규칙에 대해, 제5장 봉급, 제6장 전반적인 규율에 대한 규정까지 모두 53개조의 중요한 법이었다. 의원들은 토론을 벌이고 수정안을 제안하면서 법안을 통과시켰다. 그다음에 상정한 '염전과 제염공장에 관한 법'도 중요했다. 구체제의 소금 전매제도를 시행할 때 공사의 관리들에게 들어가는 비용이 39만 2,079리브르였는데, 새 공사를 운영하면 10만 3,600리브르면 충분했다. 한마디로 28만

8,479리브르를 절감할 수 있는 안이었다. 그러나 의원들은 토론 끝에 이 법을 차기 국회에서 다루도록 하자고 의결했다.

9월 28일 수요일, 회의가 열리자마자 군사위원회를 대표해 오를레앙 지방 블루아의 귀족 출신 펠린Louis-Jacques de Phélines은 1790년 8월 18일의 법 가운데 1조와 9조, 11조의 일부와 14조의 마지막 몇 단어를 수정하는 안을 상정해 통과시켰다(제4권 제2부 3장 "낭시 사태의 발단" 중 176~177쪽 참조).

"제1조. 1791년 1월 1일부터 군대는 장교와 사병을 합쳐 모두 15만 848명으로 구성한다. 그 가운데 보병이 11만 590명, 기병이 3,040명이며, 포병 또는 공병에 대해서는 국회가 따로 정한다.

장성의 수는 94명을 넘지 않는다. 부관과 1791년에 활동할 전쟁위원의 수는 국회가 따로 정한다."*

그다음 의제는 '농촌법'을 재검토하는 것이었다. 부르주의 귀족 출신 외르토 드 라메르빌Jean-Marie, vicomte de Heurtault de Lamerville이 농상위원회를 대표해 "농촌의 재산과 관습 그리고 농촌의 치안에 관한 법"을 읽었다. 제1장 농촌의 재산과 관습에 대해, 제1절 토지재산에 관한 일반 원칙 4개조, 제2절 농촌 재산의 임대차 5개조, 제3절 농촌의 다양한 재산 5개조, 제4절 가축, 울타리치기, 방목권, 공동 방목권 20개조, 제5절 수확 3개조, 제6절 도로 3개조, 제7절 농촌 감시인** 8개조, 제2장 농촌의 치안 45개조는 별다른 토

---

* 1790년 8월 18일의 법 제1조는 다음과 같다. "1790년 9월 1일부터 1791년 이 시점까지 새로 조직할 군대는 장교와 사병을 합쳐 모두 15만 848명으로 구성한다. 그 가운데 보병이 11만 485명, 기병이 3,040명, 포병 또는 공병이 1만 137명이다.

장성의 수는 94명을 넘지 않는다. 부관과 1791년에 활동할 전쟁위원의 수는 국회가 따로 정한다."
** 한마디로 농촌 지킴이로서 경작지, 삼림, 사냥감을 보호한다. 원어는 'gardes champêtres'다.

론을 거치지 않고 통과되었다. 피레네 근처 타르브의 제3신분 출신 바레르 Bertrand Barère는 화가 다비드Jacques-Louis David가 〈죄드폼의 맹세〉(제2권 17쪽 하단 도판 참조)를 1년이 지났는데도 완성하지 못하고 있음을 상기시켰다. 헌우회(자코뱅 클럽)가 1790년에 국회에 제안해 다비드에게 맡긴 일이었다. 바레르는 다비드가 지난 1년 동안 계속 작업한 성과인 바탕그림을 대중에게 공개했으며, 최근에 이 그림을 완성하도록 퓌이양 수도원 교회에 작업장을 열었지만, 작업장 사용료 때문에 압박을 받는다고 말했다.

"국회는 이 그림을 혁명의 가장 첫 번째 기념비로 생각해야 합니다. 그리고 국회의 가장 중요한 순간을 축성해야 합니다. 나는 이 그림을 국비로 완성해 국회의사당에 거는 법을 발의합니다. 옛 사람들이 유명한 예술가들을 어떻게 대접했는지 굳이 상기시키지 않겠습니다. 단지 6월 20일을 기억해주시고 내 제안을 환영해주십시오. 제헌의회는 이제 두 가지 중요한 유산만을 남겨두고 해산합니다. 하나는 헌법으로서 앞으로 수백 년 동안 감사를 받을 것입니다. 다른 하나는 6월 20일의 용감한 행위인데 우리는 예술의 힘으로 그 행위를 영원히 기릴 수 있습니다."

바레르는 곧 법을 발의했고, 바르나브의 지적을 받은 뒤 수정안을 올려서 의원들의 지지를 받아 통과시켰다.

"국회는 1789년 6월 20일이 프랑스에 자유로운 헌법을 보장해준 역사적인 날이라고 생각하면서 다음과 같이 의결한다. 1789년 6월 20일, 베르사유의 죄드폼에서 한 맹세를 재현하려고 화가 자크 루이 다비드가 시작한 그림을 제작하는 비용을 국고에서 지원하며, 그림을 국회의사당에 걸도록 한다."

바르나브는 제헌의회가 끝나는 시점이 혁명을 끝내는 시점이라고 생각한 것이 분명하다. 그는 "식민지의 혁명도 프랑스의 혁명처럼 끝내야 합니

다"라고 말했다. 카리브 해의 식민지에 질서와 평화를 회복해주고, 모든 주
민으로 하여금 프랑스인으로서 행복하다는 감정을 공유하고 신뢰를 회복하
게 해줘야 한다고 강조하면서, 국회가 제정한 법을 빨리 왕의 승인을 받아 식
민지에 보내자고 제안했다. 그리고 위원들이 법을 고지하러 가는 즉시 마르
티니크의 식민지 의회 활동을 재개시켜야 하며, 좀더 빨리 평화와 질서를 회
복시키기 위해 국회는 식민지에 대해서도 사면법을 공표해야 한다고 주장해
법안을 원안대로 통과시켰다.

제1조. 이달 24일에 제정한 식민지 관련 법을 왕에게 제출해 승인받는다.
제2조. 지난 6월 15일의 법으로 생도맹그 섬에 전달한 식민지 조직에 관
한 지침을 다른 식민지에도 고지하여 이달 24일의 법에서 결정하지 않는
내용을 보충하게 한다. 따라서 1790년 11월 29일에 제정하고 12월 8일
에 왕의 승인을 받은 법으로 활동을 정지시킨 마르티니크 식민지 의회는
활동을 재개한다.
제3조. 왕의 명령으로 생도맹그 섬으로 떠나려다 출발하지 못한 위원들
은 곧 출발한다.
제4조. 지금까지 식민지에서 일어난 모든 혼란을 끝내고 주민들을 화합
하게 만들기 위해 이달 14일에 제정하고 15일에 승인받은 법을 모든 식
민지에 적용한다.* 따라서 현지에 파견한 민간위원들은 혼란의 시작과
주모자에 관한 정보를 수집하는 일을 중단하고, 각 식민지 주민으로서

---

* 이 법은 혁명과 관련해서 발생한 소추와 재판을 정지하고 군인들을 모두 사면하는 것이다.

당분간 그곳을 떠났던 시민들을 귀환시키는 한편, 과거를 모두 잊고 화합하도록 권유하는 포고문을 공포한다.

9월 28일에도 국회는 여러 가지 법을 심의하고 의결했다. 그중에서 메스의 제3신분 출신 에므리는 "피부색이나 출신성분 그리고 고향과 상관없이 모든 사람은 헌법이 요구하는 조건에 맞으면 자유인인 동시에 프랑스의 능동시민으로서 모든 권리를 누린다"라는 법을 통과시켜야 한다고 역설했다. 그리하여 의원들은 에므리가 제안한 법을 통과시켰다.

루앙 근처 에브뢰의 제3신분 출신이며 파리 고등법원 변호사로 활동하던 뷔조는 혁명과 관련된 일로 소추나 재판을 받던 사람들을 사면하는 법을 제정했는데도 아직까지 사면을 받지 못하는 사람이 있다고 말했다. 그중에는 탈영병으로서 아직 감옥에 갇힌 사람들이 있는데, 이들을 시급히 사면해주자고 제안했다. 에므리도 뷔조의 말에 동의했고, 결국 국회는 "혁명 초기부터 탈영한 자들도 사면의 대상이다"라고 의결했다. 이것은 자연스럽게 낭시 군사반란에 연루된 샤토비외 연대의 스위스인 병사들에 대한 관심을 촉구했다. 이 병사들은 아직도 군선의 노 젓는 형벌을 받고 있었기 때문이다. 의원들은 그들을 사면해주도록 스위스 당국과 교섭하기로 의결했다.

> 왕은 대신들에게 스위스 당국과 교섭하도록 명령하여, 혁명과 관련해서
> 아직 군선의 노를 젓는 벌을 받고 있는 샤토비외 연대의 병사들도 혁명
> 때문에 고발되거나 재판을 받은 모든 프랑스인에게 베푼 사면의 혜택을
> 받도록 노력한다.

모리 신부가 의장에게 의사일정에 대해 할 말이 있다면서 발언권을 청했다. 우파는 일제히 환영했고 좌파는 반대했다. 의장은 발언권 신청을 막을 수 없다고 말했다. 모리 신부는 지난 2월에 의원들이 제헌의회의 임기가 끝날 때까지 반드시 국가 재정상태에 대한 완전한 보고서를 발표하기로 했는데도 아직 그 일을 하지 않았다고 말했다. 회의장이 웅성거렸지만 모리 신부는 말을 이었다. 그는 간단히 두 가지 진실을 말하겠다면서, 첫째 국회는 회계를 보고해야 한다, 둘째 몽테스키우*가 보고한 회계는 오류와 사기투성이의 소설에 불과하다고 주장했다. 또다시 사방에서 웅성거리기 시작했다. 뒤포르가 의사진행 발언을 신청했지만, 모리 신부는 자기 말이 끝난 뒤에 하라고 주장했다. 뢰데레도 모리 신부가 처음부터 그릇된 정보를 가지고 말을 시작했다고 반박했다. 의장은 만일 모리 신부가 무슨 말을 할지 알았다면 발언권을 주지 않았을 것이라고 하면서 뒤포르에게 발언권을 주었다. 우파가 일제히 반발했다. 모리 신부의 발언을 듣고 한바탕 좌우가 갈려서 설왕설래했다. 뒤포르, 뢰데레, 샤브루가 모리에 반대했고, 폴빌Antoine-Charles-Gabriel, marquis de Folleville과 푸코 드 라르디말리가 모리를 옹호했다. 좌파는 모리 의원이 더는 발언하지 못하게 하라고 의장을 다그쳤고, 우파는 끝까지 들어나 보자고 주장했다. 푸코 드 라르디말리는 이렇게 말했다.

"모리 신부는 회의를 방해하기 위해 발언대에 섰다고 하는데, 그렇다면

---

* 여기서 말하는 몽테스키우는 신부François-Xavier de Montesquiou, abbé가 아니라 후작Anne-Pierre, marquis de Montesquiou Fezensac이다. 전자가 왕과 종교인의 이익을 위해 노력했다면, 이 사람은 혁명 초부터 제3신분과 뜻을 같이했다. 그리고 모리 신부는 9월 9일의 재정보고서를 비난했다. 이 내용은 이 책의 제2부 3장 "제헌의회가 본 국가 재정"을 참조.

그 말이 사실인지 아닌지 알아야 합니다. 내 생각에 그는 오로지 공중을 대변하려는 목적에서 발언했습니다. 우리는 그의 권리를 잘 압니다."

사방에서 웃는 소리와 박수치는 소리가 함께 들렸다. 폴빌은 "민심의 목소리를 들어야 합니다"라고 외쳤다. 푸코가 계속 말했다.

"뒤포르와 샤브루 의원의 말을 끝까지 들어야 하듯이, 모리 신부도 끝까지 말할 권리가 있습니다."

장내가 또다시 시끄러워지자 의장이 개입했다.

"모리 신부가 의사일정에 대해 말하겠다는 구실로 발언대에 올라 제안한 것이 의사일정을 방해하지 않았는지 의원들의 의견을 물어야 한다는 제안이 있었습니다. 국회는 이에 대해 토론하기 전에 이 발의를 반박하는 의원의 의견을 청취할지 말지 알아야 합니다."

말루에가 발언권을 신청하고, 브로이는 이 문제를 다음에 논의하자고 제안했다. 말루에가 다시 발언권을 신청하자 라보 생테티엔Jean-Paul Rabaut Saint-Etienne은 말루에에게 푸코가 이미 말했으니 참으라고 했다. 모리 신부는 틈만 나면 몽테스키우의 회계가 틀렸다고 주장했다. 의장은 의원들에게 그의 말을 계속 들을 것인지 물었다. 우파는 호명 투표를 하자고 제안했다. 한 명씩 이름을 불러 편을 가르자는 뜻이었다. 앞으로 이틀만 더 만나면 헤어질 사람들이 이렇게 해묵은 앙금을 털어놓고 있었다. 모리 신부는 잔소리 말고 회계나 보고하라고 주장했다.

"이제 형식적인 얘기는 그만합시다. 현실적으로 돈 얘기를 하자고요. 차기 국회의원들은 재정문제에 관여하지 않을 것입니다. 우리는 국가의 신용을 회복해놓아야 합니다."

샬롱 지방 쇼몽 앙 바시니의 제3신분 출신 공베르Martin Gombert는 모리 신부가 지난 보름 동안 국회에 등원도 하지 않더니 이제 나타나 국회를 어지럽게 만든다고 비난했다. 우파 의원 중 하나가 "당신들이 교회에서 훔친 돈이 얼마인지 보고하시오!"라고 외쳤다. 뢰데레는 모리 신부에게 경고를 내리고 그 결과를 의사록에 기록하자고 제안한 뒤 만일 의원들이 그의 발언을 듣고 싶으면 듣겠지만, 그전에 그가 질서를 무너뜨리지 못하게 막아야 한다고 주장했다. 우파 의원들이 볼멘소리로 웅성댔다. 모리 신부는 "도대체 누가 인민의 자유를 공격했단 말입니까? 바로 당신들이야말로 중상모략을 일삼는 자들입니다"라고 말했다. 좌파 의원들이 그의 말을 비웃었다. 모리 신부는 결코 아무것도 공격하지 않았으며, 단지 회계보고를 하지 않는 사람들을 싫어할 뿐이라고 맞섰다. 좌파 의원들은 모리 신부를 아베 감옥에 보내라고 외쳤다.

> 의장: (모리 신부에게) 국회는 뒤포르 의원의 발언을 듣기로 의결했습니다. 당신은 그의 말을 중간에서 끊거나 결정을 방해해서도 안 됩니다. (좌파들의 박수)
> 모리 신부: 어째서 그는 내 말을 끊었습니까?
> 좌파 의원들: 질서를 지키시오! 질서를!
> 모리 신부: 소란 피우지 마시고, 그저 회계보고만 하세요. 어서요, 그것만 하세요.
> 의장: 모리 의원, 질서를 지키시라고 경고합니다.
> 우파 의원들: 회계보고를 하세요!

뢰데레는 먼저 뒤포르에게 발언권을 주고 그의 말이 끝나면 모리 신부의 말을 듣자고 제안했다. 모리 신부는 뒤포르에게 연단을 내어주고 물러났다. 그 뒤에도 좌파와 우파는 설전을 벌였다. 좌파는 무조건 의사일정대로 하자고 주장하면서 우파에게 경고해달라고 의장을 졸랐다. 우파는 회계보고를 정확히 내놓으라고 고집을 피웠다. 마침내 당사자인 몽테스키우 프장삭이 입을 열었다.

"나는 의사일정으로 넘어가지 말자고 요청합니다. 이 토론의 모든 주제는 이제 비밀이 아닙니다. 오늘 충분히 밝혀졌습니다. 모든 규칙과 원칙을 거스르면서 토론을 진행했기 때문에 나는 끝장을 봐야 옳다고 생각합니다. 그래서 나는 모리 신부의 말을 끝까지 들어보자고 제안합니다."

뢰프벨이 몽테스키우에게 동조하는 발언을 하자 좌파에서 지지했다. 당드레가 반대하는 의견을 내겠다면서 발언권을 신청해 우파의 지지를 받았다. 뢰프벨은 시작한 말을 이어나갔다.

"우리나라의 모든 도시에서 노골적으로 헌법을 적대시하는 자들은 28일 파리에서 소동이 일어나 입법의회에 자리를 물려주기 위해 제헌의회가 해산하는 일을 방해할 것이라고 떠들고 다녔습니다."

한마디로 헌법의 적들은 28일에 모리 신부가 회계보고를 하지 않으면 제헌의회가 해산하지 않겠다고 의결하지 않았느냐고 따지면서 논란거리를 만들 것임을 이미 알고 있었다는 말이다. 알자스 지방 벨포르의 제3신분 출신인 라비Marc-Antoine Lavie는 편지 한 장을 흔들면서 뢰프벨의 말을 뒷받침하는 증언을 했다.

"이것은 랑도Landau가 켈레르만Kellermann에게 22일에 쓴 편지입니다. 켈레르만은 내게 편지를 보여주었는데 같은 소식이 적혀 있음을 확인했습니다. 편지는 국가를 혼란스럽게 만들려고 노력하는 악당들이 28일에 우리의 지방도 겁박하려고 노력한다는 사실을 알려주었습니다."

라비는 '악당들'이라고 말할 때 우파 의원들을 노려보았다. 우파 의원들은 "좌파 의원들을 보시오!"라고 응수했다. 라비는 시선을 돌리지 않고 계속 말했다.

"나는 아무 쓸모도 없는 자들에게서 눈을 떼지 않습니다. 나는 당신들이 하는 행위를 몹시 경멸하는 선량한 시민들을 존경합니다."

우파 의원들이 웅성거리는 가운데 의장이 몽테스키우가 발의한 안에 대해 말루에와 당드레에게 차례로 발언기회를 주겠다고 선언했다. 말루에는 우파의 지지를 받았고, 당드레는 좌파의 지지를 받았다. 우파 의원들은 틈나는 대로 "회계보고"라고 외쳤다. 좌파 의원들은 "의사일정"으로 넘어가자고 맞섰다.

"나는 우리에게 남은 이틀을 쓸데없는 토론으로 허송하지 말고 알차게 보내야 한다고 생각합니다. 그래서 국회는 속임수를 감춘 주장에 귀를 기울이지 말고 빨리 의사일정을 소화하자고 주장합니다."

당드레의 제안에 좌파 의원들이 적극 호응했고, 의장은 의원들의 의견을 물어 의사일정으로 넘어가기로 했다. 그러나 모리 신부가 연단으로 올라가 "나는 방금 여러분이 통과시킨 명령을 존중합니다"라고 운을 떼자 수많은 의원이 화를 냈다. 페론의 제3신분 출신 부트빌 뒤메스Gislain-Louis Boutteville-Dumetz가 "당신의 의견으로 은총을 베풀어 그 명령을 존중하시오"라고 빈정댔다. 모리 신부는 "여러분이 내 말의 의도만 문제 삼는다고 불평하는 것은 아닙니다"라고 말을 이었다. 좌파 의원들은 "의사일정!"을 외쳤지만, 모리 신부는 "나는 우파 의원들을 대신해 국회에 회계보고를 해달라고 말합니다"라고 외쳤다. 우파 의원들이 그의 말에 동조했다. 모리 신부는 좌파들을 보면서 자기를 연단에서 내려가게 하려면 국회가 명령을 내려달라고 한 뒤 계속 같은 주장을 반복했다. 라비는 "회계보고를 하려면 옛날(혁명 전)에 횡령한 돈에 대해서"라고 신랄하게 쏴붙였다. 결국 모리 신부는 슬그머니 연단을 내려갔다. 우파 의원들은 그를 격려하는 박수를 쳤으나 좌파 의원들은 야유를 보냈다. 의장이 의사일정으로 넘어간다고 선언했지만 싸움은 그치지 않았다.

라비: 우파 의원들이 지난 2년 반 동안 절제와 방정한 행실로써 우리의 후계자들(입법의원들)에게 모범을 보여준 데 대해 감사하자고 발의합니다. (방청석에 앉아 있는 차기 입법의원들을 보면서) 여러분은 부디 그들을 본받아 좋은 결과를 얻으시기 바랍니다. (좌파 의원들의 박수)
우파 의원들: 우리는 당신들에게도 감사합니다.
라비: (우파 의원들에게) 우리는 당신들을 시골로 천거합니다.
우파 의원들: 라비 의원은 무슨 뜻으로 그런 말을 했는지 설명하세요.
의장: 의사일정으로 넘어갑시다…….
뒤발 데프레메닐: 라비는 우리를 시골로 천거한다고 말했습니다. 이것이 무슨 뜻인지 해명해주시기 바랍니다.
라비: 물론이지요.
길레르미: 라비 의원을 징계하라고 요구합니다.
포시니 뤼생주: 라비 의원은 천거라는 말을 해명해야 합니다.

의장은 어떻게든 의제를 다루자고 주장했지만, 우파 의원들은 라비를 징계하라고 요구했다. 라비는 연단에 올라 기꺼이 해명하겠다고 말했지만 파리 문밖의 귀족 출신 뒤발 데프레메닐은 라비의 불손한 말을 징계하라고 거듭 요구했다. 라비는 "이 국회 안에서 내게 말하는 사람들 빼놓고 불손한 사람이 어디 있습니까? 이 도적떼!"라고 차마 입에 담지 못할 욕을 내뱉었다. 랑그도크 지방 카스텔노다리의 제3신분 출신 길레르미Jean-François-César de Guilhermy는 "이런 망나니 같으니!"라고 맞받았다. 우파에서 어떤 의원이 "우리를 비열한 도적떼라고 부른 라비를 가장 엄한 벌로 다스려야 합니다"라고 말하자 그들은 일제히 "옳소! 옳소!"라고 외쳤다. 라비가 조금도 굽히지 않고 자기주장을 했고 화가 난 우파 의원들은 심지어 "아베 감옥으로 보냅시다!"라고 외쳤다. 의장은 간곡하게 호소해서 겨우 회의장의 분위기를 가라앉히고 곧바로 "장교로 임관할 수 있는 임시방편"에 관한 의제를 논의하기 시작했다. 해산을 이틀 남겨놓고 제헌의회 내의 해묵은 감정이 이렇게 폭발했던 것이다. 과연 그들이 혁명 이후에 소추당한 사람들을 용서하는 법을 통과시킨 사람들이 맞는지 의심스러울 정도였다.

9월 29일, 간밤에도 열심히 법안을 심의한 의원들은 오전 9시에 다시 회의를 시작했다. 그들은 공증인 제도에 관한 법, 식민지 군대에 관한 법을 심의해 통과시켰다. 도피네 지방의 제3신분 출신 샤브루가 왕의 초상화를 기증받아 입법의회 의사당에 걸게 하자고 제안해 통과시켰다. 엑스의 제3신분 출신 부슈는 이제 곧 해산할 국회에는 아직 역대 의장과 비서들의 서명을 받지 않은 의사록과 명령들이 많은데 해산한 뒤에도 파리에 남아 있을 의원이 다수이므로 그들 가운데 의장과 비서 세 명을 지명해 잔무를 처리하게 하자고 제안했다. 의원들은 굳이 표결을 하지 않고서 박수로써 동의하는 뜻을 밝혔다. 곧이어 어떤 의원이 의장을 지낸 경력도 있는 카뮈가 파리에 머물 테니 의장으로 추천한다고 했고, 의원들은 박수로써 화답했다. 그다음으로 의원들은 부슈, 파리 문밖의 제3신분 출신 타르제, 클레르몽 페랑의 제3신분 출신 비오자를 비서로 지명했다. 그리고 임기가 끝나는 것이 못내 아쉬운 듯이 수많은 법안을 계속 심의했다. 자신들의 임기가 끝나는 날, 왕이 의사당에 올 때 맞이할 의전에 관한 사항도 의결했다.

제1조. 왕이 국회에 올 때, 의원들은 일어서서 맞는다. 왕이 모자를 쓰고 자리에 앉을 때, 의원들도 모자를 쓰고 자리에 앉는다.

제2조. 왕을 위해 연단에 백합꽃 문양의 장식을 한 안락의자를 설치한다. 대신들은 왕의 뒤에 앉는다. 국회의장의 의자는 평소 사용하던 것이며 왕의 오른쪽에 놓는다.

제3조. 국회가 특별히 정하지 않는 한 아무도 왕에게 말을 걸 수 없다.

의장은 "민중협회에 대한 헌법위원회의 보고"를 듣기로 했음을 선언하면서 르 샤플리에에게 보고하라고 부탁했다. 르 샤플리에는 민중협회들이 자유에 대한 열정의 산물로서 격정의 시기에 사람들을 합심하게 만들어 여론을 공유하는 중심지 역할을 했지만 점점 성격이 바뀌어 헌법이 인정하지 않는 존재가 되었다고 평가했다. 한마디로 모든 제도가 그렇듯이 이 협회들도 시간이 흐르고 상황이 바뀌면서 원래 목적에서 벗어나기 시작했고 정치적인 성격을 띠게 되었다. 대부분 존경할 만한 시민들, 조국의 진정한 친구들, 헌법의 열렬한 수호자들이 모여 이러한 협회들을 결성하고 혁명에 참여했을지라도 이제 헌법은 그들의 행위를 인정해주지 않는다. 그들의 토론을 보도하는 신문, 그들이 의결한 명령의 출판물, 그들의 회의장 안에 설치한 방청석은 헌법에 위배된다. 그들이 행정이나 사법에 어떤 영향을 미치려고 하는 한 심각한 잘못을 저지른다. 그들이 악의를 가진 자들로부터 국회를 보호해주려는 목적에서 출발하고 서둘러 자유를 확립하려고 노력했다는 사실을 인정한다 할지라도, 지금은 도가 지나쳐 헌법이 인정한 권위를 공격하는 일이 일어난다. 이것은 잘못된 일이다.

"모든 사람이 헌법에 맹세했습니다. 모든 사람이 질서와 공공의 평화를 외칩니다. 모든 사람이 혁명이 끝나기를 바랍니다. 이러한 마음이야말로 애국심을 가장 분명하게 보여주는 표시가 되었습니다. 파괴의 시간은 지나갔습니다. 우리는 그 어떤 폐단과 편견에도 맞서 싸워야 합니다. 이제는 자유와 평화라는 초석 위에 세운 건물을 가꿔야 할 때입니다. 이제는 적들로 하여금 새로운 질서를 소중하게 여기도록 만들 때입니다."

르 샤플리에는 헌법을 지켜야 하는 이유와 그것을 방해하는 사람들에 대해 길게 설명한 뒤 3개조의 법안을 상정했다. 모든 협회, 정치 클럽, 연합체가 어떤 식으로든 정치적인 행위를 하거나 헌법기관의 행위와 합법적 권위에 조금이라도 영향력을 행사하거나 또 감독하려고 노력해서도 안 된다. 만일 이를 어길 경우, 2년 동안 시민의 명단에서 이름을 지우고, 그동안 공적인 활동을 하지 못하게 한다(제1조). 모든 협회, 정치 클럽, 연합체가 집단적으로 청원서를 작성하고 협회 이름으로 대표단을 구성할 경우, 또 정치적인 성격을 띠는 모든 행위를 통해 의사결정을 지배하고 청원을 하고 대표단을 구성할 경우, 시민의 명단에서 6개월 동안 이름을 지우고 모든 공적 행위를 할 수 없으며 피선거권도 행사할 수 없다(제2조). 능동시민의 명단에 등록되지 못한 자로서 앞의 두 조항에서 언급한 범법행위를 저지른 자는 프랑스인의 경우 12리브르씩, 외국인의 경우 3,000리브르씩 벌금형에 처한다(제3조).

이 법안을 놓고 의원들이 토론을 벌이기 시작했다. 로베스피에르가 먼저 입을 열었다. 그는 르 샤플리에가 상정한 법안이 모호하고 심지어 헌법의 원칙을 공격한다고 지적했다. 자유와 헌법을 들먹이면서도 자유와 헌법을 무효화하는 한편, 개인적인 견해들로 가득 차 있으며 공공의 행복과 정의를 들먹이면서도 결국 개인적인 감정을 표현했다고 로베스피에르는 꼬집었다. 방청석에서 우레와 같은 박수가 터졌다. 로베스피에르는 여느 혁명에서나 볼 수 있는 술책을 프랑스 혁명에서도 볼 수 있는데, 그것도 하도 많이 봤기 때문에 이제는 거기에 속지 않고 가면을 벗길 정도는 되었다고 말했다. 이어서 그는 르 샤플리에가 여태껏 혁명을 확실히 뒷받침해주었던 모든 협회를 비판하는데, 다행히 제헌의회의 임기가 끝나는 순간 그 말을 듣고 그 진의를 까발릴 기회가 생겨서 아주 기쁘다고 비꼬았다. 그리고 입법위원들이 지금까지 전국의 모든 헌우회가 존재했던 방식과 또 그들이 헌법과 자유에 해로운 존재라기보다는 유익한 존재였다는 사실을 잘 알 것이라고 하면서 입법의원들의 열정과 이성에 비추어 가장 적절한 조치를 취할 것임을 믿을 수 있어서 다행이라고 덧붙였다.

더욱이 헌우회에서 제헌의원의 뒤를 이을 입법의원이 다수 배출되었음은 천만다행이라고 말하자 극좌파 의원들과 방청객들은 우레와 같은 박수로 지지했다. 그는 헌우회가 배출한 입법의원들에게 프랑스 국민이 희망과 신뢰를 보낼 수 있다는 사실을 잘 알고 있다고 말했다. 나아가 그들이 권모술수로써 자유를 위협하는 체제를 막아줄 것임을 국민도 확신할 것이라고 강조했다. 방청객들은 끝없이 박수를 쳐서 로베스피에르에게 화답했다. 바르나브는 의장에게 방청객들을 조용히 시키라고 요청했다. 방청석이 조용해지자 로베스피에르는 그들이야말로 자유를 찬양하면서도 멋대로 말살하려고 기회를 엿보는 거짓된 사람들의 술수로부터 국민의 권리를 지켜줄 사람들이라고 말했다. 방청객들은 또다시 박수를 쳤다. 그는 헌우회 출신의 의원들이야 말로 인민의 진정한 대표로서 우리가 저지른 잘못을 곧 바로잡아줄 것으로 믿는다고 말했다. 로베스피에르는 르 샤플리에의 법안과 헌법의 원리를 비교했다. 헌법은 평화로운 집회, 다른 사람에게 해를 끼치지 않는 한에서 사상의 자유로운 교환, 국법을 어기지 않는 한에서 모든 행동의 자유를 보장한다. 그러나 르 샤플리에의 법안은 민중협회들이 평화롭게 모이고 서로 의견을 주고받는 것을 금지하고자 한다.

르 샤플리에가 급하게 끼어들면서 로베스피에르가 헌법의 뜻을 모르는 것 같은데 자기가 알려주겠다고 했다. 한편에서 르 샤플리에의 말에 동조하는 사람들이 박수를 쳤다. 샬롱쉬르마른의 제3신분 출신 프리외르Pierre-Louis Prieur가 맞받아쳤다. "헌법에 대해 너무 많이 아는 르 샤플리에 의원에게 내가 대답해주겠소." 라비가 "제발 종잡을 수 없는 말씀들 거두시오"라고 볼멘소리를 했다. 뢰데레는 입법의회로 넘기자, 노름을 할 자유도 있는데 하물며 정치 클럽의 자유를 억눌러서야 되겠느냐고 외쳤다. 당드레는 로베스피에르의 말을 더 들어보자고 제안하면서 그의 말이 끝나면 자기가 그에게 답변해주겠다고 발언권을 예약했다. 로베스피에르는 헌우회들을 칭송하던 사람들이 이제는 정확한 사실에 근거를 두지 않은 채 아주 막연하게 중상비방하고 있다고 개탄했다. 그는 혁명 초부터 민중협회들이 자유와 국민에게 수없이 봉사했다는 사실을 무시할 수 없으며, 바로 이 같은 장점만 가지고도 헌법위원회가 성급하게 민중협회들을 억압해서는 안 된다고 강조했다. "그럼에도 사람들은 혁명이 끝났기 때문에 이러한 민중협회들이 필요 없다고 하면서 조국에 봉사한 도구를 망가뜨릴 때가 되었다고 합니다." 이 말에 방청객들은 호응했다. 의장은 의원들이 논의하는 도중에 방청석에서는 정숙해달라고 주의를 주었다. 로베스피에르는 말을 이었다.

여러분이 '혁명은 끝났다'라는 명제를 부자연스럽게 반복해서 말할 때,
나는 그 뜻을 분명히 이해하지 못합니다만, 여러분과 함께 혁명이 끝났
다고 가정하고 싶습니다. 그러나 이러한 가설을 받아들인다고 할지라도
헌법의 원칙을 널리 알리고 헌법을 존속시키는 데 반드시 필요한 공공
정신을 널리 함양할 필요가 사라지는 것일까요? 이러한 목적, 조국에 가
장 소중한 이익을 가장 효과적으로 증진하는 일에 시민들이 공동으로 참
여할 수 있는 모임을 구성하는 일을 유익하다고 할 수 없겠습니까? 그것
은 자유로운 인민에게 가장 합법적이고 가장 걸맞은 일이 아니겠습니까?
혁명이 끝났다고 말하는 것이 옳다고 할 수 있으려면, 헌법을 굳건히 뿌
리내리게 만들어야 합니다. 헌법을 흔들고 붕괴시킨다면 혁명을 더 오래
끌 수밖에 없습니다. 혁명이란 국민이 자유를 유지하거나 쟁취하기 위해
노력하는 일이기 때문입니다.

로베스피에르는 헌법을 강화하는 데 가장 강력한 수단이 민중협회라고
하면서 보고자인 르 샤플리에도 지금까지 대체로 필요하다고 인정한 존재를
무력화하고 아무런 영향력도 행사하지 못하게 만들려는 법안이 과연 올바른
것인지 물었다. 왜 아직 굳건히 뿌리박지 못한 건물을 지탱하는 버팀목들을
서둘러 없애려 하는가? 국민의 가장 신성한 이익을 무관심한 상태에 빠뜨리
는 이 제도는 과연 옳은 것인가? 이제 갓 태어난 헌법이 국내외의 적들에 둘
러싸여 있고, 말과 겉모습은 바뀌었지만 실제 행동은 언제나 똑같다. 아직도
음모와 거짓이 사회불안과 불화를 조성하고, 수많은 파벌이 혁명의 명분보

다는 군주의 이름으로 지배권이나 다투며, 맹목적인 복종을 강요하면서 자유라는 단어까지 규제한다. 편견과 경박함과 우상숭배를 부추기면서 공공정신을 죽이려는 비상수단을 쓴다. 과연 혁명이 끝났다고 말할 수 있는가? 로베스피에르는 이처럼 자기 주위에서 국민을 노예로 만들고 폭정을 널리 퍼뜨리는 사람들을 아직도 많이 볼 수 있다고 말해서 방청객의 박수를 받았다. 그는 열띤 연설을 이어나갔다. 헌법을 제정했다고 혁명이 끝난 것이 아니며, 헌법을 굳세게 뿌리박도록 도와서 혁명을 완수해야 하고, 거기서 민중협회들의 역할을 기대할 수 있다고 강조했다.

"사람들은 애국단체들이 공권력을 찬탈했다고 말합니다. (……) 그러나 증거도 충분히 제시할 수 없는 몇 가지 상관없는 사실을 바탕으로 추론해서 헌법을 유지하는 데 필요하고 유익한 제도, 그 적들이 보기에도 자유에 수없이 이바지한 제도를 완전히 파괴하거나 무력화하거나 없던 것처럼 만들어야 한다는 결론을 낼 수 있겠습니까?

지금까지 헌법위원회의 법안에 대해 몇 가지 질문을 던졌습니다. 누구든 내 의견에 대해 조롱 섞인 중상비방이나 자의적인 느낌으로 반박하고 싶은 사람이 있다면 얼마든지 해보시기 바랍니다."

좌파 의원들과 방청객의 박수를 받으면서 로베스피에르가 연단에서 내려가고 당드레가 그 자리에 섰다. 그는 후계자들(입법의원들)에게 모범을 보여야 한다는 로베스피에르의 말에 동의한다고 운을 뗐다. 그는 로베스피에르가 법안을 제대로 파악하지 못했다고 비판했다. 법안은 절대로 정치 클럽의 폐지를 주장하지 않았다. 공적인 일에 대해 심사숙고하는 시민들이 모이면 행정에 간여하지 않는다고 가정하기란 불가능한데, 바로 그러한 경우를 대비하자는 것이 법안의 취지다. 한마디로 시민들이 모이면 공적인 일에 끼어들고 헌법이 보장하는 기관들에 간섭하기 때문에 그러한 행동을 막아야한다. 그것은 법에 의해 제재를 해야 가능하다. 그렇다면 현재 상정된 법안에서 말하는 제재는 과연 가혹하다 할 수 있는가? 시민의 명단에서 2년 동안 말소하는 제재를 지나치게 가혹한 벌이라고 생각할 의원은 한 사람도 없다. 왜냐하면 모든 나라에서는 복종이 필요하기 때문이다. 자유는 법에 복종하지 않는 한 존재할 수 없다. 따라서 법에 복종하는 것만큼 법의 이름으로 권력을 행사하는 공무원에게 복종해야 한다. 모든 불복종행위는 벌을 받아 마땅하다. 당드레는 이런 점에서 르 샤플리에 법안은 가혹하지 않다고 옹호했다. 그 목적은 일어나서는 안 될 일을 예방하는 것이기 때문이다.

중도파 의원들은 당드레가 말을 마치자 곧 토론을 끝내자고 외쳤다. 페티옹이 발언권을 신청하자 의장이 의원들의 의견을 물었고 좌파 의원들을 뺀 나머지가 토론을 끝내자고 했다. 의장이 토론을 끝냈다고 선언했지만 극좌파 페티옹은 다시 발언권을 신청했다. 중도파 의원들은 페티옹에게 토론이 끝났다고 외쳤다. 페티옹은 토론이 아니라 수정안을 내겠다고 주장했다. 모리 신부가 결산보고 문제를 제기했을 때와 다른 방식으로 의원들이 나뉘었다. 그때는 우파와 나머지 의원들의 대립이었다면 이번에는 중도좌파와 극좌파의 대립처럼 보였다. 중도좌파 의원들이 페티옹에게 수정안이 있으면 내놓으라고 외쳤다. 페티옹은 민중협회들이 통신문을 주고받는 일을 국회가 막을 권한이 없다고 주장했다. 극좌파 의원들이 박수로써 그의 말을 지지했다. 중도좌파 의원들은 "그러니까 수정안이나 내놓으시오!"라고 외쳤다. 페티옹이 말을 이었다.

"여러분은 민중협회들이 인쇄물을 생산하는 일을 금지하고자 합니다. 여러분, 영국같이 자유에 대해 아주 까다로운 나라에서는 혁명의 협회가 자기

네 결정사항을 공식적으로 인쇄합니다."

르 샤플리에는 프랑스 헌법을 거스르는 발언이라고 비판했다. 페티옹은 시민들에게는 인쇄·출판의 자유가 있다고 맞받았다. 중도파 의원들은 빨리 법안을 투표에 부치라고 외쳤다. 뢰데레는 법안과 발의 내용을 인쇄하고 연기하자고 제안했다. 중도파 의원들은 연기할지 말지 먼저 물어보자고 떠들었다. 프리외르는 이제까지 국회가 이전에 제정한 법을 설명하기 위해 훈령을 반포했는데, 이번에 헌법위원회가 애국단체들에 대한 의견을 훈령의 형태로 의결하자고 제안한 의도를 이해할 수 없다고 말했다. 그는 헌법위원회의 의견에 반대하며, 따라서 이 법안을 당장 거부하고 나중에 논의하자고 제안했다. 중도파 의원들은 다시 한번 보류할지 말지를 물어보라고 외쳤다. 의장이 의원들에게 물으니 보류하는 문제 자체를 물을 이유가 없다는 의견이 압도적이었다. 또다시 의원들이 설왕설래하더니 마침내 르 샤플리에가 수정안을 읽었다. 새로운 전문은 이론의 여지없이 통과되었다. 또 제1조와 제2조는 각각 수정안이 나왔음에도 결국 원안대로, 그리고 제3조는 무난히 통과되었다. 르 샤플리에는 마지막으로 제4조를 추가해 통과시켰다.

국회는 시민들의 협회, 클럽, 연합이 어떤 형태로든 정치적 성격을 띠어서는 안 되며, 헌법이 인정하는 권력과 합법적 권위의 행위에 영향력을 미치거나 감독할 수 없다고 생각하며, 어떤 구실로든 집단적으로 청원서를 제출하거나 대표단을 구성해서도 안 되며, 그 어떤 목적으로든 공식 행사에 참여해서도 안 된다고 생각하면서 다음과 같이 명령한다.

제1조. 어떤 협회, 클럽 또는 연합이 공무원이나 단순 시민들에게 명령을 내려 합법적인 권위의 행위를 방해하거나 그 행위에 영향을 미치는 행동

을 할 경우, 도 검찰총장은 그들을 법원에 기소해 2년 동안 시민 명부에서 제명하고 그 기간에는 어떤 형태의 공무도 행사하지 못하게 한다.

제2조. 협회, 클럽 또는 연합이 집단적인 청원을 하거나 단체 이름으로 대표단을 구성할 경우, 그리고 정치적 성격을 띤 행위를 할 경우, 제1조에서 정한 것과 같은 경로로 6개월 동안 시민 명부에서 제명하고 모든 공무에 참여할 수 없게 하며, 그 기간 동안 피선거권도 박탈한다.

제3조. 능동시민 명부에 등록되지 않은 구성원들이 위 두 조항에서 언급한 죄를 지을 경우, 프랑스인이면 각자 12리브르, 외국인이면 각자 3,000리브르의 벌금형에 처한다.

제4조. 국회는 헌법위원회가 이 법안을 상정할 때 보고한 내용을 이 법과 함께 인쇄한다.

9월 30일, 의원들은 어김없이 9시에 회의를 열었다. 2년 반을 쉬지 않고 일하고, 전날 밤까지 열심히 법안을 심의한 그들의 임기가 끝나는 날이었다. 의장은 스콧 고드프레이 양Miss Scot Godefrey이 헌법을 영어로 번역해주었다고 발표한 뒤 팔루아가 왕과 초대 국회의장인 바이이의 초상을 바스티유 요새에서 나온 돌에 새겼다고 말했다. 초상화의 아래에는 이런 글귀를 새겼다.

"이 돌에 초대 국회의장과 프랑스인의 첫 왕의 초상을 새기노니, 부디 두 권력의 결합이 이 나라의 힘이라는 사실을 영원히 기억하게 해주기를."

더욱이 팔루아는 자유에 바치는 기념물로서 모두 여섯 가지를 계획했다. 그것은 낭시의 데질을 위한 묘, 뫼르트 도에 세울 피라미드, 비강에 다사스의 묘, 생튀스타슈에 미라보의 묘, 파리 생폴 공동묘지에 바스티유의 지하감옥에서 나온 희생자들을 위한 무덤, 국회와 프랑스 인민에게 바치는 83개 도의 메달이었다. 의장은 여러 사람이 국회에 헌정한 책과 기부금 따위를 일일이 열거했다. 그리고 마지막 날이 아닌 듯이 몇 가지 법안을 처리했다. 전날 논란거리가 되었던 법의 제1조에서도 표현을 고쳤다. 파리 시장이 시정부 요원들과 함께 국회를 방문해 연설했다. 그는 제헌의원들의 업적을 찬양했다. 의장이 답사를 하는 동안 파리 도 지도부도 국회를 방문한다는 기별이 왔다. 그들이 국회에 들어오기까지 의원들은 며칠 전부터 완전히 결정하지 못하고 미뤄둔 법을 회의록을 확인하면서 마무리 지었다. 도 지도부가 증언대에 서고 검찰총장 파스토레가 대표로 연설했다. 그는 "헌법의 자식들이 헌법을 만든 사람들에게 경의를 표하러 왔다"고 운을 뗐다.

"자유는 바다 건너 도망갔거나 산속에 숨어 있었습니다. 여러분은 우리를 위해 자유를 옥좌 위에 다시 앉혔습니다. 전제주의가 자연의 책을 모두 지웠습니다. 여러분은 자유민의 10계명, 이 불후의 선언을 되살려놓았습니다. 모든 사람의 의지는 단 한 사람의 의지에 종속되었습니다. 여러분은 이 제국의 방방곡곡에 정치적 대의제를 창조해 프랑스인들의 염원을 법으로 표현해주었습니다."

그의 연설은 단순히 제헌의원들의 업적을 찬양하는 데 그치지 않고 후계자들이 해야 할 일도 지적했다. 그는 입법의원들도 제헌의원들을 본받아 슬기로운 법을 제정해주기를 바랐다.

"그러나 여러분의 후계자들 앞에는 중대한 일이 놓여 있습니다. 여러분은 자유의 기초를 놓았으며 그들은 그것을 잘 지켜야 합니다. 그들은 개인들의 재산에서 한 부분에 지나지 않는 공공재정을 감시해야 합니다. 공공재정을 고갈시켰기 때문에 혁명이 일어났습니다. 그러나 경제적으로 곤란했다고 해서 혁명을 파괴하지는 못했습니다. 단지 혁명의 효과를 늦게 나타나게 만들었을 뿐입니다. 그들이 이러한 상태에서 공공의 질서를 확립하고 무정부 상태를 사라지게 만들 것입니다. 왜냐하면 헌법의 자유는 특정인의 자유가 아니라 모든 사람의 자유이기 때문입니다. 이러한 자유는 법률이 없는 상태가 아니라 현명한 법률 덕택에 누릴 수 있습니다. 만일 그들에게 폭풍우가 닥쳐도 그들은 여러분처럼 언제나 이겨나갈 것입니다."

의장은 도 지도부의 방문과 축사에 걸맞은 대답을 했다. 그리고 나서도 한동안 밀린 숙제를 해내듯이 법안을 처리했다. 법무대신은 왕이 그동안 받은 법을 승인했다는 소식을 국회에 알렸다. 왕은 9월 25일자의 법까지 승인했다. 제헌의회는 임기가 끝나는 날까지 수많은 법을 제정했는데 왕의 승인은 아마 입법의회가 시작된 이후로 넘어갈 것이었다. 오후 3시, 국회의장은 왕이 국회에 들르려고 문 앞에 왔다는 기별을 받았다. 문지기가 "왕이 오셨습니다"라고 외쳤다. 의원들은 일제히 자리에서 일어나 모자를 벗어 예의를 갖추었다. 왕은 대신들을 거느리고 국회의 영접위원들을 따라 들어섰다. 그는 의장의 왼쪽에 앉고 대신들은 그의 뒤에 앉았다. 회의장과 방청석에서 "왕 만세!" 소리가 반복해서 터졌다. 왕이 연설을 시작했다.

여러분은 헌법을 완성한 뒤에 임기를 오늘로 정했습니다. 그러나 여러분이 당분간 더 일할 수 있도록 임기를 늘렸으면 하는 의견도 있었습니다. 여러분이 만든 헌법을 직접 적용하고 이미 준비해둔 사업을 더욱 완전히 수행할 수 있는 시간이 필요하다고 생각하기 때문입니다. 그러나 여러분은 헌법을 완성하자마자 제헌의회의 임기를 끝내는 것이 아주 중요하다고 생각했습니다. 여러분이 거의 3년의 경험으로 이룩한 업적을 후계자들에게 더욱 절실히 느낄 수 있도록 만들고 싶었기 때문입니다. 여러분은 제헌의원들의 기능과 입법의원들의 의무의 차이를 없애고 싶었기 때문입니다.

나는 여러분이 제정한 헌법을 승인한 뒤 헌법이 내게 준 힘과 수단을 총동원해서 모든 사람이 법을 존중하고 복종하게 만드는 데 힘쓰겠습니다. 나는 이미 다른 나라들에 헌법을 받아들였음을 고지했고, 대외적으로 왕국의 평화와 안전을 지킬 수 있는 모든 수단을 지속적으로 강구하도록 노력하겠습니다. 또한 대내적으로 확고하고 부지런한 태도로 헌법을 준수하고 집행하는 데 힘쓰겠습니다.

길고 고통스럽지만 불굴의 열정으로 매진하신 여러분이 내일부터 이 제국 안에서 흩어지더라도 의무가 남아 있음을 잊지 마시기 바랍니다. 여러분이 동료 시민들을 위해 만들어준 것은 진정한 법의 정신임을 일깨워주시고, 법을 무시하는 사람들을 깨우쳐주시며, 질서를 사랑하고 법에 복종하는 모범을 보이시어 분열된 의견을 정화하고 하나로 모아주시기 바랍니다. 고향으로 돌아가시면 부디 동료 시민들에게 내 생각과 감정을 고스란히 전해주시기 바랍니다. 그들에게 왕은 언제나 가장 충실한 첫 번째 친구이며, 그들의 사랑을 받고 싶어하는 사람임을 전해주십시오. 나는 그들의 행복에 이바지할 수 있다는 희망으로 용기를 냅니다. 그리고 그렇게 했을 때 느끼는 만족감이야말로 가장 달콤한 보상이라고 생각합니다.

왕은 중간중간 "왕 만세!" 소리를 듣고 연설을 멈춰야 했다. 연설이 끝난 뒤 몇 분 동안 박수와 "왕 만세!" 소리가 의사당을 들썩거리게 만들었다. 국회의장이 답사를 했다.

전하, 이제 임기를 끝내는 국회는 바로 이 순간 우리가 이룩한 업적의 첫 과실을 수확하는 기쁨을 맛보고 있습니다.

국회는 왕의 존경할 만한 대권과 인민의 양도할 수 없는 권리를 조화시키는 정부가 프랑스에 가장 적합하다고 생각하면서 왕권과 국민의 자유를 평등하게 보장하는 헌법을 제정했습니다.

프랑스의 운명은 바로 이 헌법을 즉시 확실하게 뿌리내리게 만드는 데 달렸습니다. 그 일을 성공시키려면 그 일을 빨리 진행하기 위해 힘을 합쳐야 합니다.

전하께서 방금 말씀하신 대로 시민사회를 위한 염원은 곧 실현될 것입니다. 우리는 곧 고향으로 돌아가 법을 제정한 뒤에 법에 복종하는 모범을 보여주고 헌법이 인정한 모든 권위를 존중해야만 자유롭게 법에 복종할 수 있음을 가르치겠습니다.

앞으로 제국의 안녕을 책임질 입법의원들은 고상한 임무의 목적과 그 헌법적 한계 그리고 그것을 수행할 때 활용할 수단을 잘 알 것입니다. 그들은 자기네 손에 국가의 운명을 맡긴 국민의 신뢰를 받을 자격이 있으며, 앞으로도 그러한 자격을 갖추었음을 증명할 것입니다.

전하께서는 이미 거의 모든 일을 하셨습니다. 전하께서는 헌법을 정당하고 순수하게 받아들임으로써 혁명을 끝마치셨습니다. 전하는 대외적으로 외국의 야욕을 무력화시켰고, 대내적으로 신뢰를 회복시켰으며, 신뢰로써 정부의 중추를 되세우셨고, 행정의 유익한 활동을 준비해놓으셨습니다.

전하의 진심은 이미 그 대가를 받았습니다. 프랑스인들의 환희를 진한 감동으로 느끼셨을 것입니다. 프랑스인들의 감사와 사랑의 열렬한 증거

를 보셨을 것입니다. 전하 같은 성군의 치적을 축하하는 데 이만큼 필요
한 감정이 어디 있겠습니까? 그러한 감정은 영원할 것입니다. 전하가 헌
법을 보전함으로써 모든 사람을 행복하게 해주려고 끊임없이 노력하는
것을 보는 국민은 더욱 열렬히 전하를 사랑할 것입니다.

의장의 연설이 끝나자 우레와 같은 박수가 터졌다. 이제 왕은 의원들의
배웅을 받으면서 대신들을 거느리고 의사당을 떠났다. 모든 사람이 거듭거
듭 "왕 만세!"를 외쳤다. 그 순간 국회에서는 혁명이 끝났던 것이다. 왕이 나
간 뒤 의원들은 왕과 의장의 연설을 회의록에 넣어 인쇄하기로 의결했다. 그
리고 의장은 엄숙히 선언했다.

"제헌의회의 모든 임무가 끝났으니 이제 폐회합니다."

모든 사람이 감격해서 박수를 쳤다. 비서 타르제가 마지막 회의록을 낭독
하고 채택했다. 1791년 9월 30일 오후 4시, 제헌의회가 입헌군주제 혁명을
끝낸 시간이었다.

7
제헌의회의 이모저모

1789년 6월 17일부터 1791년 9월 30일
까지 제헌의회가 활동하는 기간에 모두 33개 위원회가 각자 맡은 일을 연구
하고 법안을 만들었다. 그들의 목록은 다음과 같다.

1. 규정위원회Comité de Règlement—1789년 6월 19일

2. 기초위원회Comité de Rédaction—1789년 6월 19일

3. 생필품위원회Comité des Subsistances—1789년 6월 19일

4. 검증위원회Comité de Vérification—1789년 6월 19일

5. 헌법위원회Comité de Constitution—1789년 7월 6일

6. 재무위원회Comité des Finances—1789년 7월 11일

7. 보고위원회Comité des Rapports—1789년 7월 28일

8. 조사위원회Comité des Recherches—1789년 7월 28일

9. 법사위원회Comité de Judicature(법제사법위원회)—1789년 8월 12일

10. 종교위원회Comité Ecclésiastique—1789년 8월 12일

11. 봉건위원회Comité Féodal—1789년 8월 12일

12. 12인위원회Comité des Douze—1789년 8월 31일: 재무대신 네케르를 돕기 위해 재무위원회가 임명한 위원들로 구성

13. 농상위원회Comité d'Agriculture et de Commerce—1789년 9월 2일

14. 형사법위원회Comité de Législation criminelle—1789년 9월 14일

15. 봉인장위원회Comité des Lettres de Cachet—1789년 9월 24일

16. 군사위원회Comité Militaire(육군위원회)—1789년 10월 1일

17. 영지위원회Comité des Domaines—1789년 10월 2일

18. 해군위원회Comité de la Marine—1789년 10월 6일

19. 법령위원회Comité des Décrets—1789년 11월 21일

20. 은급위원회Comité des Pensions—1790년 1월 4일

21. 징세위원회Comité de l'Imposition ou des Contributions publiques—1790년 1월 18일

22. 구빈위원회Comité de Mendicité—1790년 1월 21일

23. 상환위원회Comité de Liquidation—1790년 1월 22일

24. 치안법기초위원회Comité de Rédaction du Règlement de Police—1790년 1월 26일

25. 식민지위원회Comité des Colonies—1790년 3월 2일

26. 국유지양도위원회Comité de l'Aliénation des Domaines nationaux—1790년 3월 17일

27. 아비뇽위원회Comité d'Avignon—1790년 7월 17일

28. 외교위원회Comité Diplomatique—1790년 7월 29일

29. 통화위원회Comité des Monnaies—1790년 9월 11일

30. 보건위원회Comité de Salubrité—1790년 9월 12일

31. 수정위원회Comité de Révision—1790년 9월 23일: 헌법위원회가 설립

32. 중앙위원회Comité Central—1790년 9월 23일: 헌법위원회가 설립

33. 아시냐위원회Comité des Assignats—1790년 10월 15일: 아시냐 발행을 감시감독*

제헌의원들은 이러한 위원회에서 열심히 법안을 만들었다. 과거의 나쁜 제도를 없애는 위원회보다 새로운 제도를 만드는 위원회가 훨씬 격무에 시달린 것은 굳이 강조할 필요도 없는 일이다. 그리고 1789년 헌법위원회를 만들고 본격적으로 새 체제를 만드는 과정에서 원래 생각지 못한 사태가 발생하고 그 때문에 새로운 위원회를 설치할 필요성이 생긴 이유에 대해 생각해

---

* 이 목록은 Edna Hindie Lemay, *Dictionnaire des Constituants 1789-1791*, Voltaire Foundations, Oxford; Universitas, Paris, 1991의 제2권에서 정리했다.

볼 필요가 있다. 왕은 단지 국가의 재정문제를 해결하기 위해 전국신분회를 소집했다. 거기에 모인 제3신분이 주축이 되어 국민의회를 선포하고 최초의 성문헌법을 만들기 전에는 해산하지 않겠다고 맹세하면서 혁명의 첫걸음을 내디뎠다. 이처럼 아무도 계획하거나 예측할 수 없는 사건이 수없이 발생하는 가운데 새로운 헌정질서를 만드는 일이 애당초 생각하던 것보다 간단치 않았음을 단적으로 증명하는 것이 위원회의 수가 증가했다는 사실이다.

국회의원의 행위는 무엇보다도 법안을 발의하고 심의, 의결하는 일이다. 대부분 말로 동료 의원들의 지지를 이끌어낸다. 가끔 의사당 밖에서 결투로 분풀이를 하는 일도 있었지만, 대부분의 경우 말을 조리 있게 잘하는 사람이 두드러졌다. 비슷한 성향의 의원들은 의사당 밖에서도 모여 의사당의 분위기를 지배할 방법을 찾았다. 그리고 의사당 안에서도 자연스럽게 끼리끼리 모여 앉았다. 그리고 왕의 거부권을 인정하는 문제를 놓고 투표할 때, 보수 성향 의원들과 진보 성향 의원들이 각각 의장의 오른쪽과 왼쪽에 모인 것이 우파와 좌파라는 말이 정치생활에 끼어든 계기가 되었다. 그리하여 의원들을 크게 우파, 중도파, 좌파의 세 부류로 나눌 수 있고 세분하면 극우파, 우파, 중도우파, 중도좌파, 좌파, 극좌파로 나눌 수 있다. 비록 우파라고 해서 언제나 새로운 사상에 적대적이었던 것은 아니었지만, 파리에 살면서 의사당의 방청석에 드나드는 사람들은 의원들이 앉은 자리를 보고 우파와 좌파를 구별하는 경향이 있었다. 혁명 초 재무대신이었던 자크 네케르의 딸인 마담 드 스탈은 우파를 어떤 상황에도 타협을 모르는 비타협파intransigeants, 카잘레스의 입을 빌려 의견을 표명하는 귀족, 모리 신부를 앞세우는 종교인의 세 부류로 나누고, 무니에처럼 영국식 입헌군주제를 주장하는 중도파를 평원파(늪지파 Plaine ou Marais)라 불렀으며, 좌파를 인민파parti populaire라 불렀다.

혁명의 과정에서 자신들의 의견을 제대로 관철시키지 못하는 우파의 경우 집단적으로 행동하여 실체를 드러냈다. 1791년 6월 29일, 290명이 절대군주정을 지지하는 성명을 발표했던 것이 좋은 예다.* 우파에서도 수구세력을 극우파, 그 밖의 사람들을 우파와 중도우파로 나눌 수 있다. 좌파는 중도좌파, 좌파, 극좌파로 나눌 수 있는데, 가장 덩어리가 큰 중도좌파는 대체로 입헌파이며, 따라서 입헌군주정 헌법을 주도적으로 만들어나간 집단이었다. 좌파와 극좌파는 급진적인 주장을 하는 사람들로서 언제나 혁명이 부족하다고 생각했다. 이들은 남녀평등과 민주주의라는 관념에서도 더 진보적이었고, 심지어 공화정을 지지하는 극좌파도 있었다. 이들의 성향은 국회의 의사록에서 파악할 수 있다. 의원들을 이렇게 몇 개 집단으로 분류한다 해도 언제나 정확하지는 않다. 정치적 성향은 상대적인 것이기 때문이다. 예를 들어 처음에는 중도파로 분류할 수 있는 입헌파의 무니에는 시간이 흐를수록 중도우파로 분류할 수 있게 되었고, 똑같이 입헌파에 속한 바이이, 라파예트 같은 사람들은 극좌파인 로베스피에르나 페티옹 같은 사람들이 보기에 중도좌파에서 우파 쪽을 향해 가고 있었던 것이다.

프랑스 혁명사가 알퐁스 올라르는 의원들의 연설문을 분석해서 성향을 분류했는데, 이 글을 작성하는 데 이용했다.** 올라르는 의원 가운데 250명 정도가 회기 중 3회 이상 연단에 섰고, 그중 80명이 훨씬 자주 발언했다고 밝혔다. 그들이야말로 항상 연단에 오를 준비를 갖추고 왕성하게 활동했다고 볼 수 있다. 그렇다고 해서 그들이 모두 주목받을 만한 명연설을 했다는 뜻은

---

* 제1부 9장 "튈르리 궁의 근황" 참조.
** F.-A. Aulard, *Les orateurs de l'Assemblée constituante*, Paris, 1882.

아니다. 단지 몇 사람만 진정한 웅변가라고 부를 수 있을 것이다. 올라르는 미라보 백작이야말로 제헌의회에서 가장 능력을 발휘한 웅변가였다고 평가한다. 1791년 봄에 사망할 때쯤에는 욕도 많이 먹었고, 태어날 때부터 설소대(혀밑띠) 장애가 있었지만, 그것을 극복한 그는 어떤 식으로든 자기 의지를 분명히 얘기하고 지지를 이끌어낼 수 있는 웅변가였다. 만일 부슈의 제안대로 했다면 미라보는 물론 모리 신부, 로베스피에르 같은 의원들도 재갈을 물어야 했을 것이다. 1789년 8월 3일, 부슈는 이렇게 말했다.

"우리는 헌법의 시대에 들어섰습니다. 의원들은 각자 자기 생각을 발표하고 자기 능력과 천재성을 빛내려고 열심히 노력합니다. 화려한 연설을 듣는 사람은 좋겠지만, 국회에는 그다지 좋은 일이 아닙니다. 아마 200명 이상이 헌법에 대해 말할 것이며, 이렇게 풍성한 말잔치를 벌이다 보면 헌법을 제정하는 작업이 늦어질 것입니다. 그래서 여러분의 심의를 촉진시킬 방법을 제안합니다. 의장은 5분짜리 모래시계를 앞에 놓고 시간을 재면서 발언자에게 시간이 지났음을 알려주기 바랍니다."

평소 거의 발언하지 않던 의원들은 부슈의 말을 열렬히 지지했다. 그러나 클레르몽 토네르Stanislas-Marie-Adelaïde, comte de Clermont-Tonnerre는 영국같이 의회 전통이 깊은 나라에서도 한두 시간, 때로는 그 이상도 발언하는데 프랑스처럼 경험이 적은 나라에서 작은 주제나 큰 주제를 구별하지 않고 시간을 5분만 허용하는 것은 적절하지 않다고 주장했다. 의원들은 발언권을 존중해 주기로 했다. 우스갯소리로 의원들이 합의하면 남자도 여자로 만들 수 있는 것이 입법부라 한다. 법으로 남녀 성별을 바꿔 부르게 만들면 되기 때문이다. 그럼에도 의원들은 5분간만 발언을 허용하자는 안에 동의하지 않았다. 모처럼 자유를 되찾고 새 체제를 만들어가는 혁명의 시작부터 의원의 발언시간을 제한하는 데 선뜻 동의하기 어려웠기 때문이다. 미라보 백작은 그 혜택을 가장 많이 본 사람들에 속했다. 영국의 농학자로서 혁명 초기에 프랑스를 여행한 아서 영Arthur Young은 베르사유에 들렀을 때 미라보 백작이 아무런 원고도 손에 들지 않고 한 시간가량 열띤 어조로 조리 있게 연설하는 것을 직접 보았다.

올라르는 미라보 백작을 이른바 독장군獨將軍으로 따로 분류하고 나머지 의원들을 극우파, 우파, 중도우파, 중도좌파, 좌파, 극좌파의 여섯 집단으로 분류했다. 먼저 극우파는 절대군주제를 지지하면서 절대 타협할 줄 모르는 미라보 자작Vicomte de Mirabeau, André-Boniface-Louis de Riqueti(이른바 '술통' 미라보, 백작의 친동생이며 군인)과 뒤발 데프레메닐이 있다. 미라보 자작은 파리에서 태어나 리모주의 귀족 대표가 되었다. 일찍이 군인의 길로 나아가 1788년에는 은급 2,000리브르를 받는 대령으로 진급하고, 생장 드 제뤼살렘 (예루살렘의 성 요한) 훈장을 받았다. 1789년에는 파리의 프리메이슨 '사회계약Contrat Social'의 회원으로 활동했다. 뚱보에다 술을 좋아하기 때문에 '술통' 미라보Mirabeau-Tonneau라 불렸는데, 연단에 자주 올라 발언했다(이 책의 102쪽 상단 도판과 제3권 103쪽 도판 참조). 데프레메닐은 파리 문밖의 귀족 출신이다. 혁명 전 파리에서 법학을 공부하고 샤틀레 법원의 변호사, 파리 고등법원 판사로 활동하다 파리 문밖 귀족 대표 네 명 가운데 첫 번째로 당선되어 전국신분회에 나아갔다. 그는 왕의 재가문제를 결정하는 데 유권자들의 뜻을 받들어야 하며, 국교를 가톨릭교로 유지해야 한다고 주장했다. 한마디로 그는 구체제를 고수하는 편이었다. 그는 제헌의회가 헤어질 때까지 계속해서 헌법에 대해 불평했다. 1791년 8월 8일에는 헌법이 잘못되었다고 지적해서 좌파 의원들은 물론 이미 다른 방향을 보고 있던 방청객들의 비웃음을 샀다.

우파에는 모리 신부, 카잘레스, 몽테스키우 신부François-Xavier de Montesquiou, 몽로지에François-Dominique de Reynaud, chevalier de Montlosier 같은 사람이 있었다. 모리 신부는 앞에서 틈틈이 다루었으니 넘어가자(특히 제3권을 참조). 카잘레스Jacques-Antoine-Marie de Cazalès는 오슈 지방 리비에르 베르됭의 귀족 출신으로 군인의 길을 가다가 전국신분회 의원이 되어 한결같은 태도로 신분별 투표를 주장했다. 재무위원회와 아비뇽위원회에서 일했으며 연단에 자주 올라서 의사표현의 자유를 들먹이며 소수 의견을 옹호했다. 몽테스키우 신부는 파리 문안의 종교인 출신으로 전국신분회에 나아갔다. 생쉴피스 신학원을 거쳐 소르본에서 신학을 공부하고, 엑스에서 부아즐랭 예하의 보좌 주교가 되었으며, 1782년에는 랑그르 주교구의 볼리외 수도원장을 지냈다. 그는 절대군주제에 맞서 국민의 권리를 옹호했다. 그러나 그는 왕에게 전쟁과 평화를 결정할 권한을 줘야 한다고 주장했다. 그리고 서원을 폐지하고 수도자들이 자유롭게 수도원을 떠날 수 있다는 데 찬성하면서도 교회법을 존중해야 한다고 주장했다. 그는 아비뇽의 합병을 반대했다. 몽로지에는 리옹Riom의 귀족 출신으로 종교 교단이 세운 학교에서 교육을 받은 뒤 스물네 살인 1779년에 보병 소위가 되었지만 과학, 역사, 교부, 신비주의에 몰입하고 1787년에는 문필생활을 하면서 신문을 발행했다. 그는 말루에, 무니에 같은 친구들과 함께 입헌군주제를 옹호했다.

입헌군주제파Monarchiens 또는 공평파Impartiaux로 불린 중도좌파는 말루에, 무니에, 랄리 톨랑달Trophime-Gérard, comte de Lally-Tolendal, 베르가스 Nicolas Bergasse, 클레르몽 토네르, 비리외François-Henri, comte de Virieu 같은 사람들이었다. 말루에는 리옹Riom의 제3신분 출신으로 파리에서 법학을 공부했지만 문학 취미에 빠졌으며 행정가로 나섰다. 열여덟 살인 1758년에 리스

본 주재 프랑스 영사관의 1등 서기관으로 일했으며, 1761년에는 브로이가 베스트팔렌에 원정을 갔을 때 마량馬糧 책임자가 되었다. 식민지에서 행정의 경험을 쌓은 뒤 프랑스에 돌아온 1774년부터 살롱을 드나들면서 계몽사상가 달랑베르, 콩도르세, 디드로, 레날을 만났다. 그는 국회보다는 정부를 강력하게 만드는 방안을 증진시키려고 노력했다. 도피네 지방의 제3신분 출신 무니에는 스물한 살인 1779년에 변호사가 되었다. 친구인 바르나브와 함께 공공의 권리, 역사, 프랑스와 영국 제도의 비교에 관심을 가지고 연구했다. 그는 국회에서 맹활약하다가 1789년 10월 5일 파리 아낙네들의 베르사유 행진으로 이튿날 왕이 파리로 끌려간 뒤 고향인 그르노블로 돌아가 11월 21일에 사임했다. 그는 제네바에서『정치적 고찰Réflexions politiques』을 발간했다. 그 책에서 그는 정치 클럽들을 폐지해야 한다고 주장했다. 1790년 5월 말에 상베리로 갔다가 스위스로 망명했다. 파리 문안의 귀족 출신인 랄리 톨랑달 백작은 영국에서 제임스 2세가 명예혁명으로 물러난 뒤 프랑스로 망명한 집안에서 1751년에 태어났다. 아르쿠르 중등학교에서 공부한 뒤 스물두 살부터 군인의 길에 들어섰다. 1786년에는『당장 프랑스 형사법에 가져올 수 있는 변화에 관한 시론Essais sur quelques changements qu'on pourrait faire dès à présent dans les lois criminelles de France』을 53쪽에 담아 발간했다. 그는 라파예트의 '인권선언'을 지지했다. 나중에는 미라보 백작의 안을 지지했지만, 결국 라파예트의 안을 발전시킨 무니에의 '인권선언'을 지지했다. 그는 단일 정부에 양원제 의회를 주장했다.

리옹Lyon의 제3신분 출신 베르가스는 예수회 중등학교와 오라토리오회 중등학교를 차례로 거쳤다. 1769년에 파리의 오라토리오회에서 수련을 시작했지만 3년 뒤 법학을 공부하러 리옹으로 돌아갔다. 변호사가 되어 리옹에서 활약하다가 변호사 타르제의 소개로 파리 고등법원에 들어간 뒤 엘베시위스 부인의 살롱을 드나들면서 브리소를 만났다. 그는 볼테르에게 편지를 쓰고 루소를 직접 찾아가기도 했다. 1780년에는 『상업의 자유에 대한 고찰Considération sur la liberté du commerce』을 발간했고, 이듬해 병이 났을 때는 오스트리아 출신의 자기磁氣치료사 메스머Mesmer를 알게 되었다. 그는 그 원리를 사회개혁에 이용하는 연구를 했고 코른만, 뒤포르, 뒤발 데프레메닐과 함께 '우주조화협회Société de l'Harmonie Universelle'를 조직했다. 1785년에는 라파예트의 도움을 받아 자기 형제들이 아메리카와 무역을 할 수 있게 해주었다. 브리소, 클라비에르와 함께 '흑인들의 친구들 협회société des Amis des Noirs'를 결성해서 노예제 폐지운동을 벌였다. 그는 도덕과 자유, 종교와 정치를 영원히 조화시키기를 원했다. 웅변으로 많은 감동을 주었던 그는 혁명의 첫해에 열심히 활약하다가 점점 눈에 띄지 않게 되었다.

파리 문안의 귀족 대표였던 클레르몽 토네르 백작은 일찍이 퐁타무송 중등학교와 파리의 플레시 중등학교를 거쳐 열여섯 살부터 군인의 길에 들어섰다. 그는 전국신분회에서 신분별 투표를 주장하다가 국민의회 선포 뒤에 늦게 합류했다. 말루에가 1789년 말에 만든 '공평파 클럽club des Impartiaux'이 실패한 뒤 클레르몽 토네르는 1790년 8월경에 '군주제 헌법의 친구들 클럽Club des Amis de la Constitution monarchique'을 만들어 왕권을 강화하려고 노력했다. 그는 헌법, 종교, 사법, 지방의 소요사태에 관한 문제에 대해 골고루 발언했다. 도피네 지방 귀족 출신인 비리외 백작은 아르쿠르의 예수회 중등학교를 거쳐 열네 살인 1768년부터 군인의 길을 걸었다. 그는 여러 프리메이슨 단체에 가입했다. 그는 1789년 7월 28일 일종의 '수사법원tribunal de Recherches'을 설치하자는 제안이 삼권분립의 정신을 훼손하기 때문에 반대한다고 말했다. 그는 법원이 범죄를 밝히기 위해 은밀하게 고문까지 하는 제도를 전제주의라고 비판했다. 1790년 5월 17일, 그는 국제 분쟁에서 왕의 권한을 옹호했다. 프랑스, 에스파냐, 나폴리, 파르마의 부르봉 가문협약이 정당하며 전통적인 적대국인 영국의 위협을 물리칠 수 있는 길임을 역설했다. 국회의원들이 프랑스가 모든 침략적 전쟁을 부인한다고 선포하는 시점에 그는 왕에게 전쟁과 평화의 결정권을 주는 것이 국익이라고 주장했다.

중도좌파는 '애국자들Patriotes', '89년 클럽club de 89'에 속한 사람들이었다. 종교인으로 시에예스, 그레구아르, 라보 생테티엔, 얀센파 교도 카뮈, 법조계 인사로 투레, 르 샤플리에, 타르제, 트롱셰, 당드레, 거물급 귀족 브리우아 드 보메스와 라파예트였다. 파리의 제3신분 대표인 시에예스 신부는 프레쥐스Fréjus에서 1748년에 태어나 열다섯 살에 그곳 예수회 중등학교에서 공부한 뒤 1765년에 파리 생쉴피스 신학교에 들어가 몰래 엘베시위스와 루소의 작품을 읽었다. 그는 1788년 『특권론Essai sur les privilèges』을 발표했고, 곧이어 『제3신분이란 무엇인가?Qu'est-ce que le Tiers Etat?』를 발표해서 이름을 떨쳤다(제1권 제3부 8장 참조). 이 소책자는 1789년 1월부터 단 몇 달 안에 3만 부나 팔렸고, 그해 판을 거듭했다. 그는 르 그랑이 제안한 '국민의회Assemblée nationale'라는 이름을 지지하여 통과시켰다. 그는 '1789년 클럽(또는 89년 클럽)'과 '발루아 클럽'의 회원인 동시에 자코뱅 클럽 회원이었다. 그러나 1791년 7월에는 푀이양 클럽으로 옮겼다.

로렌 지방의 낭시 종교인인 그레구아르 신부는 1750년 뤼네빌 근처에서 재단사의 아들로 태어나 여덟 살에 앙베르메닐의 사제 셰리에 신부에게 글을 배우고 열두 살에 낭시에서 신학박사 상기네 신부를 사사한 뒤 이듬해 예수회 중등학교로 진학했다. 열여덟 살에 낭시 대학교에 들어갔다가 4년 뒤

메스 주교구 신학교에서 1년간 공부한 뒤 1773년에 퐁타무송 중등학교의 선생이 되었다. 그해 낭시 아카데미의 문예 경진대회에서 『시 예찬*Eloge de la poésie*』으로 1등의 영예를 안았다. 1776년에 사제가 된 뒤 여러 곳에서 가르쳤고, 1788년 8월에는 메스의 왕립협회에 응모한 『유대인들의 육체적·도덕적·정치적 재생에 관한 시론*Essai sur la régénération physique, morale et politique des Juifs*』으로 상을 받았다. 그는 그 협회의 총무였던 뢰데레의 조언을 받아 이 작품을 수정해서 영광을 차지했던 것이다. 그는 여러 군데 학회의 회원으로 활동했으며, 전국신분회 대표로 베르사유에 도착한 직후부터 브르타뉴 클럽에 드나들었다. 그는 힘찬 언어로써 약자를 편드는 연설을 했고, 왕보다는 그의 주변에 있는 대신들의 음모를 고발했다. 또한 헌법, 유대인, 종교인, 식민지 문제에 대해 폭넓게 대응했다.

랑그도크 지방 님의 제3신분 출신의 개신교 목사였던 라보 생테티엔은 훌륭한 인품에 글재주를 갖춘 사람으로 전국신분회에 나아간 후, 대부분의 제3신분 대표들이 믿는 명분에 동조했다. 그는 아메리카의 인권선언을 지지하는 발언으로 프랑스의 헌법정신을 주장했다. 그는 혁명 전 파리의 살롱에서 사권 시에예스가 제시한 인권선언을 지지했다. 라파예트가 제시한 인권선언을 놓고 쟁쟁한 귀족 웅변가들이 나서서 지지했는데, 제3신분으로는 라보 생테티엔이 돋보였다. 그는 의원들 대다수가 아직도 종교적 편견을 완전히 떨치지 못했음을 알았지만 비가톨릭교도, 특히 유대인을 포함한 모든 이의 종교적 자유를 주장했다. 그는 왕에게 일시적 거부권을 주고 국회를 매년 소집해야 한다고 생각했다. 그러나 그는 입법부야말로 국민에게 속하는 유일한 권력이며 주권은 단 한 사람도 제외하지 않은 모든 국민의 집단에 속했기 때문에 하나일 뿐이라고 주장했다. 아시냐를 지폐로 발행하는 일에 찬성하면서도 18세기 초에 실패한 사례를 경계하여 국회가 엄격히 관리해야 한다고 말했다. 그는 아비뇽을 프랑스에 합병하는 데도 찬성했다.

파리 문안의 제3신분 출신 카뮈는 보베 중등학교에서 고전을 공부하고 파리에서 법학을 공부한 뒤 스무 살인 1760년에 파리 고등법원 변호사가 되었다. 루이 15세 치세 말 모푸가 고등법원을 폐지할 때 파리 근교 아르쾨이로 옮겨 아리스토텔레스의 저작을 번역했다. 그 뒤 저술활동으로 많은 작품을 썼고, 특히 1783년부터 『새로운 판례와 사법에 관한 관념들 총서Collection de décisions nouvelles et de notions relatives à la jurisprudence』를 집필했다. 이 총서는 그가 죽고 나서 3년 뒤 파리에서 14권으로 출간되었다. 그는 1789년 프랑스 종교인단의 변호사가 되었고, 4월 27일에는 제3신분의 진정서를 기초한 서른여섯 명 중 하나로 활동했다. 국회의원으로 활동하던 초기에 그는 의무선언을 담은 인권선언으로 종교인들의 지지를 받았지만 통과시키지는 못했다. 그 뒤에 그는 교황권을 비판하는 연설로 의원들의 주목을 받았다. 1790년 11월 27일, 종교인의 맹세를 반대하는 모리 신부와 격한 토론을 벌였고, 그날 종교인 의원들이 그의 논리에 승복했다. 1791년 7월에는 연맹의 장 학살사건을 심판할 특별법원을 설치하자는 안에 반대했고, 8월 말에는 제헌의회가 앞으로 헌법에서 수정할 부분을 고치자고 했을 때, 제헌의회는 되도록 빨리 임기를 마쳐야 한다고 주장했다. 그는 외부의 적이 아니라 내부의 무기력이 더 무서운 결과를 가져올 것이므로 빨리 입법의회에 자리를 물려주어야 한다고 주장했던 것이다.

루앙의 제3신분 출신 투레는 16세인 1762년 캉 대학교에 입학해서 법학을 공부한 뒤 1765년에 고향 퐁 레베크에서 변호사 시보로 첫 변론을 했다. 1772년부터 루앙에 있는 노르망디 고등법원의 변호사로 활약하면서 이름을 날렸다. 1788년에 다른 변호사들과 함께 제3신분의 대표수를 두 배로 늘리라는 성명서를 발표했다. 전국신분회를 국민의회로 바꾸는 과정에서는 무니에를 편들고 미라보와 시에예스의 논리를 공박했다. 그가 1789년 8월 3일에 종교인들과 귀족들의 지지를 받고 국회의장에 뽑혔을 때는 제3신분 의원들의 곱지 않은 시선을 받아야 했다. 그래서 그는 그 자리에서 사임했다. 그는 중도우파와 거리를 두고 단원제 국회를 지지했다. 그럼에도 왕의 대권에 대해서는 무니에와 거의 비슷하게 생각했다. 그는 사법상의 권력남용을 고발하면서 제도를 근본적으로 혁파하는 데 큰 역할을 했다. 전혀 새로운 원칙으로 판사직 매매제도를 폐지하고, 특정 관할권에 속하는 사람들이 판사를 선출하고, 재판을 무료로 받게 하며, 법원을 입법부 밑에 두고, 사법부와 행정부를 분리하는 제도였다. 또한 그 덕택에 인민이 공소인을 뽑는 원칙을 통과시키고, 종교인은 판사가 될 수 없으며, 치안판사는 반드시 해당 지역에 거주할 필요가 없다는 조항도 집어넣었다. 인민주권 이론을 철저히 주장한 그는 심지어 섭정도 국민이 뽑아야 한다고 주장했다. 1791년 5월 16일, 로베스피에르가 제헌의원들에게 입법의원의 피선거권을 주지 말자고 제안했을 때, 투레는 유권자들이 결정할 일이라고 맞섰다. 그는 헌법을 수정하는 과정에서 자주 개입했다.

브르타뉴 지방 렌의 제3신분 출신 르 샤플리에는 17세기부터 브르타뉴 지방 렌 고등법원 변호사 가문에서 1754년에 태어났고 일찍이 변호사가 되어 이름을 날렸다. 옷도 신경 써서 입고 다니고 노름과 여자를 좋아했다. 장신구도 좋아해서 늘 반지를 예닐곱 개나 끼고 다녔다. 법학자였던 그는 헌법위원회의 보고자로 가장 자주 등장했다. 삼권분립을 주장하면서도 전쟁과 평화에 관한 권한을 왕에게 줘야 한다는 미라보 백작의 의견에 공감했다. 왕은 군주제 국가에서 나라를 수호해야 하지만, 만일 이 권한을 오직 국회에 주면 그것은 공화제 국가에서 가능하므로 프랑스 헌법의 정신에 어긋난다고 생각했다. 그는 같은 직종의 시민들이 상호 도움을 주려고 모이는 것도 임금을 강제로 인상시키려는 수단이 되기 때문에 반대했다. 그러한 조합이나 계는 구체제에서도 문제를 일으켰는데 이제 옛날의 동업자조합이나 직업인 단체를 폐지한 새 체제에서는 더욱 해롭다. 그리하여 그는 노동자나 개인들이 협상을 통해 협정을 맺지 못하게 막는 법을 통과시켰다. 1790년 6월 14일에 통과된 법에 그의 이름을 붙여 '르 샤플리에 법'이라 했다. 곧이어 왕이 파리에서 도주해 시민들이 분노하고 구빈작업장이 폐쇄되면서 일거리를 잃은 노동자들이 시위에 쉽게 동원되는 배경에 이 법도 한몫했다. 이 법은 장기적으로 노동자의 단결권을 막는 근거가 되었다.

파리 문밖의 제3신분 대표였던 타르제는 1733년 파리에서 태어나 열여섯 살이 되어서야 파리 대학교 법학부에서 법을 공부했다. 3년 뒤인 1752년에 파리 고등법원 변호사가 되었다. 1782년에는 아르투아 백작의 자문판사가 되어 스위스, 네덜란드, 영국을 여행했고, 1785년에는 만장일치로 아카데미 프랑세즈 회원에 뽑혔다. 그는 『웅변술의 혁명Les Révolutions de l'éloquence』(보통 아카데미 프랑세즈에 새로 가입하는 사람은 자기가 선택하는 선임자를 찬양하거나 특정 주제에 대해 연설을 하는데, 그 연설문은 차후 인쇄물로 나오게 된다)이라는 연설을 했다. 그해 그는 변호사직에서 은퇴했다. 국회의원이 되어서는 기초위원회, 법사위원회, 헌법위원회, 형사법위원회에서 활동했다. 그는 제헌의회 초기부터 왕이나 애국자들을 모두 편들었지만 시간이 흐를수록 사회의 소외계층을 위해서도 발언했다. 그는 아시냐 지폐의 발행과 아비뇽 합병을 찬성했다. 그는 아주 활동적인 의원으로서 좌파로 분류되었고, 1789년 말에는 자코뱅 클럽의 서기로 뽑혔다. 그는 1마르크(약 51리브르) 세금을 내는 시민에게 피선거권을 주는 법에 대해 재산가와 새로운 귀족에게 유리한 금권정치라고 비판했다. 그는 동료 의원인 알렉상드르 드 라메트가 고등법원을 폐지하는 문제에 대해 발의했을 때 찬성했다. 과거에는 고등법원이 쓸모가 있었다 할지라도 이제 혁명이 일어나 인민이 주권을 행사하는 마당에 그것은 필요 없다는 주장이었다. 게다가 그는 프랑스가 다시 태어나고 있기 때문에 옛날의 행정체제를 폐지하고 새 체제를 만들어야 한다고 목청을 높였다. 그는 기초의회를 구성해 대의제도와 지방정부들의 기초를 마련해야 한다고 말했다.

파리 문안의 제3신분 출신 트롱셰는 1726년에 태어나 파리에서 법학을 공부한 뒤 1745년에 변호사가 되었다. 제헌의원으로 검증위원회, 봉건위원회, 조사위원회, 헌법위원회, 형사법위원회, 아비뇽위원회에서 활동했다. 그가 1791년 3월 29일부터 국회의장직을 수행할 때 미라보 백작이 죽었다. 그는 미라보 백작을 미국의 벤저민 프랭클린에 비교하면서 찬양했다. 그는 보름 동안 의장직을 수행한 뒤 건강회복을 이유로 4월 12일부터 28일까지 병가를 냈다. 예순다섯의 고령임을 감안하면 그때까지 2년 동안 쉬지 않고 격무를 이겨낸 것도 놀라운 일이다. 그의 관심은 무엇보다도 봉건적 잔재를 청산하고 사법제도를 개혁하는 일이었다. 1791년 6월 하순에 앙드레, 뒤포르와 함께 그는 바렌에서 붙잡혀 파리로 돌아온 왕의 진술을 받는 위원으로 뽑혔다. 그리고 8월 30일에는 당드레가 제기한 헌법 수정에 관한 문제에 개입했고 다음과 같은 결정을 이끌어냈다.

"국민은 헌법을 수정할 수 있는 절대적 권리를 가진다. 그러나 국회는 이 권리를 30년 동안 유보하는 것이 국민에게 이익이 된다고 선언한다."

프로방스 지방 엑스의 귀족 출신 당드레는 15세기부터 그 지방 고등법원 가문의 전통을 가진 집안에서 1759년에 태어나 쥐이 중등학교를 거쳐 툴루즈에서 법학을 공부한 뒤 스무 살부터 고등법원에서 경력을 쌓았다. 전국 신분회에 그가 제출한 진정서에는 신분별 투표가 아니라 개인별 투표를 지지했고, 귀족으로서는 소수파 자유주의자였다. 그는 제3신분과 함께 회의를 하자고 주장한 47명의 자유주의자에 속했고, 검증위원회, 헌법위원회, 조사위원회, 규정위원회, 외교위원회에서 활동했다. 그는 권력을 행정부와 입법부가 나눠 가져야 한다고 생각했다. 또 헌법의 기초를 다지려면 전국적으로 기초의회를 잘 조직하여 지방의 행정을 꾸려나가는 국가를 만들어야 한다고 믿었다. 그는 국회의원이 왕이 임명하는 정부 요직을 맡을 수 없다는 데서 한 걸음 더 나아가 임기가 끝난 지 4년 뒤에야 맡을 수 있게 하자고 제안해서 의원들의 지지를 받았다. 동료 의원이 국회의 법을 왕에게 집행해달라고 간청하자고 제안하는 것을 보고 그는 입법부가 제정한 법을 집행하는 것은 왕의 임무일 뿐이라고 일축했다. 한마디로 당드레는 대신들이 법을 집행하지 않으면 소추해야 한다고 주장했다. 왕이 도주했을 때 그는 질서와 평온을 유지하자고 하면서 제아무리 적들의 방해를 받는다 할지라도 사공들이 목숨 걸고 키를 조종할 때 국가라는 배는 안전하게 항해할 수 있다고 말했다. 그러므로 국회는 행동해야 하고 모든 법을 잘 지키라고 명령해야 한다고 덧붙였다. 물론 동료 의원들이 좌파와 우파 가리지 않고 비판했지만, 그의 안은 다수의 지지를 받아 통과되었다. 헌법을 마지막으로 수정하는 시기에 그는 점점 극좌파 의원들과 의견의 차이를 드러냈다. 그는 앞으로 헌법을 개정하려면 연속 세 번 입법과정을 거치게 하자고 제안했다. 로베스피에르는 그것은 봉기를 해야만 헌법을 바꿀 수 있다는 말이라고 당드레를 비난했다. 로베스피에르는 당드레의 말대로 한다면 헌법 개정이 불가능하기 때문에 결국 인민이 봉기해야 개정할 수 있을 거라고 비판했던 것이다. 물론 당드레는 "나는 봉기라는 말을 한 적이 없다"고 대답했다.

아르투아 지방 아라스의 귀족 출신 브리우아 드 보메스는 아라스의 법관직을 통해 귀족이 된 가문의 후손으로 1755년에 태어났다. 스물한 살에는 아르투아 법원의 임시검사가 되었고 타고난 언변으로 자기 생각을 쉽게 표현한 덕에 이름을 떨쳤다. 그는 왕의 허가를 받아 아버지가 살아 있는 동안 그 직책을 물려받는 특례를 누렸다. 그렇게 해서 그는 1783년에 아르투아 법원의 수석재판장이 되었다. 그러나 곧 그는 법관직보다 학구열을 충족시키는 길로 들어섰다. 매주 자기 집에서 강연회를 열어 지식을 추구했다. 아라스 법조계의 엘리트들도 거기에 참석했다. 아르투아에서 전국신분회 대표를 뽑는 선거에서 거의 만장일치로 귀족 대표가 되었던 것도 그의 웅변술과 학식을 모든 사람이 인정한 덕이었다. 그는 제헌의회에서 4개 위원회를 위해 일했으므로 주로 사법, 재정, 헌법, 국회의원의 기능 그리고 자치권에 관해 발언했다. 1790년 5월 27일에는 국회의장에 뽑혔다. 재정문제에 대한 그의 활동에 주목하면, 그는 라보 생테티엔이 소액짜리 아시냐를 발행하자는 발의에 반대했지만 두고두고 토론을 거쳐 마침내 합의에 이르렀다. 모리 신부가 격렬히 반대하는 가운데 두 의원은 5리브르짜리 아시냐를 발행하고, 동전을 주조하며, 국유화한 교회 종으로 동전을 만든다는 데 합의했다. 1791년 9월 25일에는 제헌의원으로서 마지막 발언을 했다. 그는 예술과 학문 덕에 혁명이 시작되었고 혁명을 유지할 수 있으므로 예술과 학문을 예찬하자고 제안했다. 또 정치적 평등을 유지하려면 공공교육이 중요하다고 강조했다.

중도좌파에 속하는 라파예트에 대해서는 계속 얘기했고, 극좌파에 속한 로베스피에르에 대해서는 앞으로 얘기할 기회가 많기 때문에 여기서는 중도좌파에서 빼놓고 지나갈 수 없는 '3인방(또는 3두정)'에 대해 간단히 살피고 끝내려 한다. 바르나브, 뒤포르, 알렉상드르 드 라메트는 거의 한 몸처럼 움직였다는 평을 들었다. 당시 사람들은 뒤포르가 생각한 것을 바르나브가 말하고 라메트가 실행했다고 말했다. 파리 문안의 귀족 출신 뒤포르는 열 살인 1769년부터 1775년까지 쥐이의 오라토리오회 중등학교에서 장차 입법의원과 국민공회 의원이 될 에로 드 세셸과 함께 공부했다. 1778년 7월 파리 고등법원 변호사가 되었으며 2주일 뒤 판사가 되었다. 1784년에는 '우주조화협회'의 창립회원이 되었고, 1787년에는 로메니 드 브리엔의 정책에 반대하는 파리 고등법원의 지도자 역할을 했다. 그는 전국신분회를 소집하라고 주장했고 왕이 재정상태에 대해 무지한 원인으로 칼론의 정책을 지적하고 비판하는 글을 썼다. 그는 파리 고등법원에서 독자적인 행동을 하기로 결심하고 동료인 에로 드 세셸, 콩도르세, 시에예스 같은 고등법원 밖의 인사들과함께 활동했다. 사람들은 그들을 애국파라 불렀다. 1788년에는 자기 집에서 애국파의 '30인 협회Société des Trente'의 모임을 주도했다. 그가 전국신분회 대표가 되었을 때 제출한 진정서에서는 개인별 투표가 아니라 신분별 투표를 주장했다. 그는 1789년 6월 25일에 제3신분 의원들에 합류한 귀족 47명에 속했다.

페론의 귀족 출신 알렉상드르 드 라메트는 국회의장 샤를 드 라메트의 동생으로 1760년에 태어나 1777년부터 군인의 길을 걸었다. 그는 프리메이슨회원, '흑인들의 친구들 협회' 회원으로 활동했다. 1788년에는 뒤포르의 집에서 모이는 '30인 협회'에 참여했다. 1789년 전국신분회에 제출한 진정서에서는 근본적으로 신분별 투표를 주장했지만, 귀족들이 개인별 투표방식을 받아들인다면 자신도 따르겠다고 했다. 그는 제3신분과 합동으로 의원 자격심사에 참여한 소수 귀족에 속했다. 그리고 바르나브는 도피네 지방의 제 3신분 출신으로 1761년 그르노블에서 태어나 1779년 그곳에서 법학을 공부한 뒤 1781년 그르노블 고등법원 변호사가 되었다. 그는 몽테스키외의 영향을 받아 삼권분립을 주장하는 연설도 했다. 1788년 8월 13일에는 비질 성에서 모인 도피네 지방 신분회에 참석했다. 그때 무니에, 피종 뒤 갈랑, 베르트랑 드 몽포르도 함께 참석했고 네 사람은 모두 전국신분회에 나아가 제헌의원이 되었다.

3인방은 자코뱅 클럽에서 여론을 이끌었다. 로베스피에르는 그들의 그림자에 묻힐 정도였다. 미라보 백작과 브리소는 그들을 3인방이라고 불렀고, 미라보는 심지어 '3인의 떨거지들triumgueusat'이라고 부르면서 반감을 표시했다. 3인방은 1790년 초여름 국회에서 전쟁과 평화에 관한 권리에 대해 논란이 벌어졌을 때 최고조의 인기를 누렸지만, 8월 말 낭시 군사반란을 진압한 부이예 장군, 그리고 그와 통신하고 지원한 라파예트에게 우호적인 태도를 보여주었을 때부터 인기를 잃어갔다. 그들은 자코뱅 클럽의 기관지인『헌우회지Journal des amis de la Constitution』의 편집권을 오를레앙 공의 오른팔이라 할 쇼데를로 드 라클로에게 맡겼다. 라클로는 1741년에 아미엥에서 태어나 포병학교를 졸업한 포병장교로서 속이 빈 포탄을 발명했고, 당시 귀족사회의 성 풍속을 묘사한『위험한 관계Les Liaisons dangereuses』를 써서 이름을 날린 사람이었다. 3인방은 망명 귀족들에게 불리한 법을 반대하는 미라보를 맹렬히 공격했지만 왕이 바렌에서 잡혀온 뒤에 공화주의를 주장하는 사람들이 나타나자 공화국만 아니면 뭐든지 좋다는 듯이 왕의 편에 섰다. 이때부터 그들의 인기는 걷잡을 수 없이 곤두박질쳤다. 사람들은 그들이 마치 풍향계처럼 군다고 비판했다.

제헌의회는 무슨 업적을 남겼는가? 1791년 9월 30일 마지막 회의를 끝마친 시점에서 보면 제헌의회는 전대미문의 업적을 남겼다. 그들은 1789년 5월부터 아무도 예견하지 못한 일을 만들거나 거기에 휩쓸리면서 2년 5개월 동안 헌법을 제정했고, 그 헌법을 기초로 프랑스 역사상 최초의 투표로써 입법의원들을 뽑아놓고 물러났던 것이다. 그들이 비록 구체제의 방식으로 뽑혀 전국신분회에 나갔고 개인별 투표를 전제로 모이지는 않았지만 '주권의 혁명'을 성취했다. 그때 주축이 된 제3신분은 제1신분 대표와 제2신분의 대표를 합친 만큼 대표수가 늘어난 기회를 잘 이용해서 전국신분회의 주도권을 잡았고, 귀족과 종교인들을 자기편으로 만들면서 스스로 국민주권의 대표가 되었다. 그들과 함께 신분사회는 시민사회로 탈바꿈했다. 그들 덕분에 왕의 통치권은 국민주권이 되었고, 왕은 모든 법의 원천인 절대군주에서 행정부의 수반인 입헌군주로 바뀌었다. 그들을 뽑는 선거를 통해 프랑스 사람들은 급격히 정치화했고, 정치는 공개적인 행위가 되었다. 구체제에서도 시위가 자주 일어났지만 그것은 모두 반란이었다. 이제 혁명기의 시위는 정치적인 집회로 조직화되었다. 제헌의회가 임기를 마치고 입법의회가 시작될 즈음, 아니 그 뒤에도 민주주의 실험은 험난한 장애를 계속 극복해야 했지만 제헌의회와 함께 민주주의 정치의 첫걸음을 뗀 것을 가장 중요한 업적으로 꼽을 수 있다. 제헌의회는 민주주의 정치의 학교였다. 국회의원들이 정파에 따라 국회 밖에서 협회를 결성하고, 기관지를 발행해 일반인과 소통한 것, 각 지역 주민들이 기초의회 활동을 통해 작은 단위의 정치를 경험한 것, 프랑스 사람들은 겨우 2년 5개월 동안 이처럼 엄청난 경험을 했던 것이다.

〈7권에 계속〉

6월 20일	왕과 가족이 몰래 튈르리에서 나와 몽메디로 출발
~21일 밤	왕의 큰 동생 프로방스 백작도 뤽상부르 궁에서 탈출, 벨기에로 출발
21일~22일 밤	왕 일행, 바렌에서 붙잡힘
22일	국회는 '납치된' 왕을 파리로 귀환시키는 위원으로 바르나브, 라투르 모부르, 페티옹을 임명
23일	3인 위원이 에페르네에서 왕 일행을 만나 모를 향해 동행 필리프 도를레앙은 헌우회(자코뱅 클럽)에 가입
25일	왕의 파리 도착, 국회가 새로운 명령을 통과시킬 때까지 왕의 자격 정지
26일	왕과 왕비는 당드레, 뒤포르, 트롱셰에게 도주에 대해 진술
27일	몽펠리에 헌우회는 공화국 설립 주장
28일	필리프 도를레앙 공작은 섭정권을 포기
7월 3일	파리에서 실업자들의 시위 발생
6일	황제 레오폴트 2세는 유럽 군주들에게 프랑스 왕의 자유와 명예를 지키는 일에 동참 호소
9일	해외 망명자들에게 두 달 안으로 귀국하라는 국회의 명령 발동
11일	볼테르의 유해를 팡테옹에 안장
12일	코르들리에 클럽에서 쇼메트가 『전 국민에게 고함』 낭독
13일	국회는 왕의 도주에 대한 토론 시작
14일	파리 샹드마르스에서 제2회 전국연맹제 개최
15일	국회는 왕의 신성불가침권을 인정 국회는 왕을 납치했다는 죄목으로 부이예 장군을 오를레앙 임시 최고법원의 궐석재판에 회부

14일	왕이 국회에 나가 헌법에 대한 맹세
	아비뇽과 브네생 공작령을 프랑스에 합병
16일	형사법과 배심원법 제정
17일	회계검사원 제도 폐지
18일	헌법 선포식 거행
19일	〈사자심 리처드 왕Richard Coeur de Lion〉 공연
20일	군중은 오페라에서 왕에게 환호
23일	파리 국민방위군 6개 사단장이 번갈아 총사령관직 수행
25일	형법전 공포
27일	국회는 프랑스에 사는 모든 사람의 '자유' 인정
	식민지에 노예제 존속시키고 유대인에게도 프랑스 시민권 인정
29일	국회는 국민방위군 자격을 능동시민과 그 아들로 한정
30일	제헌의회의 마지막 회의 개최
	1788년 이후 소요사태로 유죄판결을 받은 사람들 사면
	비엔나에서 모차르트의 〈마술 피리〉 초연